개정판

지구촌 문화와 국제관계의 질서

민 웅 기 저

기문사
www.kimoonsa.co.kr

초 판 머리말

우리는 세계화 시대를 살아가고 있다. 최근 이 같은 지구촌 사회로의 문명사적 전환 과정을 이야기할 때, 항상 언급되는 부분 중 하나는 국제관계를 이해할 수 있는 새로운 지식 함양의 필요성에 관한 것이다. 현재의 지구촌 문화라는 비교적 완결성 있는 새로운 생활양식의 확산 현상은 사회구성원들에게 기존 국가를 중심으로만 구축되어온 삶에 대한 대안적 패러다임 제시의 필요성을 제기하고 있다. 이제는 지구촌 문화와 함께 국제관계에서 발생하는 다양한 사건, 현상은 관련 특정 업종에 종사하는 사람들만 알아야 할 문제가 아닌 보편적 문화로서의 사회적 쟁점이 되고 있다. 국제관계에 대한 폭넓은 이해를 위한 주요 관점들 하나하나는 지구촌 시대를 살아가는 한 개인의 생애 과정에 필요한 지식 콘텐츠로 자리 잡아가고 있다.

하지만 방송, 신문, 인터넷, 잡지 등에서 끊임없이 제공되는 지구촌 문화와 국제관계에 대한 기사, 콘텐츠에 쉽게 접근하는 것은 쉬운 일이 아니다. 매스미디어의 특성상 해당 사건, 사고 등을 간명하게 보도하거나 축약된 콘텐츠를 제공해야 한다. 따라서 관련 현상에 대한 설명과정에서 표현되는 전문 용어, 해당 현상이 나타나기 전까지 직 · 간접적으로 영향을 미친 국제관계의 역사, 실제 외현된 사건 이면에 숨은 현상의 본질적 의미 등에 대한 상세한 설명은 생략된 상태로 메시지가 전달되는 경우가 많다. 심지어는 어려운 관련 학술용어를 이야기하면서도 이 개념을 일반 사람들이 다 이해한다는 가정하에 해당 용어를 반복 사용하는 의사소통 과정 역시 자주 보게 된다.

우리 모두는 지구촌 환경의 영향을 받으면서 생활하고 있다. 국제관계 관련 지식의 필요성이 사회 곳곳에서 언급되고 있음에도 불구하고 그 관련 기본 지식을 학습할 수 있는 기회는 많지 않은 것이 사실이다. 이제는 국제관계 문제가 자신과 전혀 관계없는 일이라서 모르더라도 세상을 사는 데 큰 지장이 없다고 생각하는 사람들의 사고방식에 변화가 나타나고 있는 시대가 되었다. 이에 이 책은 지구촌 문화와 국제관계를 정확하게 바라보고 분석하기 위한 기본적인 지식 콘텐츠를 전달하고자 구성되었다.

본서는 지구촌 문화와 국제관계 쟁점들에 대한 해석 시 요구되는 주요 개념들을 설명하고 있다. 지구촌 질서를 설명하는 기초 이론들, 국가 간 불평등 문제, 복지국가의 현황과 미래, 환경을 둘러싼 국가 간 이해관계, 에너지 자원 때문에 발생하는 지역별 대립구도, 문화와 문화산업의 세계적 확산 현상, 지구촌 곳곳에서 발생하는 테러와 전쟁의 현황 및 역사적 고찰, 지구촌 지역별 국제관계 질서 등을 폭넓게 다루고 있다. 사실 이 책에서 기술한 각각의 내용 모두는 관련 연구 분야에서 지금까지 심도 있는 논의가 진행되어 온 연구하기 어려운 논제들이지만, 국제관계에 대한 기본 지식의 함양이라는 본서의 목적에 맞게 해당 주제들을 최대한 간명하게 정리하기 위해 노력했다. 이 책을 통해 세계 각 지역의 정치, 경제, 사회, 문화 분야 등에서 나타나는 현상들에 대한 전반적인 개념을 파악하는 데 작은 도움이 될 수 있기를 바란다.

2019년 2월

민웅기

개정판 머리말

처음 이 책의 초판을 쓸 때, 중점을 둔 사항은 지구촌에서 광범위하게 나타나는 다양한 사회현상을 개괄적으로 쉽게 살펴보는 것에 있었다. 이 분야의 전공 학습자가 아니더라도 매스미디어 등을 통해 간단하게만 보도되는 수많은 지구촌 사건의 배경과 본질에 대한 이해를 위해 필요한 해당 지식 개념을 되도록 쉽게 정리하여 독자가 관련 국제관계에 부담 없이 접근할 수 있도록 서술하려고 노력했다. 지금 지구촌의 모습은 예상하기 어려울 정도의 빠른 속도로 광범위하게 변화하고 있다. 복잡하고 다차원적인 국제관계에서 파생되는 정치, 경제, 사회문화적 아젠다는 수시로 바뀌고 있다. 그리고 이해 당국들 사이에는 수시로 갈등 관계가 나타나기도 하고, 또한 같은 이념과 질서에 의해 통합되기도 하면서 새로운 쟁점들이 생성되고 있다. 그만큼 관련 내용들을 보완하여 개정판을 정리하는 작업 역시 생각보다 많은 시간이 필요했다.

이 책의 초판 내용이 주로 지구촌의 정치, 경제, 사회, 문화, 환경 등이 복잡하게 얽힌 국제관계를 이해하기 위한 주요 개념 중심으로 기술되었다면 개정판에서는 이 같은 초판의 전체 내용의 흐름은 유지한 상태에서 해당 논제들과 관련하여 조금 더 세분화된 내용과 사례를 추가하여 포함시켰다. 이 책의 보완 내용을 구체적으로 기술하면 다음과 같다.

첫째, 국제관계를 바라보는 다양한 이론, 사상 내용을 보충 설명해서 독자들이 세계질서를 바라보는 자신만의 시각을 확보하려는 의식적인 노력을 할 수 있도록 했다. 둘째, 세계 지역 구도상 나타나는 개별적인 국제정치적 쟁점과 현재와 같은 국제관계가 성립하게 된 배경을 개관하여 고찰했다. 셋째, 최근에 가장 주목받고 있는 세계 경제 상황과 자본의 세계화 과정에 대한 논의 내용을 보완했다. 넷째, 복지와 연관된 세계 국가들의 정책적 쟁점에 관한 내용을 보충하여 세계에 존재하는 국가 관련 주요 개념을 정리하고, 분열과 통합을 반복하면서 진행되고 있는 다양한 형태의 국가 간 연합체의 실제 사례를 추가 설명했다. 다섯째, 지역주의에 관한 내용을 보충 설명했는데, 세계화 시대를 맞이하여 전 지구가 하나로만 뭉쳐지는 것에 그치지 않고 지리적 근접성이나 공통된 의식과 사상을 배경으로 지역 간 통합과 대결 구도가 어떠한 형태로 나타나고 있는지를 추가적으로 기술했다. 여섯째, 동아시아로 명명되는 우리나라와 주변 국가 간 관계에 대한 내용을 추가하여 기술했다. 특히 중국을 주축으로 재편되고 있는 동아시아 질서의 재구조화 과정과 일본을 중심으로 벌어지고 있는 영토분쟁을 중심으로 해당 내용을 정리했다. 일곱째, 근래에 각종 매스미디어를 통해 많이 알려진 주요 국가 간 분쟁과 전쟁으로 대표되는 갈등 관계의 구체적 사례를 선별하여 설명했다. 지구촌 곳곳에서 너무나 많은 사건이 발생하고 있지만, 그중에서도 한국이 포함되어 있는 아시아 지역의 곳곳에서 나타나고 있는 분쟁을 중심으로 정리했다. 더불어 지금도 수많은 내전으로 시민들이 고통받고 있는 지역인 중동의 갈등 사례를 선별하여 정리했다. 또한 세계 각 국가에 영향을 준 유럽 지역의 주요 갈등 사례인 브렉시트(Brexit)와 현재 진행 중인 러시아-우크라이나 간 전쟁에 대해서 개관하여 서술했다. 이처럼 지구촌 분쟁과 갈등 사례를 기술함에 있어서 사람들이 지구촌 사회의 중요 쟁점으로 인식하고 있는 사건을 중심으로 그 배경과 내용을 보충했다.

물론 이와 같은 보완, 보충 작업 때문에 책 내용을 더 어렵게 서술하지 않으려고 노력했다. 왜냐하면 원래 이 책을 처음 정리할 때부터 주안점으로 고려했던 것은 지구촌이나 국제관계 분야의 연구자가 아니더라도 해당 문제에 관심이 있는 사람이라면 누구나 쉽게 접근할 수 있도록 책 내용을 구성하는 것이었기 때문이다. 개정판의 내용은 초판의 내용보다 조금 더 구체적인 사례와 함께 기술되었다고 보아도 무방할 것이다.

끝으로 독자들이 책에 기술된 내용을 더 쉽게 이해할 수 있도록 상세하게 손수 지도와 삽화를 그려준 준 제자 김건희와 어려운 출판 여건 속에서도 본서가 출간되는 과정에 큰 도움을 주신 도서출판 기문사 관계자분들께 감사의 마음을 전한다. 저자의 소박한 바람이 있다면 일상생활에서의 뉴스 기사, 방송 등을 통해 흔히 접하는 지구촌, 국제관계 관련 내용에 대해서 독자들이 본서를 통해 조금 더 이해하고 관심을 가지는 것이다. 이 책을 통해 바쁜 일상에서 생활하면서도 지구촌에서 일어나는 사회현상을 바라보는 시각을 넓힐 수 있는 작은 계기가 마련되기를 바란다.

2024년 2월

민웅기

차 례

Ⅰ. 지구촌 질서의 현황과 국제관계의 쟁점

【참고】 본서는 아래와 같은 원칙에 의해 구성함

- 본서 내용에 대한 인용 출처는 책 마지막 부분에 기술(記述)한 참고문헌 목록에 정리함
- 본서 내용 중 일부는 저자의 선행연구 내용이 포함되어 있으며, 그 내용 출처는 참고문헌 목록에 정리함

I

지구촌 질서의 현황과 국제관계의 쟁점

01 국제관계와 세계화를 바라보는 관점

지 구 촌 문 화 와 국제관계의 질 서

1 국제관계와 세계화를 바라보는 관점

1) 세계화의 영향력과 국제관계를 설명하는 사상적 흐름

현재 세계는 지구촌 시대를 맞이하여 본격적인 네트워크 사회에 돌입하고 있다. 지구촌화를 통해 국가 간 관계망이 더욱 중요해지고, 정치적으로는 각 국가들이 다양한 이해관계 속에서 통합과 분쟁, 갈등 관계를 유지하고 있다. 또한 특히 상호 연계된 경제체계 내에서 서로 영향을 주고받으면서 자본의 세계화 현상을 추동하고 있다. 이 세계화 현상으로 인해 문화시장의 범위 역시 세계로 확산하고 있다. 스포츠, 관광, 영화, 음반, 패션 분야 등의 시장 확대로 국가를 넘어선 다국적 · 초국적 기업들이 증가하고 있는 것이다. 그뿐만 아니라 정치, 경제, 사회문화적 관계 속에서 자연스럽게 선진국, 개발도상국 등으로 명명되는 생활수준상의 차이까지도 나타나고 있다. 한편 지구촌 환경문제 역시 국제관계에서의 주요 쟁점으로 떠오르고 있다. 일찍이 사회학자 울리히 벡(Ulrich Beck)이 언급했듯이 현재 진행되고 있는 위험사회(risk society)의 도래로 말미암아 위험 범위가 세계로 넓어지고 있으며, 그

중에서도 환경문제는 인간의 생존을 위협하는 주요 위험 중 하나로 인식되고 있다.

물론 세계화 현상으로 인해 전 지구가 하나의 장소성을 지닌 상태로 통합된 형태를 띠고 있는 상황만은 아니다. 지구촌 내 각 지역에서는 물리적 환경의 근접성과 이념적, 사상적 유사성을 중심으로 지역주의가 진행되고 있다. 시장 영역에서의 세계화 현상으로 자본의 영향력이 막강해졌음에도 불구하고, 세계화의 영향으로 발생한 불평등, 빈곤, 의료, 식량 등의 지구촌 문제를 해소하기 위한 개별 복지국가의 중요성도 강조되고 있다.

지역 간 상호작용이 나타나면서 지구촌 곳곳에서는 영토, 종교, 문화 등에서의 차이를 이유로 테러, 전쟁 등의 위험요소가 직접 표출되기도 하고, 에너지 자원을 둘러싼 국가 간 잠재적 갈등상태가 지속되고 있다. 이제 그 갈등의 이면에 감추어진 세계화의 본원적 의미에 대해 고민해 보아야 할 때이다. 지구촌 문화를 이해하기 위한 국제관계 쟁점들은 결국 상호 간 신뢰(trust)의 문제로 귀결된다. 앞서 언급한 바와 같이 세계화 과정을 통해 지구촌 네트워크 사회 형태가 나타나면서 이질적 집단들이 어떻게 공동의 이익을 추구하면서 하나의 공동체로서 지속가능한 존립을 유지해 나갈 것인지는 세계 모든 국가의 주요 관심사라 할 수 있다. 전술한 상황에서 사회구성원들에게도 문화적 특성을 고려한 다양한 관점에서의 국제관계에 대한 폭넓은 이해가 요구된다고 하겠다. 이를 위해서는 현재 세계화의 영향력과 국제관계를 바라보는 관점과 관련한 이념과 사상에 대해 알아보고 이를 근거로 지구촌 문제에 접근할 필요가 있다. 몇 가지 주요 내용을 정리하면 다음과 같다.

첫째, 이상주의적 관점이 있다. 이 관점은 후술할 현실주의자들이 이름 붙인 사상적 개념인데, 넓게는 국제관계의 주체를 국가만으로 한정짓지 않고 한 국가의 정부나 기업, 사회구성원이 모두 포함된 집합체임을 강조하는 자유주의적 관점에서 파생된 개념이라 할 수 있다. 자유주의자들은 세계화에 대해 지속적으로 긍정적인 입장을 고수한다. 이에 영향을 받은 이상주의자들 역시 국가 간 이해관계가 서로 만족스럽고 조화롭게 유지되면 지구촌 평화가 가능하다고 보는 입장을 취한다. 사회구성원으로서의 인간은 근본적으로는 선(善)하기 때문에 상호협력이 가능하다고 여기며, 전쟁 등의 원인은 인간의 나쁜 본성이 아니라 그들을 이기적이도록 만드는 제도나 구조에 있다고 믿는다. 즉 전쟁, 분쟁 같은 것은 원인이 되는 잘못된 제도를 제거함으로써 막을 수 있다는 것이다. 그들의 입장에서는 국제정치와 도덕성이 병행해서 나아가야 하고, 부도덕한 권력정치는 이기주의, 갈등, 폭력의 원천이라 주장한다. 이 이상주의적 관점은 여러 가지 비판을 피할 수 없었는데, 특히 강대국의 현상 유지를 명목적으로 뒷받침하는 사상적 배경으로 많이 활용되기도 했기 때문이다.

둘째, 현실주의적 관점은 주로 국가의 힘의 원리에 의해 국제관계를 판단하며, 지구촌의 각 국가들이 국력의 극대화를 목적으로 행동하게 된다는 입장이다. 국가 이익 측면에서 정의되는 권력을 통해 국가는 타국을 통제하려고 한다고 본다. 이 관점에 따르면 모든 국가는 자국의 생존을 위해 국제정치를 하게 되는 것이므로, 이를 위한 행동이 도덕적으로 옳고 그른지는 중요하지 않으며 국제정치의 기준은 윤리와 정의에 기반하는 것이 아니라 자국의 생존을 지킬 수 있느냐에 있다. 즉 국가 운영의 결과가 자국 이익에 도움이 되는지가 국가정책 실행의 중요한 기준이 된다. 국가 간 관계는 윤리적 고려가 아니라 국익과 관련된 냉정한 판단에 의해 결정되어야 한다는 입장인 것이다. 이 같은 현실주의는 국제체제의 안정을 보장하는 세력균형이 실제로는 안정을 보장하기보다는 군비경쟁을 야기하고 갈등을 증폭하는 결과를 초래한다고 비판받아 왔다. 현실주의자들이 말하는 세력균형 역시 결국 강자에게 유리한 상황을 유지하기 위한 행동으로 여겨지는 것이다.

셋째, 비판주의적 관점이 있다. 이 관점은 국제관계의 결정 요인을 경제적 이해관계로 보고, 국제관계에서의 가장 중요한 행위자는 계급이라고 언급한다. 국가 간 관계에 있어서도 국경을 뛰어넘는 계급 간 협력관계가 존재한다고 보는 입장이다. 국제체제에서의 가장 근본적인 갈등은 선진산업국가와 제3세계 국가 간 갈등이며, 이는 선진산업국가의 자본가 계급이 자신의 경제적 이득을 위해 다른 약소국을 수탈하는 데서 비롯된다고 본다. 그리고 해당 선진국은 자국의 자본가 계급의 이익을 대변하여 정치적 · 경제적 지배관계를 통해 정치적 행위를 한다는 것이다. 또한 국가 간 갈등에 대해서 자본주의 경제체제를 대입하여 특정 문제의 본질을 설명하기도 한다. 예를 들어 군수산업에 대해서도 시장 메커니즘으로 설명하면서 분쟁과 전쟁을 통해 새로운 수요가 창출된다고 본다. 즉 비판주의적 관점에서는 국가는 경제와 관련해서는 더 이상 힘을 쓰지 못하게 되었고, 단지 자본주의적 이익에 따라 국가 경제를 재건하는 도구로 그 역할이 축소되었다고 판단한다. 따라서 세계화의 불균형적이고 위계적인 과정을 강조한다.

넷째, 구성주의적 관점에서는 국제관계 현실을 단순히 외부환경에 의해 주어진 것으로 간주하지 않고 국제관계를 이끄는 행위 구성원의 속성, 제도 등의 상호작용에 의해 생성되는 것으로 파악한다. 그 현실은 역사적, 사회적 상호작용을 통해 얼마든지 변화가 가능하다는 입장이다. 또한 이 관점에서는 물질적 요인이 아닌 문화, 인식, 정체성과 같은 관념적 요인을 중요하게 다루게 된다. 구성주의자들은 타 대상과의 관계가 위협적인지, 협력적인지에 대한 상호 간 인식에 따라 그 관계의 성격이 결정된다고 본다.

이상 살펴본 바와 같이 다양한 관점들이 세계화의 영향력과 국제관계의 본질을 설명하고 있다. 중요한 점은 현재에도 여러 가지 국가 간 충돌과 갈등이 발생하고 있다는 사실일 것이다. 국제관계에서 국가 간 기능이 충돌할 경우 관련 갈등을 조율하는 국제기구의 역할이 점차 중요해지는 것도 이 같은 이유에서이다. 국제연합(UN: United Nations)이나 세계무역기구(WTO: World Trade Organization) 체제의 출범은 바로 이 같은 사회질서를 반영한 국제정치적 협정의 결과라 할 수 있다. 이와 더불어 국가와 시장 영역에서는 지구촌 구성원들의 문화와 관련된 여러 가지 정책적 지원이 활발하게 이루어지고 있다. 과학기술의 발전으로 과거에는 표현되지 않았던 각 국가의 국민과 소비자들의 욕구가 증폭되는 계기가 마련되었으며, 국가정책 및 기업의 경영전략 역시 통합적이면서도 능동적으로 변화할 수밖에 없는 시대에 직면하게 되었다. 본격적인 4차 산업혁명 시대로의 전환은 정책 및 기업 운영 시 외부환경의 주요 영향력에 더 역동적으로 대응해야만 한다는 당위성을 부여했다.

지구촌 시대에 나타난 국가정책 및 산업구조의 변화는 문화적 상호작용을 확대했다. 이 때문에 사람들은 생활공간에서 주체적으로 향유할 수 있는 문화산업에도 관심을 갖게 되었다. 그리고 세계화 시대를 맞이하여 새로운 가치 실현을 가능하게 하는 공공적 국가정책과 급변하는 시장 환경에 대응하는 기업의 대안적 경영전략은 정부 및 기업 조직의 생존을 위한 중요한 시대적 쟁점이라 할 수 있다. 이는 외부환경에 적절하게 대응하기 위한 정부 및 기업의 거시적 실천 전략이 추가적으로 필요함을 의미한다.

한편 현재도 지구촌에서는 세계화의 영향력이 막강하게 작용하고 있다. 그리고 이 영향력은 여러 가지 지구촌 문제를 파생시키고도 있다. 구체적으로 살펴보면, 첫째, 경제에 끼친 영향으로 선진국과 최빈국 간 소득격차가 증가하게 되었다. 물론 세계화 찬성론자들은 장기적으로는 국가 간 소득격차가 점차 줄어들 것으로 예상하기도 하지만, 현재 상황에서는 시장 영역의 자율성을 강조하는 신자유주의 가치 때문에 격차의 폭이 점점 커져가는 추세임을 부정하기는 어렵다. 둘째, 환경문제 등 지구촌 각 국가에 요구되는 공공의 삶에 대한 가치 충돌이 발생하고 있다. 환경문제와 관련하여 국제적 합의가 쉽지 않은 이유는 각 국가의 이해관계, 특히 선진국과 개발도상국 간 이해관계가 전혀 다르기 때문이다. 즉 현재의 환경문제를 야기한 원인에 대한 책임 소재를 각 국가가 다르게 받아들이고 있는 것이다. 셋째, 각 국가마다 사회적 양극화와 노동시장의 변화가 나타나고 있다. 앞서 언급한 신자유주의 물결에 편승한 기업들이 비용절감을 위해 신흥개발국이나 개발도상국으로 공장 이전 및 아웃소싱을 확대해 나가고 있으며, 이 과정에서 노동유연화가 이루어지고 있다. 각 국가의 내부시장에 침투하여 확산되고 있는 저가(低價)의 수입 공산품과 인력절감형 설비의 도입 및 자동화 등으로 인해 자국 내 비숙련노동자들의 일자리가 대폭 감축되고 있다. 이 같은 세계화의 영향력을 각 국가가 어떻게 슬기롭게 조율할 것인지에 따라서 지구촌 구성원들의 삶의 질이 달라질 것이다.

2) 세계화의 본질과 관련 개념

세계화 현상은 주로 지구촌 환경이 하나의 정치, 경제, 사회적 단위가 되어 자유롭게 구성되는 현상을 의미한다. 이 과정에서 공통된 지구적 규범, 기준, 이념 등이 탄생하게 된다. 즉 개별 국가가 갖고 있던 기준이나 가치가 지구적 기준으로 대체되는 것이다. 세계화로 인해 상호작용의 빈도와 밀도가 극대화되고 있는 현시점에서 어떤 고정된 현실이 지속적으로 유지되는 영원한 사회현상은 존재하지 않는다. 대부분의 사회현상은 일회적이고 일시적인 것에 불과하다. 현시대의 모습은 과거 사회와의 극단적 단절에서 비롯된 변화에 기인한다고 주장하는 역사 단절론자들이나 이를 기존 사회체계의 연속선상에서 바라봐야 한다고 얘기하는 연속론자들의 입장 등 두 가지 관점으로 모두 설명이 가능할 정도로 복잡다단하다. 이미 세계는 영원히 존속할 것만 같았던 공산권, 사회주의권 국가들의 붕괴에 이어 자본과 상품의 극적인 이동이 전세계로 확대되는 모습을 보고 있다. 또한 지구촌의 개발도상국들은 새로운 세계 경제체제로 편입되고 있다. 그 결과로 국가 및 지역 간 상호의존성은 더욱 증가하게 되었다. 최근에는 과거에 존재한 국가 안보 문제뿐 아니라 경제문제가 세계화를 가속화시키고 있다. 세계화 시대를 맞이하여 한 국가 내에서 독자적으로 해결될 수 있는 사회문제는 거의 사라지고 있다. 이제 모든 사사로운 문제의 해결까지 지구촌 국가 간 국제협력에 의해 이루어지고 있다.

일찍이 세계화의 본질을 분석한 다양한 시각들이 존재해왔다. 예를 들어 사회학자 말콤 워터스(Malcolm Waters)는 세계화와 관련하여 '사회적 · 문화적 제도에 대한 지리적 구속력이 약해지고, 이러한 사실을 점점 많은 사람들이 인식해가는 사회적 과정'으로, 정치경제학자 제임스 미틀먼(James Mittelman)은 '한 나라의 경제, 정치, 문화, 사상 등이 다른 나라로 침투해가는 과정'으로 설명했다. 사회과학적 관점에서 지리를 연구한 데이비드 하비(David Harvey)와 사회학자 앤소니 기든스(Anthony Giddens)는 세계화에 대해 양적 교류의 확대를 넘어 현대적 사회생활이 새롭게 재구성됨으로써 세계 사회가 독자적 차원을 획득해가는 과정으로 논의했다. 이처럼 이제 세계화는 사회문화의 양적 교류를 넘어서 새로운 삶의 양식으로 변화하는 과정이라 볼 수 있다.

세계화에서 비롯된 지구촌화를 촉진한 다양한 요인들이 있지만, 그중에서 가장 중요한 변인은 바로 정보통신기술의 발달일 것이다. 그 덕분에 지구촌 각 지역의 사람들은 예전에 비해 시간적 · 공간적 제약을 덜 받으면서 생활하고 있다. 세계화 현상은 인위적인 공간 구획으로 분리된 지구상의 지역들이 다양한 사회문화적 체험을 통해 좀 더 긴밀한 관계를 맺도록 유도한다. 이는 이 시대를 살아가는 사람들로 하여금 삶의 영역의 '경계'를 다시 정의하도록 만들었다. 사회구성원들은 변화된 공간 인식을 통해 어떠한 시공간적 제약도 극복 가능한 유기적인 연계 장소로서 자신들의 일상적 삶의 범위를 새롭게 규정해 나가고 있다.

세계화의 본질은 좁게 해석해보면 각 국가 내 정부 간 관계와 관련된 국제질서의 변화이다. 국가 간 관계는 국제기구나 다국적 기업 등과 같은 주체들과 밀접하게 연결된 것으로, 다른 사회문화적 구조나 과정과도 연계되어 있다. 이렇게 연결된 모든 요인들이 함께 작용하여 오늘날 세계화의 동력을 제공하고 있다.

세계화 시대에 각 국가 차원에서도 체계 운영상의 뚜렷한 거시적 변화가 나타나고 있다. 과거 산업화 시대를 주도한 정부 기능에서는 자국의 부(富) 축적에 정책의 초점이 맞추어져 있었다면, 최근의 국가정책은 자국 국민에 대한 양적 지원이 아니라 그들의 삶의 질 확보라는 새로운 정책지원 방향으로 그 운영 체제를 이동시키고 있다. 이는 단순한 시혜적(施惠的) 복지 차원의 지원이 아니라 구성원들의 생활양식과 관련한 광의의 복지 개념이 포함되어 있다. 즉 신자유주의에 기반을 둔 시장경제의 폐해를 완화하기 위한 국가의 정책적 역할이 중요해지고 있는 것이다. 국가는 각 지역마다 독자적인 역사성을 지닌 사회적 기구이자 구성원들의 사회문화적 유대를 유지시키는 기능적 집합체라 할 수 있다. 또한 국가는 세계화 시대에 이 같은 연대성을 충족하기 위한 정치경제적 체제를 확립하고 있다. 특히 최근 심각해진 시장경제의 역기능 중 하나인 빈곤의 세계화를 조정하기 위해 여러 가지 사회보장을 실시하고 있다. 이는 국가를 상대로 한 구성원들의 보상적 요구임과 동시에 권리를 확보해가는 과정이라 할 수 있다.

이제 치열한 세계화 경쟁시대에 국가는 복잡한 국제관계에서 자국의 이익을 위한 임무를 수행하는 영향력 있는 조직으로 그 정체성이 변화하고 있다. 세계화 시대를 맞이하여 더욱 세분화된 국가의 정책적 보호 아래 사람들은 자신의 생활권보다 더 넓은 시공간에 대한 체험 욕구를 갖게 되었다. 그리고 대부분의 국가들은 자국 내 구성원들에게 혜택을 주기 위한 다양한 정책적 노력들을 강구하고 있다. 이 때문에 세계화 흐름 속에서 정부 간 문화적 상호작용의 증대 현상은 관련 정책 운영에 있어서 비슷한 형태의 구조적 동형화 과정을 야기하기도 한다.

한편 지구촌에 배치된 국가와 기업들은 국제관계 및 이해당사자 간 교환관계에서의 빠른 세계화 변화상에 신속한 대응을 시도하고 있다. 특히 복합 연계성(complex connectivity)이라 불리는 세계 체계의 탈국가화 현상으로 이질적인 문화적 특징들이 상품화되기도 하면서 이를 기반으로 하는 산업시장의 범위가 과거 산업사회보다 확대되고 있다. 또한 국가권력의 시장개입을 부정적으로 바라보고 시장의 기능과 민간의 자유로운 활동을 중요시 여기는 신자유주의 이데올로기가 세계적으로 확산하면서 지구촌 대부분의 지역들은 시장경제체제 하에 놓이게 되었다. 대규모 다국적 · 초국적 기업들은 국가 간섭 철폐를 주장하며, 자유경쟁 실현과 이윤 극대화를 추구하고 있다. 경제 제도의 급속한 변화와 상호의존성의 증대는 소비유형의 표준화를 앞당겼으며, 금융시장의 통합을 초래했다. 현재 지구촌 구성원들은 이러한 소비구조의 표준화와 통합을 이끈 다국적 · 초국적 기업들의 영향을 받고 있다.

다국적 기업(multinational corporation)이란 세계 각지에 자회사, 지사, 생산 공장 등을 보유하여 범세계적 규모의 생산 및 판매 수행을 통해 전 세계를 상대로 활동을 전개하는 기업을 말한다. 다국적 기업은 어느 한 국가에 본사를 두고 다수의 국가에 자회사나 지사를 설립하는 방식으로 운영되고 본사와 해외지사 개념이 분명히 존재한다. 세계 어디

서나 똑같은 매장을 갖고 있고, 똑같은 제품을 판매하는 기업 활동을 전개하는데 나이키, IBM, 코카콜라 등이 대표적이다.

한편 초국적 기업(transnational corporation)은 본국을 기반으로 세계적 규모의 자본축적과 이를 위한 전략 및 조직을 갖춘 기업으로 세계 곳곳에서 국제적 규모의 생산 및 판매 거점 체계를 구축하여 이윤 극대화를 추구한다. 초국적 기업은 다국적 기업과 같은 모국 의존성은 상대적으로 미약하지만, 그래도 비교적 꾸준히 모국의 정치적 · 경제적 비호를 받으며 활동한다. 또한 이윤 극대화를 위해 생산기지를 옮겨 상품을 생산하고 금융비용이 최저인 곳으로 자본을 조달하며, 세금이 적은 곳으로 기업 소득을 이전시키기도 한다. 더 나아가 다국적 기업과는 달리 국경을 넘는 순간 마케팅 방법이 달라지는 특징도 있다. 예를 들어 맥도날드 사(社)가 소고기를 먹지 않는 인도인들에게 양고기를 판매하는 현지화 전략을 펼치는 것이 대표적 예라 할 수 있다.

이제 세계화 현상은 모든 국가들에게 여러 가지 극복해야 할 문제를 안겨주고 있다. 세계화를 통한 시장경제의 확산은 국가 경제에 있어서 자본의 영향력에 어떠한 방어 기제도 없이 노출되는 상황을 가져다주기도 했다. 왜냐하면 현재 지구촌 경제는 경쟁이 최대의 효율성을 담보한다는 신자유주의 이데올로기를 근간으로 움직이고 있기 때문이다. 이에 따라 선진국과 달리 개발도상국들은 세계 경제 주기에 따라 국내 경기가 크게 좌우되는 경험을 하기도 한다.

이 같은 세계화 및 국제관계의 본질을 이해하기 위해 다음의 몇 가지 개념을 익혀둔다면 현명한 국제관계 설정에 도움이 될 수 있다. 첫째, 국가 간 관계에서 어느 쪽이 우세(dominance)한지에 대한 내재적 의미를 이해하는 것이다. 이 개념은 국가 간 갈등 관계를 해결하는 요인과 규칙이 무엇인지를 파악하는 과정에서 자연스럽게 국제관계에서의 우위를 결정짓는 눈에 보이지 않는 기준인 권력관계를 알 수 있게 한다.

둘째, 호혜성(reciprocity) 가치에 입각하여 세계화 질서를 이해하는 것이다. 각 국가는 자국의 이익을 추구할 때 다른 세력이 그대로 보고 있지만은 않을 것이라는 사실을 알고 있기 때문에 외교를 통해 함께 생존하기 위한 다양한 정치적 대안을 모색하는 경우도 있다. 셋째, 각 국가 내 구성원들은 스스로가 지구촌 공동체 일원이면서도 자신과 관련된 종족, 민족, 종교, 이념 등의 공통분모를 찾아서 정체성(identity)을 구분 짓고 그 기준에 따라 정치적 행위를 행사한다는 점을 이해하는 것이다. 이 정체성에 의해 긍정적으로는 평화가 이루어지기도 하지만, 부정적으로는 정체성 간 충돌로 분쟁, 전쟁 등의 갈등 상황이 발생하게 되는 경우도 있다. 넷째, 지구촌의 각 주권국가는 경우에 따라 자국의 정치적 현실 속에서 타국의 개입 상황을 맞이하게 되기도 한다는 점을 이해하는 것이다. 물론 원칙적으로 국제관계에서 한 주권국가의 자국 문제에 타 국가가 개입하는 것은 허용되지 않지만, 강대국의 암묵적인 정치적, 경제적 개입은 국제관계 현실에서 흔하게 목격되기도 한다. 그리고 심지어 일부 국가는 군사적 위협을 당할 위기에 처하거나 실제 타 집단에 의해 자행되는 군사적 침략, 도발, 학살 행위를 겪었을 때, 타국의 개입과 지원을 공개적으로 요청하기도 한다.

이와 같은 상황들을 이해하고, 분석할 수 있다면 현재의 세계화 상황을 이루는 국가 간 국제관계의 본질을 파악하는데 도움이 될 수 있을 것이다. 세계화 시대에 국가 대부분은 활발한 교류 활동과 자유로운 정보 흐름의 증가로 인해 정치, 경제, 사회, 문화 간 관계가 더욱 긴밀해지고 있다. 특히 정보통신기술의 발달로 소셜 네트워크 서비스(SNS: social network service)가 확대되면서 시민들이 다양한 정보를 수집할 수 있는 기회가 많아졌다. 이 과정에서 지난 과거에 공고하게 유지되던 세계 곳곳의 독재정권들이 무너지는 현상이 나타나고 있다. 자연스럽게 세계 각국은 과거보다 인권 문제에 더 많이 주목하게 되었다. 더불어 국가 간 이해관계를 조율하는 다양한 국제기구의 역할이 더욱 중요해지고 있다. 이처럼 다차원적인 지구촌 세계화 현상은 각 국가 간 통합 속도를 더욱 높여가고 있음은 분명해 보인다.

02 지구촌 질서의 원리와 국제정치

지구촌 문화와 국제관계의 질서

2 지구촌 질서의 원리와 국제정치

1) 세계화를 설명하는 정치적 견해

본격적인 지구촌 시대를 맞이하여 각 국가들은 모두 서로 다른 이해관계 속에서 정치적 상호작용을 하고 있다. 그래서 때로는 우방(友邦)으로 지내던 국가들도 정치적, 경제적 목표상의 차이가 나타나면 곧바로 적대적인 관계로 변하게 되는 현실을 자주 접하게 된다. 시시각각으로 변화하는 지구촌 질서를 설명하는 여러 가지 견해와 이론들이 있다. 이러한 시각들을 통해 지금의 사회를 개괄적으로 이해할 수 있지만, 세계 각 지역별로 나타나는 구체적인 정치적 · 문화적 갈등의 근원적 의미를 모두 상세하게 알기는 어렵다. 세계화 현상에는 저마다 서로 다른 구성원들의 복합적인 가치가 내재해 있기 때문이다. 이처럼 세계화된 사회질서의 본질을 이해하기 위해서는 복잡성(complexity) 개념을 가져올 필요가 있다. 다변화되고 있는 세계의 복잡성 구조는 사회구성원들이 각자의 방식으로 인식하게 되는 다양한 윤리적 쟁점까지 생각하게 만든다. 예를 들어 복잡한 사회구조에서 발생하는 문화의 다양성을 존중해주어야 하는 입장과 함께 그 문화의 다양성 내에서 취약한 윤리적 상황이 발견되었을 때, 과연 어떤 수준까지 그 다양성을 인정해야 하는지에 대한 논쟁이 불거질 수도 있다.

일반적으로 세계화는 국내의 정치경제적 요소들도 개입되어 사람들 각자의 삶과 사회질서를 유지하고 변화시킨다. 이에 따라 현대사회에서 국가의 구성원들은 세계화 현상에 대응하여 자신의 의무와 책임을 조정하고, 욕구를 만족시켜줄 공공영역의 역할에 주목하기 시작했다. 아직까지는 공공영역의 역할이 주로 국가의 정치적 행위를 통해 수행되는 것이 통상적이다.

세계 정치는 항상 변화하는 분야이며, 그 변화 속도는 시간이 흐르면서 점차 빨라지고 있다. 세계대전, 냉전 종식, 금융위기, 신냉전체제의 등장과 같은 연속적으로 발생한 복잡한 사건들이야말로 급변하는 세계 정치의 모습을 반영한다. 세계화를 설명하는 이러한 기본 개념들은 국제정치를 구성하는 권력(power) 개념에서 비롯된 것이라 할 수 있다. 권력은 상대방의 의사와 관계없이 자신의 의사를 관철하는 강제력을 의미한다. 현대의 세계 정치에서는 어떤 초강대국이 지금의 세계를 지배하고 있는지를 설명함으로써 그 본원적 지배 구조를 파악할 수 있게 된다. 예를 들어 과거 미국과 소련이 세계의 중심이 된 정치적, 경제적, 이념적 갈등과 이들 간의 냉전이 종식된 후, 더욱 강력하게 재부상한 미국 중심의 새로운 초강대국 시대를 거치게 되었다. 그리고 현재 세계의 헤게모니(hegemony) 경쟁에 중국이 가세하면서 새로운 냉전 구도가 본격적으로 형성되고 있다. 결국 과거나 지금이나 권력 구도의 설계자인 초강대국의 위상을 파악함으로써 세계화의 본질에 대한 해석이 가능해진다. 이 권력 체제를 중재하기 위한 다양한 국제기구의 등장과 그 운영 과정에 내재한 본원적 의미를 파악하는 것 역시 세계화 시대의 권력 발생에 대한 해석을 통해 가능하다.

현재 세계 체제의 질서 속에서 세계화 현상이 나타나게 된 이면에는 세계열강의 식민지 정책 및 그와 관련한 권력관계가 숨어 있다. 과거 사회주의 국가의 몰락과 함께 최근까지 세계질서에서 주도적 역할을 해온 정치구조는 최첨단 정보기술에 의해 다양한 형태로 변화하였다. 또한 예전의 어느 사회와는 비교할 수 없을 정도의 세계적인 정치 · 경제 · 사회 · 문화적 변화를 유도해냈다. 그리고 그 권력을 둘러싼 선진국 간 국제적 세력 다툼은 꾸준히 지속되고 있다.

이처럼 세계화를 설명하기 위한 권력의 방향성에 대해 논의해보면, 일부는 세계적 권력이 일방적으로 강대국 중심으로 이어지고 있다는 견해를 보이기도 하고, 다른 한쪽에서는 국제기구, 지역별 연합체의 등장으로 점차 국가 중심의 권력 행사가 약화되고 있다고 본다. 특히 다국적 · 초국적 기업의 영향력이 국가의 자유로운 정치적 행위를 상당 부분 제약한다는 의견을 제시하는 이들도 있다. 현재 지구촌 질서와 관련하여 주목해야 할 점은 세계화 시대에 각 국가가 발휘하는 권력이 통치체제의 모습으로만 나타나는 것을 넘어서 과학기술, 커뮤니케이션 방식, 문화적 영향력 등 다양한 방면으로 분기하고 있다는 사실일 것이다.

2) 세계 체제에 대한 설명

지구촌 질서의 근본원리를 설명하는 다양한 이론 범주들이 있다. 이를 정리하면 먼저 선진국과 개발도상국 간 관계를 기능적으로 보는가, 갈등적으로 보는가에 따라 근대화이론과 종속이론으로 나눌 수 있다.

근대화이론(modernization theory)은 근대화 과정에서 모든 사회가 일련의 비슷한 경로를 밟는다는 점을 들어 단선적 변동론을 주장한다. 이 이론에서는 산업화 이전의 전통사회에서 선진공업사회로 이행되는 과정이 저발전국에서 서구의 선진 자본주의 국가의 발전으로 이어지는 과정과 일치한다고 주장한다. 그리고 저발전국이 잘살지 못하는 이유가 해당 국가들이 가지고 있는 과거의 전통성 때문이라고 본다. 따라서 전통성에 근거한 문화적 산물, 제도 등은 철저히 없애버려야 할 대상으로 판단한다. 개발도상국을 이루는 제3세계 국가의 국민들로 하여금 자신의 전통문화와 전통적 요소들을 바람직하지 못한 것으로 여기게 하는 반면, 서구 사회의 모습을 바람직한 것으로 동경하게 만든다. 더 나아가 이 이론은 제3세계 국가의 특성을 덜 근대화된 이중사회로 본다. 여기서 말하는 이중사회란 전통적 구조와 근대적 구조가 아무런 관련 없이 공존하는 상태의 사회를 의미한다. 즉 이 상태가 국가 발전에 제약을 가한다고 보고 저발전의 원인을 철저하게 국가의 내부 요인에서 찾는다.

한편 종속이론(dependency theory)은 개발도상국의 후진성 원인을 외부 요인에서 찾는다. 여기서 말하는 종속은 자본축적이 내부적으로 이루어질 수 없는 상황을 의미한다. 지구촌에 존재하는 소위 종속국가는 상품생산을 위해 자본을 빌리고 갚아야 하기 때문에 상대적으로 선진국에 비해 잉여 축적이 줄어들 수밖에 없다. 자본을 차용하고 대여하는 과정에서의 상호의존은 힘의 불균형이 내재해 있는 관계라고 볼 수 있다. 즉 개발도상국의 경제발전은 각 국가의 역사적 발전 경로나 정책에 의한 것이 아니라 세계 체계상의 관계에 의한 것이라고 주장한다. 이 이론은 1960년대 라틴아메리카 대륙의 학자들에 의해 주로 제시되었는데, 라틴아메리카의 발전 문제를 다루면서 심도 있게 연구되기 시작했다. 이들은 제3세계의 저발전 원인이 선진 자본주의 국가와의 경제적 종속관계 때문이라고 밝혔다. 일부 학자들은 지역적 계급 분화로 구성된 현재의 세계화 체계를 세계 체제 또는 자본주의 세계 경제로 규정한다. 이 관점에서 보면 세계 체제 내에서의 계급 분화는 지역 단위로 이루어진다. 예를 들어 지구촌 내 대부분의 남반구 지역의 산업은 원료 추출 수준에 머물러 있으며, 자본보다 노동에 주로 의존하며, 노동자의 임금수준도 낮은 편이다. 이와 달리 주로 북반구에 위치한 산업화된 지역은 지하자원 등을 수입하여 더 큰 부가가치를 창출하는 공산품을 생산한다. 이 과정에서는 많은 기술력 및 자본력을 활용하며, 훨씬 더 숙련된 노동이 요구되기도 한다. 이렇듯 산업화된 지역을 가리켜 세계 체제의 중심부라 하고, 원료를 추출하는 지역을 주변부라 일컫는다.

이와 관련하여 일찍이 사회학자 이매뉴얼 월러스틴(Immanuel Wallerstein)은 종속이론, 종속적 발전이론을 논의함에 있어 세계체제론(world-systems theory)을 구체적으로 적용하여 분석했다. 즉 세계체제의 주변부에 위치하는 제3세계가 중심부와의 관계에서 종속성을 면치 못한다는 사실에 주목한 것이다. 월러스틴은 국제경제, 특히 국제사회에서의 분업으로 인해 세계 체제의 하위 정치적 형태가 이루어졌다고 보았다. 그리고 자본주의 세계 경제의 결과로 중심부(core), 주변부(periphery), 그리고 이들 사이의 갈등 해소 역할을 담당하는 반주변부(semiperiphery) 지역이 형성되었다고 말한다. 각 지역의 특징을 살펴보면 다음과 같다. 첫째, 중심부는 강력한 국가기구를 중심으로 자유임금과 노동에 기초하여 제조품 생산에 주력하는데, 주로 선진국이 이 지역에 해당된다. 둘째, 주변부는 대부분 약한 국가기구를 보유하고 있는데, 이 지역은 강제노동에 기초하여 농작물 등을 생산하면서 국제적 교역 과정에서 자신들의 잉여가치를 수탈당하는 경우가 많다. 주변부 지역 범주에 포함되는 빈국(貧國)은 중심부의 지배에 반기를 들기보다는 반주변부로의 편입을 열망한다. 셋째, 반주변부는 어느 정도의 제조업 기반이 갖춰져 있고 자본 집중화가 이루어지지만, 중심부 국가에 비해 여러 가지 수준이 뒤떨어지는 지역을 가리킨다. 또한 이 지역은 중심부에게는 수취를 당하고, 주변국을 수취하는 중간 입장을 취하고 있다. 이 반주변부는 중심부와 주변부 사이에서 일종의 정치적 완충 지대 역할을 한다.

이러한 세 가지 형태의 지역들은 자본주의 세계 경제 안에서 각각 자신들의 생활양식에 부합하는 정치적 · 경제적 조건을 구비하게 된다. 세계체제론에 따르면 중심부 경제는 강대국의 시장질서, 주변부 경제는 약소국의 시장질서와 일치하며, 반부변부 경제에서는 이 두 체제의 성격이 융합된 국가 및 시장 질서가 만들어진다.

일반적으로 지구촌 중심부에 해당되는 소위 선진국이라 불리는 고소득 국가는 최초의 산업화 국가들이며, 이 산업화는 약 250년 전 영국에서 시작되어 유럽, 미국, 캐나다로 확대되었다. 지구촌에서 중심부를 차지하고 있는 국가들은 그 수는 적지만, 세계의 연간 경제적 부(富) 생산량의 대부분을 차지하며 세계 경제를 주도하고 있다.

반면 반주변부를 이루는 중소득 국가는 주로 동아시아와 동남아시아 국가, 중동과 북아프리카의 석유부국, 중남미 국가, 일부 동유럽 공산국가들이며, 최근 중국이 급속히 편입되고 있다. 한편 1970년대에 급속한 공업화를 이룬 소위 아시아의 네 마리 용(龍)으로 일컬어지는 한국, 싱가포르, 홍콩, 타이완은 1980년대~1990년대에 비로소 이 지역 범주로 이동하게 되었다. 아시아 지역의 신흥 공업국가들은 풍부한 노동력과 적극적인 수출 정책으로 지구촌 불평등 상황에서 벗어나 기회의 사다리에 오르기 위해 노력했으며, 근래에는 중국, 동남아시아 국가들과 치열한 경쟁을 벌이고 있다.

마지막으로 주변부를 차지하고 있는 저소득 국가에는 동아프리카, 서아프리카, 사하라 서남아프리카의 주요 국가들과 남아시아 일부 국가들이 포함된다. 주변부는 일반적으로 출산율이 높고 국가 내 빈부격차가 심하다는 특징을 띤다. 저개발국가의 경우, 선진국들에 비해 미약한 사회안전망으로 인해 건강 불평등 문제에 시달리고 있기도 하다. 위생시설의 부족, 오염된 식수, 영양실조, 기아, 기근, 전염병 등이 기본적인 생활조차 어렵게 하고 있다. 아프리카 지역의 많은 사람들이 예방법이나 치료법의 부재로 여전히 여러 유해 바이러스 감염에 노출되어 생명을 위협받고 있으며, 유아 사망률 역시 선진국보다 높은 수준이다. 이 지역 국가들의 발전 속도가 선진국보다 현저히 낮은 이유에 대해 일부 학자들은 교육 문제와 밀접한 관련이 있다고 본다. 교육은 중장기적으로 정치 및 경제 성장에 기여하는 요소이다. 교육을 받지 못한 사회구성원들은 시민의식이 부족하고, 저임금이나 저숙련 노동환경에 처해지기 쉬워 결국에는 빈곤에 허덕이게 된다. 세계 대부분 국가들의 교육수준이 점점 높아지고 있지만, 선진국과 개발도상국 간 교육 격차는 여전히 존재한다. 개발도상국에서 고등교육을 받는 청소년 수는 선진국에 비해 상대적으로 더 적은 것이 현실이다. 청소년들이 국가의 미래를 책임진다는 점에서 이들의 교육수준을 높이는 활동은 중요한 사회정책적 기제라 할 수 있다.

한편 지구촌 사회에서는 정도의 차이는 있겠으나 상징적인 물질적 보상의 불균등한 분배가 이루어지고 있다. 또한 현존하는 모든 경제적 · 사회적 불평등 구조 속에는 여러 종류의 자원에 대한 불평등 분배를 설명하고 정당화하는 의미체계가 있기 마련이다. 사회적 불평등은 어느 시대, 어느 사회에서나 대부분 보편적으로 존재해왔기 때문에 이와 관련한 학술 이론들은 무수히 많다. 세계화 시대에 이 불평등에 대한 논의는 각 국가 단위로 활발하게 진행되고 있다. 지구촌 불평등 문제를 국가 간 정치적 관계 속에서 논의하는 것을 넘어 각 국가의 문화에 따른 구체적 불평등 기제들을 고찰할 필요가 있다.

이처럼 세계화 시대에 국가 간 '발전-저발전', '균형-불균형' 등의 문제는 오늘날 자본주의 사회에서 끊임없이 제기되고 있는 사회문제이기도 하다. 즉 지구촌 국가 간에도 이 불평등의 지역별 격차가 나타나고 있다. 따라서 불평등 문제는 넓게는 세계 체제 속에서, 좁게는 사회구성원들의 의식 속에서 주요한 삶의 본질적 문제로 인식되어야 한다. 현재 국가와 세계 체제에서의 계급 원리는 자본축적이라는 자본주의 사회질서 속에서 작동하기 쉽다. 그리고 이 질서는 각 국가 내 자원 동원과 분배 구조를 결정짓는 미시적 사회정책에도 영향을 미친다.

세계체제론자들은 지구적 범위에서 나타나는 국가 위상과 관련한 구성 원리를 하나의 자본주의 세계 경제로 상정하고, 불평등에 근거한 지구적 위계 구조를 범주화한다. 지구촌 시대라고 해서 각 국가가 모두 평등한 지위를 부여받는 것은 아니다. 세계의 국가 간 불평등이 엄연히 존재하는 현실에서 앞으로 불평등 수준의 간극이 좁혀질지, 좁혀지지 않을지에 대해 학자들의 서로 다른 의견이 반목을 거듭하고 있다. 신자유주의 시장경제체제의 특성상 빈익빈 부익부 현상은 지속될 것이므로 그 빈부격차가 더 확대될 것이라는 입장이 있는 반면, 현재는 불평등 간극이 존재하지만, 일정 정도 시간이 지나면 지구촌 여러 국가에서 축적된 부가 분배 시스템에 자연스럽게 편입되어 그 차이가 줄어들 것이라는 의견도 있다.

지구촌 불평등을 줄이기 위한 국가 대응에 대해서도 각기 다른 의견이 제시되고 있다. 먼저 지구촌 신자유주의 시장경제체제가 야기하는 주된 사회문제인 불평등의 확대를 막기 위해 각 국가가 협상 및 타협이 가능한 국제기구 등에 적극적으로 개입하여 이를 정책적으로 보완해야 한다는 입장이 있다. 이 주장에 따르면 복지국가의 기능이 중요하다. 이에 반해 신자유주의 원리를 그대로 유지함으로써 지구촌 전체의 부의 팽창을 통해 불평등 문제가 해결될 것이라는 입장이 있다. 이 주장에서는 이제 세계 경제구조에서 국가의 역할은 더 이상 큰 의미가 없다고 본다.

지구촌 불평등의 원리는 국가 간 무역 관계에서도 잘 나타난다. 시장

구조에서의 불평등 현상을 최대한 줄이기 위한 다양한 국제기구들이 만들어지고, 유지되고 있다. 이 기구들이 고수하는 거래 원칙은 모든 회원국에게 혜택을 보장하는 다자주의 원칙을 채택한 세계무역기구(WTO) 체제이다. 세계무역기구 체제에서는 각 회원국이 자국의 고유한 관세와 수출입 제도를 철폐하여 지역 내 단일 관세 및 수출입 제도를 공동으로 유지하는 방식과 지역 내 단일 관세 및 수출입 제도가 아닌 자국의 고유 관세 및 수출입제도를 그대로 유지하면서 무역장벽을 완화하는 방식으로 나뉜다.

반면 최근에는 특정 국가 간 상호 무역을 증진하고자 물자나 서비스 이동을 자유화하고 국가 간 제반 무역장벽을 완화하거나 철폐하여 무역자유화를 실현하기 위해 양국 간 또는 지역 간에 체결하는 특혜 무역협정인 자유무역협정(FTA: Free Trade Agreement) 체제가 활성화되고 있다. 이 경제체제에서는 국가 간 무역이 양자주의 및 지역주의적 특혜 무역체제로 한정되어 있다. 자유무역협정(FTA)은 무역거래에 있어서 세계무역기구(WTO) 체제의 다자주의 무역보다 실효적이며, 실제 국가 간 필요한 항목의 협상이 빠르게 진행된다는 장점이 있다. 또한 시장이 크게 확대되어 비교우위에 있는 상품의 수출과 투자가 촉진되고, 이를 통해 효과적인 무역 창출 효과를 거둘 수도 있다. 하지만 양자주의 무역 협상 과정에서 기존 국가의 힘에 의해 무역거래의 불균형이 나타날 수도 있다는 단점이 있다. 또한 무역거래 시 자국 내 산업군 간 협상을 통해 이익과 손해를 보는 당사자들이 나눠지기 때문에 사회 내 심각한 갈등이 발생할 수도 있다. 즉 협정 대상국에 비해 경쟁력이 낮은 산업의 경우, 산업군 자체가 몰락하는 상황에 급박하게 처할 수 있다. 따라서 협상 당사국은 협상이 이루어진 후, 상황이 어려워진 산업군에 여러 가지 정책적 지원을 제제공해주어야 할 사회적 책임을 져야 한다.

3) 에너지 자원을 둘러싼 지구촌 불평등과 지역 간 갈등

지구촌 국가 간 불평등이 존재하는 근본 원인은 모든 사람들이 갖기를 원하는 자원들이 충분하지 않기 때문이다. 이 자원들은 경제적, 사회적, 정치적 차원의 희소성을 지니고 있다. 특히 현재 지하자원을 둘러싼 국가 간 관계망은 복잡하게 얽혀있다. 인류가 일궈온 문명 발전의 근간이 되었던 것은 지구촌 곳곳에 매장되어 있는 다양한 지하자원이었다. 지하자원은 에너지를 얻기 위해 활용되는 경우가 많다. 특히 현재의 지구 진화 과정에서 인간 생활의 질적 수준을 결정짓는 주요 변인 중 하나가 바로 에너지 자원일 것이다. 인류의 에너지 자원의 개발과 이용, 그리고 보존 문제는 지속가능한 인간 삶의 미래상을 제시해주느냐, 그렇지 못하느냐와 관련하여 중요한 사안이라 할 수 있다.

지구의 자연환경에 포함되는 빛, 공기, 물, 토양 등의 무생물적 환경과 관련한 다양한 지하자원은 여러 가지 생물적 환경과 결합하여 인간을 위한 구조적 체계를 구성한다. 현재 산업 발달의 흐름대로라면 지구의 여러 가지 에너지 자원은 그 수요가 급속히 증가하여 머지않아 고갈될 것은 너무도 명백한 일이다. 지구촌의 지하자원 문제는 단순히 소비와 환경문제 외에 또 다른 사회적 갈등을 야기하기도 한다. 일반적으로 자원은 일단 소비되면 다시 생기지 않는다. 재생 불가능한 자원은 한번 써버리면 완전히 없어져 버린다. 공급가능량이 제한된 지하자원을 채굴하게 되면 추후에 쓸 수 있는 절대적 양이 자연스럽게 감소한다. 따라서 다른 자연적 · 사회적 환경이 불변일 때 자원의 경제적 가치는 그 양이 줄어드는 만큼 올라가게 된다. 자원 자체의 경제적 가치뿐 아니라 자원이 채굴되어 절대적 양이 줄어들면 해당 자원이 매장된 지역의 가치 역시 동반 상승하는 것을 볼 수 있다. 따라서 지하자원을 가지고 있는 지역은 충분히 투자 대상이 될 수 있으며, 이는 새로운 생산 수단을 통제하는 수단으로 작용할 수도 있다. 현재 지하자원 문제로 세계적 불평등이 야기되고 있는 이유는 결국 자원의 희소성과 이로 인해 발생하는 욕구 충족의 차이 때문인 것이다.

자원으로 인한 불평등 현상 역시 지구촌 곳곳에서 나타나고 있다. 지하자원 문제에서 파생된 지구적 불평등 문제는 주로 물적 자원이 어떤 한 지역에 편중되어 있기 때문에 적절한 분배가 이루어지지 못하여 발생하는 지구촌 문제라 할 수 있다. 특히 지구촌에서 발생하는 자원 관련 갈등 문제에 있어서는 자원 소유가 지극히 우연적 요소에 의해 이루어지는 경우가 많기 때문에, 국가 간 분배 역시 지극히 공평하지 못한 경우가 많다.

오랜 과거부터 한정된 지역에 매장되어 있는 에너지 자원은 세계 국가, 시장 간 분업 관계의 불평등 구조에 영향을 끼쳐왔다. 잉여가치 창출의 주요 수단인 에너지 자원의 공급이 선진국이 포함된 지구촌 중심부에 몰리는 현상이 발생하고 있는 것이다. 이 과정에서 현재 에너지 자원 확보 경쟁에서 상대적 우위를 확보하지 못한 주변부 국가들은 자국 경제의 구조적 이질성을 극복하기 위해 그들 간에 새로운 경제적 연합체를 구성하기도 한다. 이러한 현상은 국가 간 무역관계에서의 우위가 자원 거래에 기초하여서만 이루어지는 것이 아니라 에너지 자원의 매장 여부 같은 귀속적 · 기원적 특성에 상당 부분 의존한다는 점을 간접적으로 보여주는 사회적 현상이라 할 수 있다.

국가의 권력과 경쟁력이 지구촌 중심부로서의 정체성을 지닌 선진국 위주로 재편되는 현상은 에너지 자원의 통제 구조를 통해 설명이 가능하다. 통제는 직접적인 정치적 통제만 있는 것이 아니라 다국적 경제 주체의 활동에 의한 간접적 통제도 있다는 점을 잊어서는 안 된다. 지구촌 사회에서 에너지 자원은 세계 체제의 주변부 국가 간 우위관계를 가늠하는 중요한 수단으로 작용하고 있다. 국가의 자원 보유 여부는 일정 지역의 사회구성원들의 삶의 질에까지 영향력을 행사하기 때문에 지구촌 지하자원의 생산과 분배 문제는 전통적인 계급 및 계층 이론을 바탕으로 연구되는 경우가 많다. 이처럼 에너지 자원을 둘러싼 세계 사회의 갈등은 비단 최근에 나타난 새로운 시대적 현상이라고는 보기 어렵다. 특히 에너지 자원은 넓게는 한 국가 전체의 국부(國富)의 정도를, 좁게는 한 국가에 속한 사회구성원들의 삶의 풍요로움의 정도를 가늠하는 척도가 되는 중요한 물질적 자산이다. 이러한 이유로 세계 대부분의 국가는 모든 다른 재화나 생산품들이 시장경제체제 원리에 맡겨진다고 할지라도 에너지 자원 만큼은 국가가 개입하는 정책의 울타리를 벗어나지 못하도록 하고 있다.

에너지 자원은 자본축적이라는 양적 성장을 근간으로 하는 경제체제에서 중요한 위치를 차지할 뿐 아니라, 사회구성원 개개인의 삶의 향상이라는 질적 차원의 생활영역에서도 유의미한 역할을 한다. 적어도 에너지 자원을 놓고 국가 간 대립이 발생할 경우, 이는 곧 자국의 생존·존립과 밀접하게 관련된 것이기 때문에 인간적인 중재를 기대하기란 어렵다. 아마도 미래의 세계 체제에서의 국가 간 대립 구조는 현재까지의 이데올로기적 갈등 구조에서 벗어나 에너지 자원으로 인한 팽팽한 긴장 관계 속에서 확장될 가능성이 있다. 지금도 석유 자원이 매장된 중동지역을 중심으로 크고 작은 분쟁이 끊임없이 이어지고 있으며, 이 사회적 갈등에 대한 서구 열강의 개입은 세계화 시대에 에너지 자원의 중요성을 역설적으로 보여주는 사례라 할 수 있다.

에너지 자원 때문에 나타나는 세계 체제의 긴장 관계는 역사적 흐름을 거쳐 고착화된 사회적 사실이다. 특히 과거 경제적으로나 군사적으로 약소했던 신생 독립국가들과 개발도상국들은 오랜 기간 식민지 생활을 겪을 수밖에 없었는데, 선진국들이 식민 지배 체제를 확보하려고 했던 주요 이유 중 하나는 개발도상국의 에너지 자원을 착취하기 위함이었다. 또한 지금도 에너지 자원의 확보 유무에 따른 세계 체제 내 중심부와 주변부 간 관계의 구조적 심화 현상이 곳곳에서 목도되고 있다. 국가 간 에너지 자원을 둘러싼 구조적 계층화 현상은 에너지 자원을 확보하지 못한 주변 국가에게 맹목적 순종을 강요함으로써 상당 기간 세계질서의 위계적 서열 구조가 강화되었다.

현대 서구 선진국들이 과거에 많은 식민지를 보유했을 당시에는 자국의 도시산업화 진행 과정에 필요한 대부분의 에너지 자원을 식민지 주변부에 의존했다. 초국적 자본주의 문화의 급속한 발전은 식민지 주변부의 에너지 자원을 토대로 한 물적 기반 없이는 불가능했다고 해도 과언이 아니다. 결국 과거 유럽의 제국주의와 식민주의는 식민지의 종속적 도시화를 야기했다. 종속된 식민지 사회의 도시화는 선진국의 그것과는 다르게 진행되었는데, 차이점은 바로 자생적 산업화 과정이 빠져있었다는 것이다. 이렇게 체계적이지 못하게 급속히 진행된 식민지 국가의 도시화로 인해 현재 선진국과 개발도상국 사이에는 메워질 수 없는 경제적 · 문화적 격차가 발생하게 된 것이다.

시간이 갈수록 세계 사회의 힘의 원리가 국가 간 경제적 협력관계를 매개하는 지하자원의 동원 능력에 의해 결정되는 경우가 많아졌다. 지구촌 매장 에너지 자원의 부족으로 인해 생존에 필요한 자원의 획득을 위한 사회구성원 간 경쟁의 발생은 쉽게 예측할 수 있는 일일 것이다. 부족한 에너지 자원을 재생산하는 것은 불가능하지만, 대체 에너지 개발은 현재의 기술력으로도 가능하다. 지구촌 국가들이 각자의 생존을 위해 상호 호혜적 세계질서를 꾀하는 동시에 가용 에너지 자원의 생산 경쟁에서 살아남고자 각국 간 기술 경쟁이 본격화되고 있다. 이제 에너지 자원을 둘러싼 세계 공간구조와 질서의 변화는 현대사회를 살아가는 사회구성원 모두가 주시해야 할 시대적 흐름임에 틀림없다.

4) 안보와 외교

안보(security)는 국제관계에서 지구촌을 구성하는 각 국가가 어떻게 하면 자국민들이 위협과 협박, 폭력으로부터 벗어나 행복하고 가치 있는 삶을 살아가도록 도움을 줄 수 있을 것인지를 결정짓는 중요한 개념이라 할 수 있다. 현재 세계 체제에서의 주 행위자는 국가이므로, 지구촌 구성원들의 안정 보장에 관해서는 주로 국가가 취하게 되는 안보 개념 하에서 논의해야 한다. 국제질서가 위협적이고 불안정적인 상태로 유지될 때 이 안정 보장의 필요성이 더 부각된다. 최근에는 안보를 더욱 강화하려는 각 국가의 국제정치 기제가 발동하면서 집단안보, 협력안보 개념도 논의되고 있다. 안보는 일방적이라기보다는 관계적 개념이다. 위협을 받는 상대가 존재한다는 전제 하에 그 의미를 갖게 된다. 즉 안보는 상대의 존재를 우선 고려해야 한다. 안보는 상호의존적이어서 타 국가 및 그 구성원들의 안보에 대한 우려를 서로 감안하고 고려하면서 행동해야만 서로의 안보가 확보된다. 이처럼 안보의 대상은 한 국가에만 한정되어서는 안 되며 지구촌을 구성하는 다른 국가나 해당 국가 내 생존해 있는 시민 개인일 수도 있다는 인식이 확대되고 있다. 전통적으로 국가 안보에 있어서 가장 주된 위협은 군사적 위협이었다. 그래서 과거의 안보 개념은 국가 안보 중에서도 군사안보와 동일시되었다. 하지만 이제는 경제 위기, 테러, 질병, 기아, 범죄 등의 위협을 모두 아우르는 광범위한 인간안보로까지 이어져 그 개념이 확대되고 있다.

결국에는 이 안보를 통해 지구촌 평화가 정착될 수도 있으며, 전쟁을 막는 세력균형 상태가 나타날 수도 있다. 현재 각 국가는 자국의 생존을 위해 동맹관계를 맺으면서 세력균형을 이루려고 노력한다. 동맹은 자국의 생존 보장과 세력균형 유지를 위한 중요한 방법으로 지금까지도 많이 이루어지는 군사적 · 안보적 목적을 지닌 국가 간 협력이라

할 수 있다. 동맹 조약이 맺어지면 각 국가는 자국의 동맹국이 공격받았을 때 동맹국을 돕기 위한 전쟁을 수행해야 할 의무를 지게 되는 경우가 대부분이다.

한편 국제관계에서의 평화 유지를 위해 각 국가가 수행하는 주요 기능 중의 하나로 외교(diplomacy)가 있다. 외교는 국가의 대외적 목표를 달성하기 위한 국가 행위로, 그 수행 과정에서 격식을 갖추는 것을 중대시한다. 외교 과정에서의 주된 행위 중 하나는 협상인데, 이를 통해 각 국가는 자국의 이익을 추구하는 동시에 외교 상대국과 공동의 이익을 함께 조화롭게 추구할 수 있다. 외교의 성공을 결정짓는 협상력은 군사력, 경제력, 자원 보유 여부, 인구수 등 다양한 요소에 의해 결정된다.

최근의 외교 활동 영역은 점차 정부에 의한 중앙집중적 방식에서 벗어나 탈중심화되어 분산되는 경향을 보이고 있다. 국가 차원에서뿐만 아니라 기업 간 경제교류, 각종 시민단체 간 교류, 개인적 차원에서의 교류 등 다방면에 걸쳐 이루어지고 있다. 국가의 대외적 목표를 달성하기 위한 외교 활동을 정부가 독점하는 것은 비효율적일 수밖에 없다.

특히 국가 간 충돌하는 다양한 이슈와 관련해서는 각각의 전문 지식이 요구되는 만큼 국가가 큰 정부 형태로 전적으로 모든 외교 관련 영역을 독자적으로 관할하기가 점차 어려워지고 있다. 이제 지구촌 질서 유지에 기여하는 각 국가의 외교 활동에서 민간 영역의 다양한 참여가 나타나고 있기도 하다.

또한 각 국가는 양자외교를 넘어 다자외교 형태의 외교 방식을 취하는 경우가 많아졌다. 다자외교란 세 나라 이상이 모여 서로의 관심 사항을 논의하고 협상을 통해 공통의 이해관계 해결을 모색하는 외교 형태를 의미한다. 공동의 이익을 위해 다수의 국가가 양보와 조정을 거쳐 합의를 이루어가는 다자외교에서는 직접적인 자국 이익보다는 보편적 이익, 즉 모든 관련 국가가 공감할 수 있는 이익이 주로 외교 아젠다에 반영된다. 환경, 인권, 빈곤 문제 등이 대표적인 예이다.

이처럼 현재 각 국가의 안보와 외교 분야가 빠른 속도로 변화하는 이유는 정보통신혁명의 영향 때문이라 할 수 있다. 이 기술적 혁명에 의해 더 이상 정보 독점이 불가능한 지구촌 질서가 성립되고 있다. 또한 국가의 안보 구축과 외교 과정에서 그 속도도 주요 고려사항이 되었다. 이제 다양한 안보, 외교 루트의 개발로 본격적인 안보, 외교 분산화 현상이 나타나면서 성공적인 안보, 외교를 위한 커뮤니케이션 기술이 국제정치에서 중요한 기능적 역할을 하고 있다.

세계화 시대의 경제 상황과 시장구조 질서

03

지구촌 문화와 국제관계의 질서

3 세계화 시대의 경제 상황과 시장구조 질서

1) 지구촌 경제를 설명하기 위한 주요 개념

세계 체제의 지배적 생산 양식이 이윤 목적의 세계시장을 기반으로 하는 위주로 변화하면서 자본주의적 경제체제는 더 다양해졌다. 세계화 시대의 지구촌 경제에서 국가 간 분업적 교환관계는 교역 대상인 상품이 노동, 기술, 원재료, 고정자본 등과 어떤 방식으로 결합되어 있느냐로 결정된다. 지구촌 중심부라 할 수 있는 강대국들은 과거 주기적인 식민지 팽창 정책을 통해 에너지 자원 확보에 주력했으며, 이를 자신들의 체제 확대를 꾀하는 수단으로 삼았다. 그러나 이러한 식민지 팽창 정책은 각국의 정치체제가 안정적으로 정착하면서 그 팽창 능력이 점차 저하되기 시작했다. 반면 이제는 주변 자원을 확보하려는 핵심국 간의 치열한 경쟁으로 인해 국가 간 식민지 팽창 정책이 아닌 자본주의적 팽창 정책에 의한 새로운 경쟁이 야기되고 있다. 선진국과 달리 개발도상국들은 일반적으로 대부분 고급 기술을 필요로 하지 않는 생산체계나 자국 내에서 채굴한 지하자원의 수출에 주력하기 때문에 기술적 진보가 이루어지기가 어렵다. 결국 이러한 이유로 시장구조에서의 자립성이 떨어져 종속관계를 면치 못하게 되는 것이다.

지구촌 경제를 설명하는데 필요한 주요 개념은 바로 무역과 관련이 있다. 국가 경제에서 무역이 수행하는 역할은 선진국과 개발도상국 모두에게 중요하다. 얼핏 보기에 무역은 경제적 문제로 인식되기 쉽지만 고도의 정치적 사안이 내재해 있다. 왜냐하면 무역을 통해 이루어지는 거래 과정은 국경을 넘나들며 진행되기 때문이다.

지구촌 경제를 이해하려면 각국이 상호이익을 추구하는 동시에 자국의 이익을 끊임없이 도모한다는 시각에 근거하여 지구촌 문제를 바라보아야 한다. 심지어 무역에 의한 국가 간 경제적 거래는 군사력과도 관련 있다고 여겨진다. 왜냐하면 무역을 통한 부(富)의 창출은 무기 공급과 같은 국가의 군사력과도 연관되기 때문이다.

한편 지구촌 경제체제 질서는 각국의 협력을 통해 공통의 이익을 가져올 수 있는 배경을 구현해주기도 한다. 이 관점에서는 지구촌 경제체제 하에서 국가 전체가 취하는 부의 증가에 더 큰 가치를 부여하게 된다. 그리고 추후 시간이 지날수록 국가 간 불평등이 완화되고 절대적 생활수준이 향상될 것이라는 입장을 보인다.

지구촌 경제체제에서 효율적인 시장구조가 생성되려면 충분한 시장 정보를 가진 다수의 생산 세력과 소비 세력이 존재해야 한다. 이 기본 조건이 충족되어야만 건전한 지구촌 경제체제가 유지될 수 있다. 정부는 시장 참여자들과의 공식적인 약속을 지키고, 기업 역시 계약을 성실하게 이행하여 지속가능한 세계 경제구조를 만들어 가야 한다. 때로는 현대 국가에서 자국의 경제적 이익과 안정적 시장구조의 유지를 위해 관세를 이용해 국가 간 무역을 통제하는 경우도 있다. 국제무역상에서 부과하는 세금을 관세라 하는데, 이 문제가 국제사회에서 주요 분쟁의 불씨가 되기도 한다. 따라서 이 분쟁의 정도를 줄이고자 각 국가는 다른 국가들과 다양한 형태의 협정을 맺게 된다.

지구촌 경제체제에서는 모든 생산물이 거래된다고 착각하기도 하지만, 자급자족으로 자국 생산물을 일정 정도 유지하는 것이 중요할 때도 있다. 무역 자체를 하지 않고 필요한 물자를 자체적으로 충당하는 자급자족은 특히 최근 들어 식량 관련 문제 해결에 많이 적용되고 있다. 왜냐하면 식량자급도는 결국 국가의 존위를 결정짓는 주요 변수로 작용할 수 있기 때문이다. 이와 관련하여 미래에는 식량 관련 무역거래 통제를 하게 되면 그 식량 자체가 무기화될 수도 있다는 견해가 제시되고 있다. 따라서 자국 내 생산 자립 과정에 많은 비용이 소요되더라도 해당 비용 지출이 추후 무역거래에서의 불평등 관계를 해소하는데 크게 도움이 된다고 판단할 경우, 각국 정부는 이를 적극적으로 지원하게 된다.

모든 국가들이 자유무역을 추구하는 것처럼 보이지만, 대다수 국가들은 국제 경쟁으로부터 자국 산업을 보호하기 위해 보호무역 정책을 펼치려고 노력하는 경우도 많다. 보호무역은 국가 이익에 치우쳐 자유시장을 왜곡하려 한다는 점에서 자유무역과 상반되는 개념이다. 국가가 자국 산업을 보호하려는 동기는 다양하다. 먼저 해외 국가나 기업들의 약탈적 관행을 막으려는 방어적 노력이 보호무역주의의 동기가 되기도 한다. 여기서 말하는 약탈이란 불공정한 방법으로 세계시장 점유율을 높이거나 독점을 도모하는 행위를 의미한다. 이 약탈 과정에서 정부가 국가 전체의 이익과는 무관하게 단순히 국내의 주요 산업이나 이익집단의 정치적 요구에 부응하려는 경우도 있다. 정부는 보호주의 정책을 시행하면서 시작 단계에 있는 국내 유치산업이 세계시장에서 충분히 경쟁할 수 있을 때까지 해당 산업을 육성하려고도 한다. 관련 산업분야에 새로운 경쟁자나 급격한 환경 변화가 나타났을 때, 자국 기업들이 다시 확장, 발전할 수 있도록 시간적 여유를 확보해주기 위해 보호주의 정책을 펴기도 한다.

보호주의 정책 중 가장 간단한 방법은 특정 수입상품에 관세를 부과하는 것이다. 앞서 잠시 언급한 바와 같이 관세는 국내에 반입되거나 소비 또는 사용되는 외국 물품에 부과, 징수하는 조세, 즉 상품이 국경을 통과할 때 부과하는 세금을 의미한다. 흔히 수입상품에 부과하는 수입 관세를 가리킨다. 물론 수출 관세도 존재하는데, 이는 과도한 수출로 인해 세계시장에서 해당 상품의 가격이 하락하는 것을 막기 위함이다. 예를 들어 브라질은 커피 원두 가격의 안정화를 위해 수출하는 커피 원두에 관세를 부과한다. 관세는 수입을 제한할 뿐만 아니라 국가 세금 수입의 중요한 원천이기도 하다. 관세 이외에 수입을 제한하는 또 다른 방법으로는 비관세 장벽을 실행하는 것이다. 비관세 장벽의 대표적인 예가 바로 수입 할당제인데, 이 개념은 특정 상품의 수입 증가를 억제하기 위해 수입 물량에 상한선을 두는 것을 의미한다. 이 조치에 의하면 특정 상품의 수입을 아예 금지하는 극단적인 방법도 취할 수 있다.

한편 지금까지 살펴본 바와 같은 복잡한 지구촌 경제체제를 구성하고 있는 국가와 시장 간 관계를 설명하는데 있어서 국가가 시장에 개입해야 할지, 시장의 자율에 맡겨야 할지에 따라 서로 다른 관점이 적용되기도 한다. 국가가 시장에 개입해야 한다는 입장은 경제학자 존 케인즈(John Keynes)의 케인즈주의(Keynesism) 사상으로 대표되며, 시장의 자율에 맡겨야 한다는 주장은 경제학자 프리드리히 하이에크(Friedrich Hayek)의 신자유주의(neoliberalism) 철학으로 대변된다.

케인즈는 경제 순환 과정에서 발생하는 혼란의 하나인 경제공황의 주요 원인으로 유효수요의 부족을 꼽는다. 수요는 가계의 소비지출, 기업의 투자지출 등으로 구성되는데, 불확실한 시장 환경 때문에 사람들의 소비와 기업의 투자가 줄어들어 공황이 발생한다고 보았다. 즉 투자가 감소하면 소비가 위축되고, 수요는 자연스럽게 감소하게 된다는 것이다. 따라서 케인즈는 수요를 중시해야하기 때문에 국가의 직접적인 개입이 필요하다는 입장이었다. 케인즈는 이를 위해 국가(정부)가 국공채를 발행하여 자금을 확보하고, 해당 자금의 공공 투자를 통해 유효수요를 확보해야 한다고 보았다.

반면 하이에크는 경제구조에서 나타나는 공황의 주요 원인이 과잉투자라고 보았다. 과잉투자는 과잉설비로 이어져 기업의 수익률을 떨어뜨리고, 이에 은행의 신규 대출 감소와 기존 대출금의 회수로 인해 금리가 상승하게 되어 기업투자가 줄어드는 경제 불황이 초래될 수 있다는 것이다. 하지만 불황으로 과잉설비가 정리되고 부실기업이 도산하면 시장기능이 회복되어 다시 호황을 맞이하게 되는데, 이는 시장의 자연스러운 흐름이라고 보았다. 따라서 하이에크는 경제에 대한 국가 개입을 없애고 금융시장과 노동시장에서의 규제 철폐를 주장하였다.

여기서 언급되는 신자유주의란 시장 내 국가의 역할을 부정하고, 국가의 개입이 없는 자유시장이 국부를 증대하여 사회적 후생을 극대화한다는 고전적 자유주의에 입각한 경제 이데올로기를 의미한다. 이러한 이념을 가장 잘 구현한 정부는 1980년대의 영국의 대처 정부와 미국의 레이건 정부였다. 신자유주의에 따른 주된 정책으로는 규제 타파, 임금 인하, 세금 인하, 노동시장의 유연성 강화, 복지 및 보조금 삭감, 무역자유화 등이 있다. 1980년대 이후 경제발전 과정은 신자유주의라는 미명 아래 세계 여러 지역에서 진행되었다. 당시 신자유주의는 그 어떤 자본주의 형태들보다 기업 자본주의의 우세를 반영하였으며, 이는 시장 근본주의를 바탕으로 하고 있었다. 신자유주의의 목표는 1945년 직후부터 팽배해왔던 시장 내에 존재하는 국가 개입의 영향을 최소화하거나 없애는 것이었다. 신자유주의자들의 주 공격 대상은 케인즈주의를 비롯하여 국가 중심의 세금 및 지출 관련 정책이었으며, 특히 1970년대 스태그네이션(stagnation)에 따른 실업 증가와 인플레이션(inflation)에 따른 물가상승이 합쳐진 '스태그플레이션(stagflation)'의 책임이 국가에게 있다고 비판했다.

2) 자본 및 시장구조의 세계화

과거에 진행된 초국가적 경제구조의 발전은 제국주의가 취한 사회질서와 같은 특징을 띠었다. 이 같은 성격을 지닌 경제 세계화의 정점은 바로 19세기 후반 유럽 국가들이 아프리카와 아시아 지역에 식민지를 확보하려고 고군분투했던 시점이다. 그러나 이러한 과거와 지금 현대의 세계화 형식은 중요한 점에서 차이가 있다. 이전의 세계화에서는 팽창주의적 정치적 구상 뒤에 초국가적 경제조직이 자리 잡고 있었다. 제국주의 국가들은 제국주의적 측면에서의 확산을 유도하였으며, 국경선은 대부분 그대로 유지한 상태에서 식민지 국가를 자신들의 정치적 지배 대상으로서만 활용했다. 이와 비교하여 현대의 세계화 현상에서는 실제로 국경 없는 경제적 상호연결성과 상호의존망이 확대되어감에 따라 단일한 지구촌 경제체제가 자리 잡게 되었다.

지금의 이 체계적인 세계적 범위의 경제체제는 20세기 중반 이후 본격적으로 나타나기 시작하였다. 그리고 1990년대 들어서 경제적 상호연결성은 더 확장되었다. 이 과정은 동유럽 등에서의 공산주의 체제 붕괴와 중국경제 개방에 영향을 받았다. 한편 세계 자본주의 체제의 모습은 지구촌 구조와 이를 구성하고 있는 행위자 간 역동적 관계를 통해 설명이 가능하다.

그렇다고 하더라도 이러한 자본 및 시장구조의 세계화가 국가를 배제하는 것은 아니다. 어떠한 점에 있어서는 지구촌의 중심부인 강대국들은 자신의 목표를 달성하는 수단으로 이 과정을 활용하기도 한다. 이 세계화 현상은 경제 침체에 대한 서구 선진국들의 대응으로 보일 수도 있는데, 완전히 자유화된 무역체제로의 전환된 국면이 잘 유지되고 있다. 또한 다국적 · 초국적 기업들이 여러 가지 자본축적의 기회를 갖게 되는 계기가 되었다. 19세기의 제국주의와는 다르게 20~21세기의 세계화는 적어도 강압적 지배를 통한 관계를 노골적으로 설정하지는 않았다. 일각에서는 세계 각 국가 간 합의에 의한 이 세계화가 상호 경제 이익을 잠재적으로 인정하는 것이라 주장했다. 반면 일부 학자들은 세계화가 그 혜택이 공평하게 배분되지 않는 방향으로 진행되었고, 실제로는 그 본질은 선진국의 국가 권력과 친시장적 가치의 결합이라 주장하기도 했다.

현재 국제무역을 촉진, 감시, 조정하는 다자간 글로벌 국제기구로서 지구촌 국가 간 무역 과정에서의 문제를 해결하고 세계적 수준에서의 이해관계를 조율하는 역할을 하는 세계무역기구(WTO)가 존재한다. 세계무역기구는 국제무역에 관여하는 국가들의 기대치와 관행을 형성해준다. 이 국제기구는 자유무역 촉진을 목표로 1947년에 창설된 '관세 및 무역에 관한 일반협정(GATT: General Agreement on Tariffs and Trade)'의 후속 조치라 볼 수 있다. 행정 제도라기보다는 협상의 틀로서 기능한 관세 및 무역에 관한 일반협정(GATT)은 실제로 무역을 규제하지는 않았으며, 1995년에 세계무역기구로 바뀌었다. 세계무역기구는 이 협정의 기존 합의 내용을 일정 부분 계승하고, 서비스 및 지적 재산 관련 문제까지 포괄하여 더 확산하였다. 이 기구는 무역을 규제하는 핵심적인 국제 제도라 할 수 있으며, 전 세계 거의 모든 국가가 참여하기를 원하는 제도이기도 하다.

세계무역기구는 모든 회원국에게 혜택을 보장해 주는 다자주의를 원칙으로 하는 세계 무역체제를 채택하고 있으나, 이 때문에 협상 기간

이 길어질 수밖에 없다는 단점이 있다. 현재는 자유무역협정(FTA)을 통한 자본 및 시장구조의 세계화가 급속도로 이루어지고 있다. 자유무역협정은 양자주의 및 지역주의적인 특혜 무역 체제로, 특정 국가 간 상호 무역을 증진하기 위해 물자, 서비스의 이동을 자유화하는 협정을 의미한다. 즉 국가 사이의 무역장벽을 완화하거나 철폐하여 무역자유화를 실현하기 위한 양국 또는 지역 간 체결하는 특혜 무역 협정인 것이다. 자유무역협정은 크게 두 가지 형태의 무역거래 방식을 취한다. 첫째, 모든 회원국은 자국의 고유한 관세 및 수출입 제도를 완전히 철폐하고, 지역 내 단일 관세나 수출입 제도를 함께 유지하는 방식으로, 유럽연합(EU: European Union)이 대표적 예이다. 둘째, 회원국이 지역 내 단일 관세 및 수출입 제도를 공동으로 유지하지 않고, 자국의 고유한 관세 및 수출입 제도를 그대로 유지하면서 무역장벽을 완화하는 방식이다. 미국, 캐나다, 멕시코 3국이 관세와 무역장벽을 폐지하고 미국의 자본과 기술, 캐나다의 자연자원, 멕시코의 노동력을 바탕으로 자유무역권을 형성한 북미자유무역협정(NAFTA: North American Free Trade Agreement)이 대표적이다.

대부분 자유무역협정은 회원국에게만 무관세나 낮은 관세를 적용한다. 아시아에서도 다른 지역에서와 같은 자유무역지대를 만들려는 노력이 1980년대 말에 시작되었지만, 진행 속도가 더뎠다. 유럽이나 북아메리카의 상황과는 달리, 당시 아시아에는 경제적 차이가 나는 부국과 빈국, 민주국가, 독재국가, 공산국가 등 다양한 국가들이 혼재해 있었다. 이 상황에서는 각 국가가 어떻게 공동의 이익을 조정할 수 있을지가 불확실하다. 이러한 문제에도 불구하고, 동아시아와 동남아시아 중심의 다양한 자유무역지대가 형성되고 있다.

이처럼 현재 지역적 자유무역지대 역시 세계무역 질서에서 중요한 역할을 하고 있다. 자유무역지대란 같은 지역 내 인접한 국가들이 합의하여 무역장벽의 전부 또는 대부분이 제거된 지역을 가리킨다. 자유무역지대에 속한 국가들은 지대 밖 국가들에 대해서도 무역장벽을 낮추고 동일한 수준의 관세율을 적용할 수 있는데, 이를 관세동맹이라고 한다. 어떠한 형태든 지역적 무역협정이 체결되면, 각 회원국은 다른 국가들과의 협정을 기다릴 필요도 없이 지역 내 상호협력을 통해 자국의 부를 증대시킬 수 있다.

지금까지 살펴본 바와 같이 자본 및 시장구조의 세계화 현상은 지구촌에서 다양한 형태로 활발하게 나타나고 있다. 물론 세계화 시대의 경제 상황과 시장구조 질서를 설명함에 있어서는 다양한 입장이 존재한다. 이와 관련하여 무역 과정에서 국가의 역할 비중에 대한 관점 차이, 각국이 추구하는 자유무역과 보호무역 현황을 바라보는 시각 차이, 자본 및 경제 세계화와 지역화에 대한 입장 차이는 관련 논쟁을 더 치열하게 하는 주요 논점이라 할 수 있다. 중요한 점은 과거 산업화 시대보다는 현재의 시장구조가 복잡하게 얽혀 있기 때문에 그 본질을 분석하는 과정에서 더욱 다양한 사회문화적 변수를 고려해야 한다는 사실일 것이다.

04

세계화와 국가의 위상: 복지국가의 지구적 이해

지구촌 문화와 국제관계의 질서

4 세계화와 국가의 위상: 복지국가의 지구적 이해

1) 세계화 시대의 국가의 위상과 특성

(1) 세계화 시대의 국가 개념

국가는 정해진 영토의 경계선 내 주권을 확립하는 정치적 연합체라 할 수 있으며, 집단조직의 공동생활을 책임지는 공공성을 띤다. 국제법상의 국가에 대한 고전적 정의는 1933년 '국가의 권리와 의무에 관한 몬테비데오 협약(Montevideo Convention on the Rights and Duties of the State)'에서 찾아볼 수 있는데, 이에 따르면 국가는 국가를 구성하는 네 가지 요소, 즉 경계가 정해진 영토, 영속적인 인구, 효율적인 정부, 다른 국가들과 관계를 맺는 능력을 갖추어야 한다. 국가는 역사적 조직으로, 과거 15세기와 16세기 유럽에서 모든 다른 조직과 단체들을 종속시키면서 형성된 중앙화된 지배체제라 할 수 있다. 국제법의 출발점이라고 명명되고 있는 베스트팔렌 평화조약(Westfälischer Friede) 이후부터 국가주권에 대한 세계적 관심이 본격적으로 나타나기 시작했다.

국가에 잠재해 있는 가치는 주권에 의해 확립된다. 다른 국가와의 협상은 결국 주권을 갖고 있을 때 가능해진다. 국가는 정해진 국경선 내에서 주권을 행사할 수 있는 능력을 보유하고 있기에 자율적이고 독립적인 행위 주체라 할 수 있다. 일반적으로 주권은 국내 주권과 대외 주권으로 나뉠 수 있다. 국내 주권은 국가 내부에서 권력과 권위가 어디에 놓이는가에 따라 구분되며, 국가구조 및 통치체제 발전에 중요한 역할을 한다. 대외 주권은 국가가 국민과 영토에 대한 지배권을 갖고 있음에서 비롯된다. 따라서 자국과 다른 국가 또는 국제 행위자와의 관계에 의해 정의될 수 있다. 세계화 시대의 국가 개념은 결국 대외 주권과 관련한 갈등 관계로 인해 더 주목받는다고 볼 수 있다. 대외 주권은 각 국가의 영토적 결속과 정치적 독립이 침범당하지 않는다는 점을 보장받기 때문에 이를 위반할 시 분쟁과 전쟁이 발생하게 된다.

본격적인 세계화 시대를 맞이하여 국가 존재에 대한 다양한 견해들이 제기되고 있다. 이를 정리하면, 먼저 국가 개념의 위상이 점차 축소될 것이라고 보는 입장이다. 이 의견은 자본의 세계화 과정을 통해 시장 중심의 세계질서가 재편되면서 강력하게 나타나고 있다. 반면 세계화 현상에도 불구하고, 주권 국가들은 여전히 국경 내에서 각자의 이해관계를 추구하고, 지구촌 내 주요 행위 주체로서 강한 영향력을 행사하고 있다는 입장이다. 각 국가별로 지역 중심의 국가 체제가 공고히 유지되고 있으며, 그들 간 국가적 연합체를 형성하고 있고, 내국민에 대한 다양한 정책적 기제들이 여전히 뚜렷하게 작용하고 있음을 강조한다.

물론 주지하다시피 이 같은 주장들은 현재 지구촌의 구체적인 모습으로 동시에 외현되고 있다. 여하튼 국가와 주권이 세계화의 힘으로부터 영향을 받지 않는다고 주장하기는 어렵다. 국가는 국경 안에서 발생하는 일들에 대한 관할권을 갖고 있으며, 또한 세계화의 영향으로 국경 밖에서 일어나는 일들도 관할할 수 있는 여러 가지 힘을 지니고 있다. 하지만 정보통신기술의 발달에 따른 다양한 미디어의 확산으로 국가가 독자적으로 정보를 획득하여 관리하던 때는 지나갔고, 더 나아가 단독으로 국내외 상황을 통제하기도 어려운 시대가 되었다. 따라서 이같이 변화하는 시대적 상황에서 국가는 다양한 특성을 지닌 집합체로서 그 역할과 기능에 변화가 나타나고 있음에는 분명한다. 특히 금융시장 구조의 세계화 과정에서 시공간의 간극이 줄어들면서, 영토의 초월성을 내재한 자본과 문화의 영향력으로 국가 영토의 위치나 국가 간 거리, 국경선 정체성의 중요성이 과거보다 약화되고 있다. 이 자본과 문화의 세계화 흐름이 지구촌에서 동시에 일어나고 있는 만큼 어떠한 국가도 그 세계화의 영향력에서 자유로울 수 없다. 더욱이 지금처럼 세계화와 지역화의 추세가 함께 나타나면서 국경을 둘러싼 다양한 사회문화적 침투가 가능해진 시대에서는 더욱 그러하다. 이 과정에서 문화적 경계의 범위가 불분명하면 자칫 과거 지리적 경계로서의 국경이 지닌 의미 역시 소멸될 수도 있다. 그렇게 된다면 국가의 전통적 의미와 특성은 더 이상 존재하지 않게 될 가능성이 커지게 된다. 현재 세계화 시대에 국가의 의미와 특성을 규정짓는 것은 시간이 갈수록 애매해지고 있다. 이미 유럽연합(EU)을 비롯한 지역 간 다양한 연계 구조의 확대는 세계화 시대의 변화된 국가의 모습을 잘 보여주는 것이라 할 수 있다. 따라서 현재 국가 형성에 기반이 되는 정치적, 경제적, 문화적 권리문제에 지구촌 시민 모두가 관심을 보이고 있다.

(2) 국가에 기반을 둔 국제연합체의 등장

지구촌 국가 간 상호작용이 활발해지면서 세계정치에 있어서 국가가 독립적이고 자율적으로 행동할 수 있는 능력이 점차 줄어들고 있다. 이 과정에서 각 국가는 정치 세계화를 통해 자국의 영향력을 발휘하려고 노력하고 있다. 정치 세계화는 국제연합체, 국제기구들의 증가 속도와 관련이 있다. 이 국제연합체와 국제기구들은 단일국가 내에서 뿐만 아니라 여러 국가들로 구성된 국제무대에서 영향력을 행사하는 다국적 조직을 의미한다. 소위 말하는 둘 또는 그 이상의 국가가 결합한 연합 주권을 창출하면서 독립 단위의 국가보다 더 다양한 힘과 영향력을 행사한다.

국가가 개별적으로 활동하는 경우에는 국가의 영토적 범위를 초월한 경제활동을 통제하는 능력이 감소되기도 하지만, 세계무역기구(WTO), 국제통화기금(IMF: International Monetary Fund) 등의 국제기구를 매개한 활동을 통해 지구촌 내 제공되는 거시적 경제 규칙의 영향력 속에서 다양한 능력을 발휘할 수 있다. 심지어 각 국가는 다국적 기업의 경제활동을 통제하는 권한까지 부여받기도 한다. 이처럼 국가의 권력과 중요성은 정치 세계화 과정에서 나타나는데, 국가에 기반을 둔 국제연합체 역시 이 같은 범위 안에서 확대되고 있다. 하지만 국가 간 복합적이며, 상호 모순된 이해관계의 충돌로 인해 합의점을 모두 갖춘 연합체의 형성은 매우 어려우며, 설혹 국제연합체나 국제기구가 설립된다고 하더라도 하나의 의사결정이 이루어지려면 많은 협의 과정이 요구된다.

물론 국제연합(UN), 유럽연합(EU), 세계무역기구(WTO)와 같은 국제조직들은 국가가 자치 단위로서 활동하는 능력을 제한하기도 한다. 가입과 의사결정 과정에서 국가의 힘이 중대하게 작용함과 동시에 많은 의사결정권이 회원국이 아니라 해당 조직 자체에 있는 경우도 많다. 국제적 수준의 연합체가 다수 형성되면서 국가 간 또는 초국가적 차원에서 이루어지는 결정의 범위와 중요성은 증대되고 있다. 이처럼 국제연합체는 회원국에게 새로운 기회를 제공하기도 하고, 반대로 그 기회를 축소하기도 한다. 국제기구 가입으로 회원국들은 자국의 능력을 확대할 수도 있고, 반대로 상호연결된 세계에서 독립 국가로서의 영향력이 축소될 수도 있다.

2) 지구촌 범위에서의 복지국가의 출현과 유형

(1) 세계화 시대의 시장경제의 특징과 복지국가의 출현

현재 정착된 지구촌의 신자유주의 가치는 1980년대를 전후하여 서구 선진국을 중심으로, 특히 영국의 대처 총리, 미국의 레이건 대통령 등이 모두 신자유주의 사상에 근거하여 집권하면서 세계적으로 확대되었다. 신자유주의 정책의 핵심은 기업에 대한 탈규제와 노동시장의 유연화이다. 기업의 이윤 창출 과정에서의 국가 개입을 최소화하고, 노동시장에서의 해고 조건을 완화하며, 비정규직을 확대하여 노동시장 진입과 탈퇴가 함께 용이하도록 하는 것이다. 결국 신자유주의가 내세우는 사회보장의 핵심은 국가 차원의 복지혜택 감소이므로 이 입장이 정책으로 발현될 경우, 조직 및 기관의 민영화 문제가 사회적 쟁점으로 항상 부각되기 마련이다. 이에 대한 대안으로 최근 활발하게 논의되고 있는 개념이 바로 복지국가이다.

복지국가란 국민의 기본적 생존권을 보장하고, 복지 유지 및 향상을 국가의 중요 임무로 간주하는 국가를 의미한다. 즉 최소한의 인간다운 생활을 위해 국민 복지를 제공하고, 이를 유지하고 향상하려고 노력하는 국가를 뜻한다. 국민 복지 증진은 경제적 · 물질적 충족으로만 가능한 것이 아니며, 민주주의 정치제도에 의해 민주주의가 실현되어야 더 안정적으로 이루어질 수 있다. 복지국가는 국민의 생존권을 보장하고 최소한의 인간다운 생활의 영위를 추구할 수 있도록 기준을 마련해야 한다. 그리고 자유, 평등, 민주, 연대 등의 가치를 실현함으로써 복지국가의 주요 이념은 구체화된다.

복지국가에서 정책적으로 운영되는 사회복지는 인간의 행복을 증진하고, 정부나 민간단체의 다양한 지원책을 통해 사회적 위험을 예방하고 경감하기 위한 체계적이고 조직적인 노력을 의미한다. 사회복지는 원래 잔여적 차원에 토대를 둔 비(非)국가적 수준의 실체로서 탄생했다. 잔여적 차원에서의 사회복지는 주로 복지정책 운영 과정에서 응급 처치 기능만을 수행하며 정규적인 사회구조, 즉 가계나 시장경제가 회복되면 자동적으로 물러나게 된다. 국가는 가급적 최저 수준의 사회적 기능 유지를 위해서만 공적 · 사적 수단을 통해 복지 차원에 부분적으로 개입하는 것을 원칙으로 삼았다. 하지만 시간이 지나면서 본격적인 세계화 시대를 맞이하여 자본주의 시장경제체제의 성격과 조건의 변화에 대응하면서 국가가 사회복지에 개입하는 제도적 차원으로의 변화 과정을 겪게 되었다. 요컨대 현대사회에서 복지는 국가 개입의 성격과 범위를 둘러싸고 다양한 수준과 형태의 패러다임으로 변화하고 있다.

지구촌 문제에서 복지국가를 다룰 때 중요한 것은 불평등의 원인이 무엇인가에 대한 개념적 논의이다. 복지국가의 기능을 이야기하다 보면 사회문제를 조정하기 위해 소위 말하는 '큰 국가'의 역할이 강조될 수 있다. 세계화 시대에 자본주의가 발전하면서 19세기 이후부터 본격적으로 나타난 다양한 사회문제의 해결책 마련에 대한 사회적 요구가 증대함에 따라 복지국가는 점차 안정적인 위상을 갖게 되었다.

현재 지구촌 사회에서 복지국가의 중요성이 부각된 이유는 세계화의 특성과 영향이 크게 작용했기 때문이다. 세계화는 국제적 제반 환경의 생태적 변화를 의미하는 용어로 사용되고 있다. 그 환경 변화에서는 국제사회의 상호의존(interdependence)에 초점을 맞추고 있다. 일찍이 지리학자이자 인류학자인 데이비드 하비(David Harvey)는 시공간의 압착(time-space compression)이라는 개념을 사용하여 현대사회의 상호의존적 특징을 논했다. 이 논의는 지구촌에서 나타나고 있는 국가, 시장 간 상호의존적 관계망의 확장을 의미한다.

현재 국제사회 질서에서 사회를 지배하고 있는 가장 큰 이데올로기는 신자유주의일 것이다. 신자유주의 성립의 원인이자 특징이라 할 수 있는 대표적인 현상은 자본의 세계화이다. 자본의 세계화는 다국적·초국적 기업에 의해 실현되었으며, 자본 시장은 국가 범위를 넘어 그 영향력을 세계적으로 확장하고 있다. 이 같은 경향은 국가 간 불평등의 심화 현상뿐만 아니라 세계적 수준의 불평등 현상을 부추기게 된다. 이는 또한 특정 지역이나 국가의 과도한 빈곤 현상으로 외현되고 있다.

기존의 국민국가들은 초국적 자본의 투자 유치를 국가 경제 활성화의 주요 요소로 보고, 초국적 자본이 자유롭게 출입할 수 있도록 통제를 상당 부분 풀어주었다. 자본의 영향력은 개별국가와 그들의 공동 노력으로도 더 이상 관리하기 어려운 상태에 이르게 된 것이다. 이러한 시대적 맥락에 근거해서 최근 들어 자본의 세계화 경향이 복지국가의 쇠퇴를 초래하고 있다는 논의가 전개되고 있다. 현대사회에서 세계화가 복지국가에 미치는 부정적 영향을 연구하는 것은 한때 학계에서 하나의 유행처럼 번진 적도 있었다.

시장을 해결사로 내세우는 신자유주의에서의 주요 공격 대상은 바로 복지국가이다. 신자유주의자들의 입장에서 보면, 복지국가는 실패한 사회모델이다. 이들은 복지국가가 과거 열악한 노동 조건과 함께 최소한의 소득도 보장되지 않았던 시절에는 필요했을지도 모르지만, 이제는 더 이상 그렇지 않다고 본다. 신자유주의 논리에 입각한 세계화론은 이제 거의 대부분의 복지국가가 세계화라는 외적 압력에 굴복하여 쇠퇴한다는 경제 결정론에 근거한다고 볼 수 있다. 즉 한 국가 내부의 복지제도를 둘러싼 사회적 이해관계 정도나 정당들의 권력관계는 전혀 고려되지 않는 것이다. 하지만 세계화가 복지국가에 미치는 지대한 영향력에도 불구하고 어디까지나 국내적 요소들의 매개에 의해 복지국가의 존재 여부가 상당 부분 결정될 수밖에 없다. 민주주의를 표방하는 국가에서는 국내 정당들조차도 자신들의 지지 기반을 유지하기 위해 복지정책을 쉽게 포기하지 못하고 있는 실정이다. 따라서 세계화 시대에도 이러한 국내 정치세력과의 관계는 중요한 의미를 지닌다. 오히려 국제경제가 부과하는 제약으로 인해 정부 정책의 효과가 감소된다기보다는 국가에 따라 상이한 영향력을 행사하여 다양한 사회적 · 정치적 결과를 창출한다. 이처럼 자본의 세계화는 정책 선택을 제한하는 동시에 확대하는 이중적인 역할을 수행한다. 국가는 다양한 가치 사이에서 조정적 역할을 하게끔 많은 사회적 요구를 받고 있다.

(2) 복지국가의 이념과 형성 과정

복지국가의 이념은 복지국가주의(welfare statism)로 나타나며, 기본적으로 민주주의와 인도주의 실현에 그 목적을 두고 있다. 복지국가의 이념에는 개인의 존엄과 능력을 신장시키고 자율적 경제활동을 도우며, 사회제도에 개입하여 개인의 다양한 욕구를 만족시켜주는 행위 모두가 포함된다. 이는 국가의 기본적인 공공재(public goods)의 창출 및 배분과 같은 중요한 기능적 역할에서 결국 사회구성원들의 문화적 삶의 추구라는 보다 실질적인 영역으로의 확대 가능성을 의미한다.

자본주의 사회에서 기업에 의해 형성된 이윤은 일반적으로 자본가 자신의 이익을 위해 사용되기 쉽다. 따라서 사회구성원 모두를 위한 이윤 재분배 차원에서 필요한 것이 국가정책이다. 한 국가의 정책은 그 국가의 제도적 · 정치적 과정을 겪게 된다. 따라서 국가의 복지정책 역시 해당 국가 특유의 역사적 맥락을 통해 생성된다. 특히 대부분의 서구 국가가 취하고 있는 복지정책의 경우, 산업화와 관련한 사회적 제반 문제들이 그 발전 동인이라 해도 과언이 아니다.

역사적으로 국가의 존위와 관련하여 많은 발전을 거듭한 복지정책은 넓은 의미에서 사회를 구성하고 있는 구성원들의 시민권 개념과 더불어 그 형태를 달리해왔다. 시민권은 다양한 방식으로 정의될 수 있지만,

그 권리의 본질은 공동체 내에서 시민들이 완전히 제도적 구성원으로서 사회적 쟁점에 차별 없이 참여할 수 있는가의 여부와 관계있다. 전근대 사회에서 노예, 여성, 아동은 시민권 영역으로부터 철저히 배제되었다. 일부 계층을 제외하고는 정치적 권리는 물론이고 여러 가지 사회적 자원에 대한 접근 역시 통제받았다. 그러던 중 17세기 이후 보수 봉건 세력에 대응하는 부르주아 혁명이 시작되었다. 특히 이 시기에 발생한 프랑스 혁명에 의해 평등과 자유 간 관계에 대한 분명한 개념 정의가 내려졌으며, 시민권 영역의 급속한 보편화와 개방화가 촉진되었다. 평등주의적 사회관계에 근거한 시민권의 확대가 가능해진 것이다.

하지만 그 과정에서 하나의 자본주의 체제로서의 사회는 심각한 내적 갈등을 겪게 되었다. 시민권의 한 측면인 평등의 가치와 계급관계 형태로 표출되는 시장의 효용성 간의 갈등이 바로 그것이었다. 자본주의 체제 하에서 정치적 과정이 경제적 토대와 분리됨으로써 평등의 정치와 불평등의 경제가 갈등을 일으키게 된 것이다. 자본주의 기업들은 이윤을 통한 자신들의 투자 실현 능력이 시민권 때문에 저해된다고 주장하기도 했다. 따라서 지구촌 사회는 시민과 자본을 연결하는 절대적 능력을 지닌 매개체를 필요로 했는데, 그것이 복지국가라 할 수 있다. 복지제도를 통해 평등한 서비스를 제공하려는 국가의 노력은 국민에게 해당 서비스를 제공하려는 노력에서 시작되었다. 따라서 현대 복지국가에서는 자본과 사회구성원의 욕구 모두를 만족시켜줄 새로운 형태의 복지정책이나 대책이 연구되고 있다. 특히 빈곤과 관련된 경제적 지원을 넘어선 문화생활 영위 가능성의 실현과 같은 사회적 자본의 확보 역시 넓은 의미의 국가 복지정책의 하나로 인식되고 있다. 복지국가의 정책적 성공 여부는 복지국가의 책임 범위를 어디까지 둘 것인지, 또 자본주의 시장경제에 어느 정도까지 개입할 것인지 등의 쟁점에 대한 국가와 시민사회 간 합의에 따라 결정될 것이다.

복지국가는 그 장점에도 불구하고, 여러 학자들로부터 비판을 받아 왔다. 예를 들어 경제학자 프리드리히 하이에크(Friedrich Hayek)는 신자유주의의 정당성을 주장하며 시장경제체제에서 이루어지는 경제 과정에 국가가 개입하는 것을 강하게 반대했는데, 분배 정의가 개인 자유의 박탈을 초래할 것이라고 주장했다. 철학자 로버트 노직(Robert Nozick)은 자유지상주의를 내세워 국가의 역할은 개인의 생명, 재산과 관련한 권리를 보호하고 유지하는데 국한되어야 한다는 '최소국가' 책임을 강조하기도 했다. 빈곤과 불평등을 줄이려는 국가정책들은 신성불가침한 개인의 기본적 소유권을 침해하기 때문에 정의롭지 못하다는 입장을 보였다.

복지국가에 대한 또 다른 비판은 복지국가가 자본주의 체제에서 비롯된 근원적 모순을 해결하기 위해 생겨났지만, 자본주의적 생산관계는 그대로 유지한 채 분배 관계에만 개입하기 때문에 이론적 측면에서 태생적 한계를 갖는다는 입장도 있다. 이와 관련하여 사회학자인 피터 플로라(Peter Flora)와 옌스 알버(Jens Alber)는 복지국가에서는 직업 집단 간 계층 차이가 유지되기 때문에 시장경제에서 연유하는 계층적 차이가 재생산된다고 보기도 했다. 즉 생산 및 소비 구조에서의 개인 간 근본적 불평등을 제거하지는 못한 채, 주로 소득 재분배에만 집중하기 때문에 자본주의적 생산관계에 기반을 둔 계급관계가 없어지기 어렵다고 본 것이다.

(3) 복지국가의 유형

복지국가 유형과 관련하여 많은 학자들이 연구를 진행해왔다. 대표적인 복지국가 유형을 정리하면 다음과 같다.

일찍이 사회학자 해롤드 윌렌스키(Harold L. Wilensky)와 찰스 르보

(Charles N. Lebeaux)는 사회복지 유형을 '잔여적 복지'와 '제도적 복지'로 유형화하였다. 잔여적 복지란 국가의 복지 책임은 최소화하고, 가계나 시장이 실패했을 때에만 국가가 개입하는 것을 의미한다. 제도적 복지에서는 국가의 복지 책임이 극대화되며, 급여 수준도 높고 사회권으로서의 보편적 급여가 강조된다. 결국 각 국가는 복지국가의 개념적 유형에 따라 관련 정책을 실행하게 된다고 보았다.

한편 사회학자 요스타 에스핑-안데르센(Gøsta Esping-Andersen)의 유형화는 복지국가 연구에 많이 인용되고 있다. 개인의 삶이 시장 논리에서 어느 정도 벗어나는지와 탈상품화라는 개념과 복지정책이 사회계층화에 미치는 영향을 기준으로 복지국가 유형을 세 가지 범주로 구분했다. 첫째 '자유주의/앵글로색슨' 유형은 재분배 효과가 미약한 유형으로 기독교, 캘빈주의적 노동윤리, 시장자유주의적 입장을 취한다. 개인의 능력과 자기 책임을 강조하며, 시장을 통한 복지문제 해결을 주장한다. 그리고 복지는 사회적 권리가 아니라 국가의 자선적 행위임을 강조한다. 두 번째는 '보수주의/대륙' 유형이다. 이 유형은 사회적 권리로서 복지권을 보장하는 것에는 한계가 있지만, 경제정책, 사회정책에 그 권리를 일정 정도 반영시킨다는 입장이다. 또한 이 복지국가 유형에서는 국가가 복지를 위해 취하는 정책의 주요 원칙을 보조성 원칙에 두는데, 즉 국가에 의한 사회적 개입은 가족의 자조 능력이 소진되었을 때 정당화될 수 있다는 것이다. 물질적 재분배 기능은 강하지 않기 때문에 급여 구조에 의해 신분 간 격차가 재생산되기도 한다. 세 번째는 '사회주의/스칸디나비아' 유형이다. 이 유형은 보편적인 사회적 권리로서의 복지권을 인정한다. 사회 하위계층은 물론 신중산층에까지 복지급여를 확대해 나가며, 산업 노동자들도 소득이 더 많은 화이트칼라나 공무원과 동일한 복지급여를 제공받거나 복지적 권리를 갖는다. 재분배에 의해 신분 간 격차가 점차 줄어들게 되는, 즉 사회적 연대를 강조하는 복지국가 유형이다.

한편 기존 복지국가 유형과는 다른 동아시아 복지국가의 주요 특징에 대해서도 고찰해볼 필요가 있다. 과거 동아시아 지역에서 진행된 국가정책의 최우선 가치는 국가 전체의 경제발전이었다. 따라서 국가가 중심이 되는 발전계획을 정책적으로 수립하고 시장과 노동자는 이에 따를 뿐이었다. 하지만 이러한 정책 실행 과정은 국가 전체의 부(富) 창출에는 기여했으나, 개인적 수준의 사회복지는 저발전하는 원인이 되기도 했다. 또한 가족 복지에 대한 사회적 책임을 강조함에 따라 정책 실행은 가족 단위로 이루어지는 경우가 많았다.

이처럼 지구촌의 각 국가와 지역에서는 다양한 유형의 복지국가가 생성되고 쇠퇴하는 과정이 거듭되고 있다. 그리고 복지국가의 위상은 각 국가의 역사문화적 특징에 따라 다르게 나타난다. 추후 복지국가 시스템이 거시적인 지구촌 변화와 함께 어떠한 형태를 띨 것인지를 주목해볼 필요가 있을 것이다.

05

지역주의와 국제관계

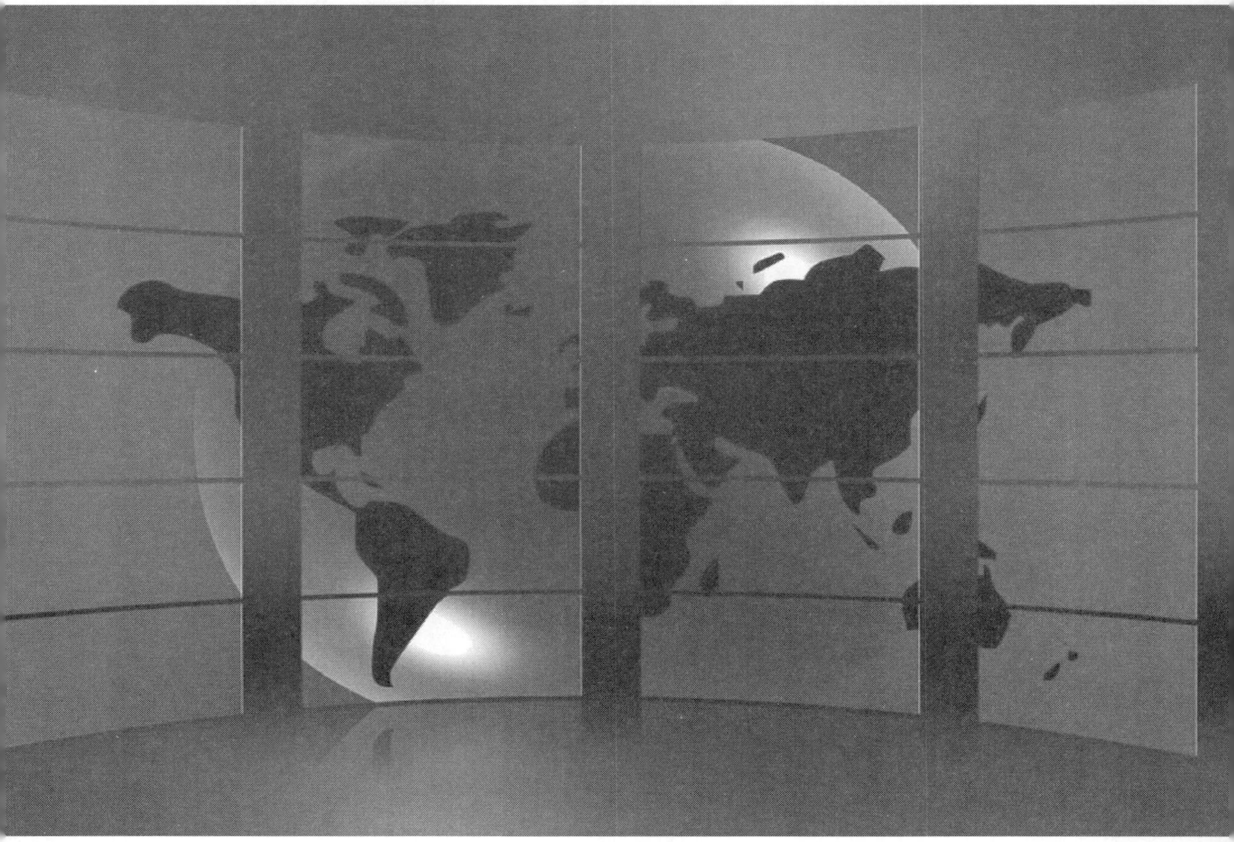

지구촌 문화와 국제관계의 질서

5 지역주의와 국제관계

1) 지역주의의 확산과 지구적 영향력

세계화 시대를 맞이하여 범지구적 단일시장이 구축되면서 지구촌 각 지역의 국가들은 지역 차원에서 하나의 조직체로서 기능하기 위해 노력하고 있다. 이 같은 세계화 현상과 함께 관찰되는 주요 추세 중 하나가 지역주의(regionalism)의 확산이다. 이러한 상황은 유럽연합(EU)의 출범과 함께 속도를 내기 시작하여 아시아 등으로 그 영역을 확대하고 있다. 지역주의는 각 국가가 정치적 · 경제적 공동체로서의 기능을 수행하도록 도움을 주었으며, 세계화의 흐름과 함께 지구적 차원의 보편적 질서로 자리 잡았다. 여기서 말하는 지역은 지리적 개념이 강하지만, 국제관계 측면에서 볼 때 지리적 근접성을 기초로 한 개념 이상의 의미를 갖는다. 그 정의의 범위를 넓혀 사회적 개념으로 본다면 같은 문화, 역사, 언어 등을 공유하는 국가들의 연합 형태라고 볼 수도 있다.

지역주의는 정치적 · 군사적 의제를 공유하고 실현하는 지역주의, 경제적 시장구조가 연합된 지역주의 등 다양한 성격을 띤 채 구체적인 모습으로 세계 곳곳에서 나타나고 있다. 그리고 그 운영 원리 역시 강제성이 없는 협의체를 비롯하여 강력한 권한을 가진 초국가적 연합체에 이르기까지 다양한 하위 범주가 있다. 이 같은 지역주의는 국제체제의 분권화를 통해 이해관계에 따라 국가 간 협력이 이루어지게 되는 계기를 마련해주었다. 냉전 종식으로 양극화 시대가 무너지면서 실질적 이해관계를 바탕으로 나타난 국가 간 시장경제에서의 경쟁은 지역주의 확산의 주요 원인이라 할 수 있다. 이 때문에 각 지역은 그들만의 무역 블록을 형성하기 시작하였다. 지구촌 사회에서의 정치적 민주화 역시 국가 간 협력을 선호하는 새로운 세계질서를 탄생시켰다. 또한 세계무역기구(WTO)를 통한 다자간 무역에서의 교착상태를 극복하기 위해 새로운 무역협정을 추진하는 과정에서 형성된 지역 인접 국가 간 경제협약 및 공동체 역시 지역주의 확산을 추동하게 된다. 이처럼 세계 각 국가는 1980년대 후반부터 지역적 차원에서 조직화를 추구하려는 움직임을 보였다. 여하튼 현재 세계화와 지역주의가 현대 지구촌 국제관계에서 동시에 나타나고 있으며, 세계 각 국가들에게 지구적 차원의 영향력을 행사하고 있다.

일찍이 국제정치학자 앤드류 허렐(Andrew Hurrell)은 다섯 가지 지역주의의 유형을 언급하기도 했다. 첫째는 지역주의를 지역화(regionalization)로 이해하는 것인데, 이는 지역 내 사회 · 경제적 상호작용의 증가와 그로 인한 사회적 통합을 의미한다. 이러한 지역화에서는 투자 및 상품 교역이 증가하고 생산 네트워크가 형성되면서 이 과정에서 자연스럽게 사람 간 교류와 사회적 네트워크의 증가 현상이 나타난다. 둘째는 지역주의를 지역에 대한 의식과 정체성 형성 과정으로 이해하는 것이다. 이 현상은 공통의 문화와 역사, 종교적 전통과 같은 내적 요소에 의해 이루어지기도 하고 또 타자의 존재와 같은 외부적 요인에 의해 강력해지기도 한다. 예를 들어 유럽은 미국, 소련 등의 국가 존재에 의해 강해졌으며, 아시아라는 지역적 정체성은 역사 속에서 자연스럽게 형성되었다고 볼 수 있다. 셋째는 지역 국가 간 협력을 지역주의로 보는 것이다. 이 유형은 지역 국가들의 공동 목적을 위해 공식적·비공식적 협력을 강화하는 것을 의미한다. 지역 국가 간 통화협력, 안보를 위한 기구 창설 등이 이런 의미의 지역주의이다. 넷째는 지역주의를 지역통합으로 이해하는 것이다. 이것은 유럽통합 모델을 통해 설명가능하다. 마지막 다섯째는 지역적 응집 형식의 지역주의를 가리킨다. 이 유형은 앞서 서술한 네 가지 현상을 기반으로 공고화된 지역 단위의 강한 결합이 이루어지는 것을 의미한다.

이처럼 세계화와 함께 지역주의가 강화되고 있는 상황 역시 다양하게 설명될 수 있다. 지역주의는 경제적 측면에서 더욱 확대되고 있으며, 정치적, 군사적 측면에서도 초국가적 제도와 기구 형성을 통해 자국의 이해관계를 만족시키기 위한 국가 간 연합구조가 만들어지기 시작했다. 이 같은 현상은 강대국을 중심으로 더 확고하게 지속될 것으로 예측되기도 한다. 유럽연합(EU)이나 북대서양조약기구(NATO: North Atlantic Treaty Organization)가 그 대표적 사례라 할 수 있다. 더불어 이 같은 실제적 이익 외에 공통된 문화적 정체성을 보유한 국가들 사이에서 통합 형태의 지역주의화가 활발하게 진행될 것으로 보기도 한다. 유럽, 아시아, 중동지역 등에서 문화적, 이념적, 종교적, 인종적으로 공통된 정체성을 가진 인접 지역 내 국가 간 연합이 빠르게 실현되고 있는 모습이 그 주요 사례라고 할 수 있다.

지역주의가 전 세계적으로 확산하고 있는 주된 이유 중 하나는 과거와 달리 국제환경이 급변하고 있고, 그 과정에서 미국과 소련이 중심이었던 냉전이 종식되었기 때문이다. 냉전 종식으로 인해 국가 간 이념에 의한 갈등 관계가 이전보다 훨씬 완화됨으로써 지역협력을 기초로 하는 국가 간 협력에 대한 관심이 증대되었다. 냉전 종식 이후 국제관계의 분산화에 의해 인접 지역에 위치한 국가들이 과거에는 적이었지만, 현재는 자국의 이익을 위해 협력해야 할 대상으로 인식되기 시작한 것이다. 또한 지구촌 경제 활성화를 통해 시장구조 내 여러 가지 경쟁이 심화되고, 상대적으로 약세에 있는 인접 지역 국가 간 경제협력으로 자국 시장을 보호해야 할 필요성이 증가했기 때문이다. 유럽연합(EU)뿐만 아니라 아시아, 남미의 지역주의 사례가 이를 잘 설명해준다. 지역주의 확산 과정에서 여러 가지 지역 단위의 경제협약들이 구성되고 있다. 이러한 대륙별 지역주의 질서가 활발하게 나타나는 사례를 살펴보면 다음과 같다.

첫째, 세계화 시대의 아시아 태평양 지역과 동아시아의 질서를 살펴보자. 정보, 자본, 문화 등의 연계에 의한 세계화 현상과 국민국가를 중심으로 이루어지는 이질적 문화에 기반을 둔 지역화 경향이 함께 진행되고 있는 곳이 바로 한반도를 포함한 동북아시아 지역이다. 특히 이 지역은 세계 초강대국인 미국과 중국의 정치적 충돌이 발생하는 권력구조상의 접경지역으로, 한반도를 둘러싸고 있는 한국, 북한, 미국, 중국, 일본, 러시아 간 관계구조는 세계열강 간 견제의 현 주소를 그대로 보여준다고도 할 수 있다. 그리고 이 지역에는 강대국 간 여러 갈등 관계가 내재해 있다. 한국과 북한 간 갈등, 중국과 타이완 간 갈등, 한국, 중국, 일본, 러시아 간 영토분쟁은 지금도 주요 외교 문제로 대두되고 있다.

한편 동북아시아는 여러 종교, 문화, 언어, 인종과 함께 정치체제 역시 혼재한 지역이기도 하다. 공식적 · 비공식적 정치적, 경제적 상호작용을 통한 통합 및 분화 과정이 지속되고 있는데, 이러한 현상이 나타나는 이유 중 하나는 물리적 근접성 외에 오랜 기간 역사적으로 공고화된 문화구조와 관련이 있다. 국토의 인접성, 한자 문화권이라는 가치의 전파로 인해 한 · 중 · 일 삼국은 과거부터 여러 가지 상호작용을 경험해왔다. 현재 이 지역은 근대적 서구형 문화 논리가 지배하는 자본주의적 사회질서와 함께 자본과 문화의 범주에서 국가 간 교환관계가 활발하게 성립되고 있다. 또 다른 한편으로 동북아시아 지역은 동시에 군사, 정치, 경제 측면에서 다양한 이해관계가 형성되어 있는 복잡다단한 공간이기도 하다. 특히 아시아 지역 내 국가들의 정치적 · 경제적 상호의존 관계 정도가 높아지면서 공동의 지역주의가 심화되는 과정이 나타나고 있다. 이러한 지역공동체주의 전략은 국가, 자본 간 세력 네트워크의 모습으로 확산되고 있다. 이처럼 동북아시아 지역 내에서의 여러 가지 문화현상들은 지금도 복합적인 형태로 새롭게 구성되어 가고 있다.

최근에는 한국, 중국, 일본이 중심이 된 동북아시아 지역 관계에 북한 체제가 더해지면서 그 정치적 · 문화적 스펙트럼이 더욱 다양화되고 있다. 북한은 동북아시아의 정치 지형에 여러 가지 변화를 야기하고 있다. 특히 핵 문제가 본격적인 세계적 쟁점으로 등장하면서 동아시아 국가뿐만 아니라 미국, 러시아 등의 국가들 역시 북한의 핵 문제에 주목하여 이를 외교적으로 풀어나가기 위해 노력하고 있다.

물론 동북아시아 지역은 미국과의 관계와도 연계되어 있다. 미국은 동아시아 지역과 지리적으로 직접 연결되어 있지는 않지만, 태평양을 사이에 두고 동북아시아와 마주보고 있기 때문에 항상 동북아시아 정세에 관심을 갖고 개입하고 있다. 참고로 미국이 이렇게 아시아 국가에까지 관심을 두고 정국에 개입하는 이유 중 하나는 자국을 위협할만한 강대국과 접경하고 있지 않기 때문일 수도 있다. 북쪽의 캐나다와 남쪽의 멕시코 모두 미국의 자발적 우방국인데다가 동서로는 바다와 접하고 있어 지정학적으로 안보 위협 수준이 낮다고 볼 수 있다. 현재 미국의 패권주의는 과거 패권국들과는 달리 동맹국들과 핵심 가치를 자발적으로 공유하기 때문에 세계에서 더 강력하게 표현되고 있다.

둘째, 유럽연합(EU)의 통합 질서를 살펴보자. 유럽연합은 1993년 11월 창립되었으며, 독일, 프랑스, 영국, 아일랜드, 벨기에, 네덜란드, 룩

셈부르크, 덴마크, 스웨덴, 핀란드, 오스트리아, 이탈리아, 스페인, 포르투갈, 그리스, 체코, 헝가리, 폴란드, 슬로바키아, 리투아니아, 라트비아, 에스토니아, 슬로베니아, 키프로스, 몰타, 불가리아, 루마니아, 크로아티아 등을 회원국으로 결합하였다. 그 시초는 1946년 윈스턴 처칠(Winston Churchill) 영국 수상이 스위스 취리히 연설에서 유럽에도 국제연합(UN)과 비슷한 기구가 필요하다고 주장하면서 본격적인 논의가 시작되었고, 오랜 조율 과정을 통해 현재의 모습을 갖추게 되었다.

유럽연합은 시장구조의 통일을 위해 1999년 1월 유로(Euro)의 출범과 함께 단일통화를 사용하기 시작했으며, 이는 이 연합체가 공고하게 유지되는 중요한 계기가 되었다. 2002년부터 각국의 화폐는 사라지고 유로화만이 유일한 법정통화가 되었다. 단일통화동맹을 이룩함으로써 유럽은 경제통합을 완성하게 되었다. 유럽연합은 지역통합의 현실을 잘 보여주는 사례일 뿐만 아니라 지구촌 정치와 경제에도 중요한 기능적 변화를 야기했다. 유럽연합의 등장으로 세계의 정치적, 경제적 공간이 미국, 유럽, 아시아의 세 축을 중심으로 움직이게 되었고, 패권국가인 미국은 정치 · 경제적으로 여러 가지 도전을 받게 되었다.

지금까지 살펴본 바와 같이 세계화 시대에 나타나고 있는 지역주의를 통한 정치적 · 경제적 질서의 재편과 문화적 다양성의 확장은 지구촌 특정 지역의 내부 구성원들은 물론 외부인들의 관심을 받기에 충분하다. 현재 다양한 정치적 동맹관계와 경제적 협력관계 등을 통해 지속적인 국가 간 친화적 외교관계가 성립되고 있다. 지역 내 경직된 사회갈등을 완화하고, 사회협력체계 구축을 서로 돕기 위한 국가 간 노력이 활발하게 이루어지고 있다. 지역화를 통한 인접 국가 간 평화 공존의식을 도모하는 정책적 노력도 함께 진행되고 있다. 하지만 지금도 세계 각 지역에서는 영토문제, 자원문제, 역사문제 등으로 크고 작은 갈등 관계가 발생하고 있다.

세계 각 지역의 평화협정은 단순히 정치적 문제로만 한정되어서는 구현될 수 없으며, 금융시장과 문화산업 부문까지 고려한 지구촌 거버넌스(governance) 전략을 필요로 한다. 미래에는 세계화와 지역주의 흐름에 부합하는 새로운 공동체적 질서와 공존의식을 각 국가의 구성원들이 공유해야 한다. 현재 세계화와 지역주의를 분리해서 보는 견해와 지역주의를 본격적인 세계화 현상으로 이어지는 과정으로 보는 의견이 함께 논의되고 있다. 중요한 것은 효과적인 지역주의 정책의 실현이 여전히 국가의 의도에 따라서 그 성패 여부가 상당 부분 결정될 수 있다는 사실이다.

2) 세계화와 지역주의 질서: 주요 사례

(1) 포괄적 · 점진적 환태평양경제동반자협정(CPTPP)

포괄적 · 점진적 환태평양경제동반자협정(CPTPP: Comprehensive and Progressive Agreement for Trans-Pacific Partnership)은 미국과 일본이 주도하던 기존의 환태평양경제동반자협정(TPP: Trans-Pacific Strategic Economic Partnership)에서 미국이 빠지면서 일본 등 아시아 태평양 지역 11개국이 새롭게 추진한 경제동맹체로, 2018년 12월 30일에 발효되었다. 11개 참여국 중 6개국 이상이 비준 절차를 완료하면 60일 후 발효되는데, 멕시코를 시작으로 일본 · 싱가포르 · 뉴질랜드 · 캐나다에 이어 호주가 2018년 10월 31일 자국 내 승인 절차를 완료하면서 그해 12월 30일에 발효되었다.

과거 구축된 환태평양경제동반자협정(TPP)은 아시아 태평양 지역

〈그림 5-1〉 CPTPP와 RCEP 참여국가의 지정학적 위치

CPTPP · RCEP 참여국(2023년기준)

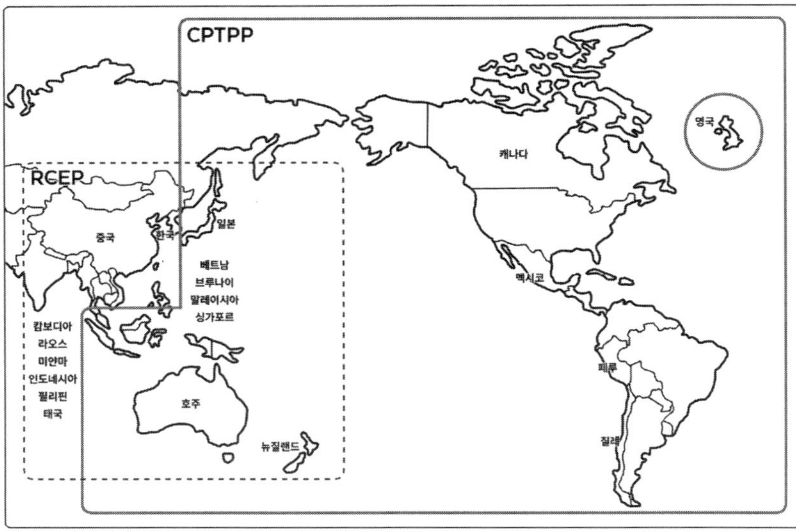

CPTPP Comprehensive and Progressive Agreement for Trans-Pacific Partnership **[포괄적·점진적 환태평양 경제 동반자 협정]**: 일본, 호주, 캐나다 등 태평양 연안 국가

RCEP Regional Comprehensive Economic Partnership **[역내 포괄적 경제 동반자 협정]**: 아세안ASEAN 10개국(말레이시아, 필리핀, 싱가포르, 인도네시아, 태국, 브루나이, 베트남, 라오스, 미얀마, 캄보디아), 한국, 중국, 일본, 호주, 뉴질랜드

국가 간 광역 자유무역협정으로 시작되었다. 2005년 6월 뉴질랜드, 싱가포르, 칠레, 브루나이 4개국 체제로 실현되었으며, 뉴질랜드, 싱가포르, 칠레, 브루나이, 오스트레일리아, 페루, 베트남, 말레이시아, 멕시코, 캐나다, 일본, 영국 등이 참여하면서 그 범위를 넓혀갔다. 중국은 일찍이 환태평양경제동반자협정에 대해 민감한 반응을 보이기도 했는데, 이 협정이 중국을 배제하는 경제 블록으로서 기능할 것으로 생각했기 때문이다.

한편 미국의 트럼프 정부는 2017년 환태평양경제동반자협정 탈퇴를 선언했다. 트럼프 정부가 미국 우선주의를 내세우며, 무역관계의 원칙을 다자협정이 아닌 양자협정으로 틀을 바꿈으로써 세계 무역질서에 큰 변화가 예상되었다. 특히 일본은 미국, 중국, 멕시코 등 거대 시장을 두고 개별적인 자유무역협정(FTA)을 추진해야 하는 실정에 놓이게 되었

〈그림 5-2〉 CPTPP와 RCEP 참여국가명 (2023년 기준)

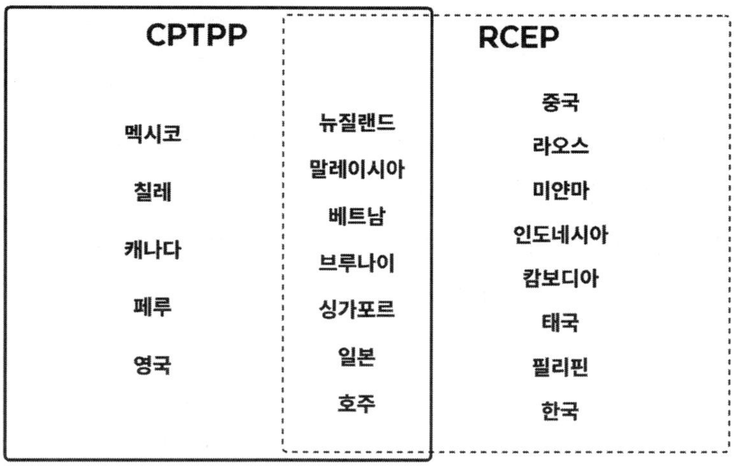

다. 일본은 환태평양경제동반자협정 가입을 통해 아시아 태평양 지역의 주요 국가들과 동시에 자유무역협정을 체결하겠다는 전략이었으나, 미국의 환태평양경제동반자협정 폐기가 현실화되면서 외교적 어려움에 봉착하게 되었다. 그 후 일본의 주도로 추가적인 환태평양경제동반자협정 협상이 진행되었고, 결국 11개국은 2017년 베트남 다낭에서 합의를 이끌어냈으며, 명칭을 포괄적 · 점진적 환태평양경제동반자협정(CPTPP)으로 변경하였다. 이 협정은 대략적으로 세계 국내총생산(GDP)의 약 30%, 무역총액의 약 40%를 차지하는 인구 6억 명 규모의 경제권으로, 그 규모도 상당하지만 시장 개방 수준 역시 높다는 특징이 있다.

포괄적 · 점진적 환태평양경제동반자협정(CPTPP)은 다양한 분야의 제품에 대한 역내 관세를 전면 철폐하는 것을 원칙으로 한다. 또 참여국들은 전자상거래에서 역내 데이터 거래를 촉진하고 디지털 콘텐츠에 대한 관세 부과 금지 등의 조치를 취하고 있다. 아울러 금융 서비스와 외국 자본 투자에 대한 규제를 완화하고, 고급인력의 자유로운 이동을 보장한다.

(2) 역내 포괄적 경제동반자협정(RCEP)

역내 포괄적 경제동반자협정(RCEP: Regional Comprehensive Economic Partnership)은 동남아시아국가연합(ASEAN) 10개국과 한·중·일 3개국, 호주·뉴질랜드 등 15개국이 관세장벽 철폐를 목표로 진행하고 있는 자유무역협정이다. 2020년 11월 15일 최종 타결 및 서명이 이뤄졌다. 2021년 11월 2일 오스트레일리아와 뉴질랜드 정부가 해당 협정을 비준하면서 발효 요건이 충족되어, 2022년 1월 1일부터 공식 발효되었다. 역내 포괄적 경제동반자협정이 체결되면서 인구(22억 6000만 명, 29.9%), 무역규모(5조 4000억 달러, 28.7%), 명목 국내총생산(26조 3000억 달러, 30%) 등에서 전 세계 약 30%를 차지하는 세계 최대 규모의 경제 블록이 출범하게 되었다.

역내 포괄적 경제동반자협정(RCEP)은 역내 국가들의 제반 경제 상황을 고려해 단계적이고 점진적인 개방을 기본 개념으로 설정해 협상을 진행했다. 애초에 역내 포괄적 경제동반자협정은 중국 중심의 아시아 지역 경제 블록이 형성될 것을 우려한 일본이 중국을 견제하기 위해 제안한 것이었지만, 중국은 동아시아 지역 내에서 영역을 확장하기 위해 역내 포괄적 경제동반자협정을 받아들였다. 회원국들은 이 협정을 통해 역내 일자리 창출, 공급망 제고 등 개방적이고, 포괄적이며, 규범에 입각한 무역·투자 시스템의 구축에 큰 의의를 두었다. 또한 상품·서비스·투자에서의 추가적 시장 개방과 함께 지식재산권, 전자상거래, 중소기업 등에 관한 전반적인 규범 수준을 높이고자 노력하고 있다.

(3) 동남아시아국가연합(ASEAN)

동남아시아국가연합(ASEAN: Association of South-East Asian Nations, 이하 아세안)은 1961년 창설된 동남아시아연합(ASA: Associa-

〈그림 5-3〉 ASEAN의 주요 참가국과 지정학적 위치

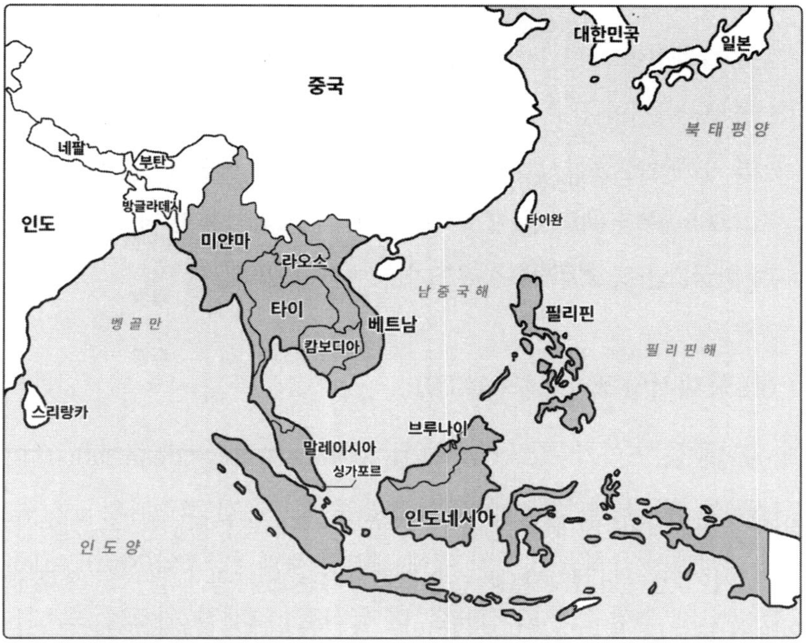

tion of Southeast Asia)의 발전적 해체에 따라 1967년에 설립되었다. 창설 당시 회원국은 필리핀, 말레이시아, 싱가포르, 인도네시아, 태국 5개국이었으나, 1984년 브루나이, 1995년 베트남, 1997년 라오스와 미얀마, 1999년 캄보디아 등이 차례로 가입하면서 10개국으로 늘어나 현재의 아세안이 탄생하게 되었다. 현재 아세안 내 회원국 간 개발 격차 해소를 위한 협력관계를 공고하게 추진하고 있다. 이제 아세안 국가들은 세계의 거대 시장으로 부상하였으며, 한국 역시 아세안 국가들을 무역, 투자 등에서 주요 대상 지역으로 인식하고, 한국-아세안 특별정상회의 개최 등 관련 국가들과의 협력관계 유지 및 발전을 위해 노력하고 있다.

아세안의 초기 최대 관심사는 주로 안보 문제, 특히 역내 분쟁을 해결하고 강대국의 영향을 막아내는 것이었으나, 계속해서 경제와 무역

문제 관련 협력을 향해 꾸준히 나아가고 있다. 더불어 정치적 지역주의의 산물로 성장해 가면서 아시아적 연대를 강조하고 있다. 1990년대 이후 통합과정에 대한 논의가 활발하게 시작되었는데, 그 계기는 1997년~1998년 아시아 금융위기와 중국과 인도의 빠른 경제성장 때문이었다. 한편 아세안은 동아시아 정상회의(EAS: East Asia Summit)를 주도했으며, 2005년부터 시작된 이 회의에는 아세안 국가들과 더불어 중국, 일본, 한국, 인도, 호주, 뉴질랜드가 참여하고 있다.

(4) 북대서양조약기구(NATO)

북대서양조약기구(NATO: North Atlantic Treaty Organization, 이하 나토)는 제2차 세계대전 이후 동유럽 쪽에 주둔한 소련과의 군사력 경쟁 상황에서 균형을 맞추기 위해 체결된 북대서양조약(North Atlantic Treaty)의 수행 기구로 서유럽 내 군사적, 경제적 원조를 보조한다. 1945년 이후 서유럽 국가들은 경제적, 정치적으로 취약해 있었다. 영국, 프랑스 등은 군사력이 약화되어 있었으며, 프랑스, 이탈리아에서는 공산주의가 등장했다. 당시 소련이 세력 확장을 위해 서유럽을 위협하기 시작하면서 서유럽 연합군과 소련군의 전시 협조는 붕괴되었고, 독일은 동서로 갈라지게 되었다. 이때 미국은 유럽에 원조를 제공하기 위한 유럽부흥계획을 세웠다. 소위 말하는 이 마셜계획(Marshall Plan)은 제2차 세계대전 후, 1947년부터 1951년까지 미국이 서유럽 16개 나라들을 상대로 행한 대외원조계획을 일컫는다. 시장경제체제를 채택한 국가들이 자국 경제를 부흥시키고자 노력했으며, 이에 미국이 대규모 재정적 지원을 약속함으로써 본격적으로 대규모 유럽 경제원조 계획이 실행된 것이다. 이 과정에서 영국, 프랑스, 벨기에, 룩셈부르크, 네덜란드가 군사적 집단방위동맹을 체결하였다. 그리고 이들은 미국과 함께 세력 확장을 위한 협상을 시작했으며, 마침내 1949년 북대서양조약이 체결되었다. 원래 나토(NATO)는 소련에 대응하는 집단 안전 보장을 목적으로 하였으나, 점차 군사동맹에서 벗어나 유럽의 국제적 안정을 위한 정치기구로의 변화를 시도했다. 현재는 유럽 지역에서 반공세력을 형성하고 있던 서유럽 국가들의 기본적 집단방위조약으로서 기능하고 있다. 2023년 4월 현재 나토(NATO) 회원국은 이 시기에 가입한 핀란드까지 포함하여 총 31개국이다.

(5) 북미자유무역협정(NAFTA)

북미의 지역주의를 가장 잘 보여주는 주요 사례는 1994년 미국, 캐나다, 멕시코가 서명한 북미자유무역협정(NAFTA: North American Free Trade Agreement)이다. 이 협정은 폭넓은 경제적 파트너십을 기초로 미주자유무역지대(FTAA: Free Trade Area of Americas) 구축의 발판 마련을 목적으로 한다. 주요 목표는 농업과 다양한 제조품에 대한 관세를 단계적으로 제거하고, 은행과 기타 금융조직들의 광범위한 시장으로의 접근과 함께 화물자동차들이 국경을 자유롭게 통과하도록 허용하는 것이다. 특히 이 협정은 지정학적으로 인접해 있는 북미 지역을 하나의 연합체로 묶어낸 지역공동체적 협약이라는 것에 중요한 의미가 있다.

(6) 남미공동시장(MERCOSUR)

남미에서 가장 중요한 무역 블록은 남미공동시장(MERCOSUR)이다. 이 무역 블록은 남미지역에서의 자유무역과 관세동맹을 목표로 결성되었다. 1980년대 브라질과 아르헨티나의 양국 경제협력프로그램을 시초로 하여 1991년 11월 29일 인접국인 우루과이와 파라과이를 포함한 협약이 체결됨으로써 제도적 골격을 마련했다. 남미공동시장은 4년 동안의 준비기간을 거쳐 1995년 1월 1일부로 정식 발효되었다. 협약 체결 과정에서 아르헨티나, 브라질, 베네수엘라, 파라과이, 우루과이를 정회원국으로, 칠레, 콜롬비아, 에콰도르, 페루, 볼리비아를 준회원국으로 받아들이면서 영향력의 확대를 도모했다. 한편 1995년에는 유럽연합과의 협력 합의가 서명되기도 했다. 남미공동시장의 주요 목적은 회원국 간 무역을 자유화하고, 관세동맹을 완성하며, 역내 경제정책의 조정을 돕는 것이다.

06

정보통신기술의 발달과 지구촌 문화의 상호작용

지 구 촌 문 화 와 국제관계의 질 서

6 정보통신기술의 발달과 지구촌 문화의 상호작용

1) 지구촌 시대의 정보네트워크 질서

현대사회는 정보혁명이라는 문명사적 전환기를 맞아 급격하게 변모하고 있다. 전 세계적으로 확산한 정보혁명은 그동안 우리 삶의 근저에 자리 잡고 있던 생활방식을 변화시켰다. 정보통신기술의 발달은 분리된 일상적 삶의 결합을 가능하게 하고, 관련 산업구조의 전반적인 운영방식에 변화를 가져다주었다. 매체기술의 디지털화와 쌍방향 커뮤니케이션 확산에 따른 경제 및 문화체계의 세계화 현상은 인간의 일상생활 공간에 존재하는 활동 양태에 변화를 야기했다. 특히 정보사회의 성격을 규명하는 중요한 개념적 정의 중 하나인 '네트워크(network)화' 현상은 주요 사회구조적 변화를 유발하며 인간에게 다가왔다. 여기서 말하는 네트워크란 '적어도 세 가지 이상의 요소, 지점, 혹은 단위들을 연결한 것'을 일컫는다. 흔히 사회과학에서의 네트워크란 사회적 네트워크(social network)로서 '사회구성원들이 연결된 관계망'을 의미한다. 즉 사람들 간의 관계 양태로서의 네트워크 구조를 뜻하는 것이다. 우리는

'상호적 행위 속에 포함된 활동이 다른 한편의 상호행위를 결정짓는 인과관계의 연결'이라는 네트워크의 구체적 개념을 근거로 네트워크의 특성과 내부 동학을 살펴볼 수 있다. 사회구성원들에게 정보네트워크 구조가 중요한 지구촌 구성 원리를 규정짓는 패러다임으로 작용할 것이라고 예상하는 이유는 그것이 외재적 사회질서의 변화는 물론 가치와 관행 등 사회구성원들의 내재적 삶의 의미까지 바꾸는 변인으로 작용하기 때문이다. 주지하다시피 신뢰에 근거한 네트워크가 한 사회에 안정적으로 정착할 경우, 삶의 안전망 역할을 하는 사회적 자본(social capital)이 구축되어 인간의 삶이 풍요로워진다.

현대 정보네트워크의 특성인 관계성, 기능성이라는 내부 동학은 세계 각국의 생활양식을 변화시켰다. 3차 산업혁명 과정을 통해 세계적으로 보편화된 네트워크 사회는 '문자 → 음성 → 언어 → 영상 → 융합'으로 이어지는 여러 단계의 정보통신혁명 과정을 통해 이해해야 한다. 이러한 시대적 변동으로 기존의 지역 중심의 사회, 경제, 정치 방식에 많은 변화가 야기되었다. 인터넷을 기초 도구로 활용하는 현재 진행 중인 정보네트워크 사회로의 전환으로 인해 지구촌 전역에 걸쳐 본격적인 사회 전방위 네트워크(ubiquitous network) 시대가 태동하고 있다. 특히 정보통신기술의 발달은 현재 우리가 겪고 있는 세계화 시대의 일상생활 변화에 중요한 영향을 미쳤다. 세계 각국 간 상호작용 과정에서 효율성을 증대시켜 세계 각 지역의 자원을 둘러싼 거래비용을 감소시켰다. 어떠 한 특정 국가가 세계 국가 간 다양한 이해관계와 유무형의 자원을 조정하고 통합하여 원활하게 유지하고자 한다면 네트워크 사회의 특성을 명확하게 파악해야 한다.

사실 세계화 시대로의 전환 현상은 정보네트워크에 의한 커뮤니케이션 진화 과정과 그 맥락을 함께 한다. 텔레커뮤니케이션 혁명과 관련된 일련의 사건들은 사회 하부구조 변화에 큰 파장을 불러일으켰다. 미디어 기술의 발달이 하드웨어적 측면에서 네트워크 구조의 구축을 가능하게 했다면, 탄탄한 하부구조에 의해 외현된 사회구성원들의 문화양식에도 다양한 변화를 초래했다. 디지털 시대에 커뮤니케이션의 기술적 부분이라 할 수 있는 인터넷 등의 뉴미디어(new media)의 부상이 단순히 강력한 커뮤니케이션 도구의 확대 정도로만 평가절하되어서는 안 된다. 현재 다방면에 걸쳐 진행되고 있는 지구촌 시민들의 활동은 기술 네트워크 덕분에 활발해질 수 있었다. 그리고 바로 그 공간에서 4차 산업혁명으로 명명되는 융합사회에 부합하는 인간의 사회화가 이루어지고 있다. 결국 각종 네트워크의 확산은 세계시민들이 서로를 지원하는 사회적 네트워크와 미디어 네트워크, 그리고 양자 간 교류의 확산을 통해 진행된다.

정보네트워크 시대의 시민사회 형성과 발전의 추진력은 네트워크를 통한 정치적 · 경제적 · 문화적 영향력 간 상호작용이라 할 수 있다. 인간 삶의 해방적 표현으로 나타난 것이 시민사회라 할 수 있는데, 특히 현대 시민사회의 새로운 영역으로서 다양한 기능을 수행하고 있는 인간, 집단 간 네트워크가 활약하기 시작했다. 네트워크 조직은 일단 구성되면 자기 조직화(self-organization) 과정을 겪게 되는데, 이는 스스로 자기의 특성을 파악하고 그 특성을 활용하여 조직 스스로를 성장시켜 나가는 것을 의미한다. 기업 역시 네트워크를 이용하여 다국적 · 초국적 기업 형태로 자사의 영역을 확장하고 있으며, 빠른 정보 교환 과정을 통해 생산비용 절감 효과를 얻고 있다. 세계 각 지역에서 자본가들은 소비자를 중심으로 일반 시민들에 의해 구성된 네트워크 구조의 확산에 대응하기 위해 분주하게 움직이고 있다.

이처럼 네트워크 조직상의 행위 주체로서 자율성에 근거해 존재하는 국가, 기업, 시민사회 간 호혜적 정보 교환 관계는 자유로운 의사소통을 가능하게 했으며, 이는 다시 다양하고 새로운 '공동체(community)'

를 생산해냈다. 결국 네트워크는 국가, 기업, 시민사회 상호 간 정보 및 친밀성의 공유 관계를 의미한다. 정보사회에서 인터넷을 중심으로 구성된 공동체는 기존의 계층화된 조직 논리를 뛰어 넘으며, 수많은 독립된 연대 원리들은 통합된 유니트(unit) 형태로 존재한다. 또한 공동체는 느슨한 연대의 연결망을 통해 정보를 공유하면서 세계 곳곳에 흩어져 존재한다. 유무형의 자원을 획득하고자 하는 사회구성원들은 손쉽게 생산자의 정보를 파악하고, 자신의 기호에 부합하는 최선의 재화 선택권을 부여받기 위해 스스로의 네트워크를 확장해 나간다. 과거와 달리 자원 획득 과정에서 일반 시민들의 우월한 입지 확보는 네트워크를 통해 가능해졌다.

정보통신기술의 발달은 물리적 여건으로 인한 접속의 제약을 제거함으로써 초시간적 · 초공간적 상호작용을 허용한다. 자본의 활발한 이동뿐 아니라 시장 영역에서의 인적 · 문화적 교류가 확산됨으로써 지구촌에서의 공간 감각이 중요해지고 있다. 그리고 이 일련의 흐름은 인간심리 저변에 내재한 '유목적 욕구'를 자극하기에 이른다. 정보네트워크는 새로운 체험을 가능하게 하여 시민들의 문화적 지각을 유인한다. 멀티미디어의 발전에 따른 '시각적 욕구'의 증대 현상은 대상의 이미지화를 촉진하게 된다. 이는 일상생활의 심미화 과정으로 이어지게 된다.

이른바 현대사회는 컴퓨터 매개 의사소통(computer-mediated communication)을 통한 '접속의 시대'로 규정되고 있다. 이때 접속의 개념은 단순한 정보 전달에 그치는 것이 아니라 생활 체험으로의 접촉까지 포괄하는 넓은 의미로서 이해되어야 한다. 정보화에 의해 접속기능이 강화됨으로써 '유목적 욕구'와 '시각적 욕구'가 '심미적 문화체험의 욕구'로 승화되고 있다. 이는 가처분 소득 및 가처분 시간의 증대에 따른 여가 중심 사회로의 재편과 맞물려 다양한 체험형 문화 활동에 대한 의

욕을 증대시킨다. 한 예로 세계를 무대로 하는 국제관광의 확산 등은 지역 간 이동을 통한 타문화 체험의 욕구가 표현된 것이라 할 수 있다.

따라서 과거 국지적 발전이 이루어진 산업사회에서는 감지되지 못했던 문화 소통이 현재는 일상의 당연한 영역으로 정례화(regularization) 되고 있다. 과거 체험 자체가 시공간의 제약을 받았던 시기에는 사람들이 주류문화가 아닌 여러 하위문화, 반(反)문화의 상징을 이해하기가 쉽지 않았다. 더 나아가 주류문화의 고착화 현상이 지속되면서 외부에서 유입된 문화는 다른 사회구성원들이 이해할 수 없는 닫힌 텍스트로서 영원히 사회에서 외면 받게 되는 경우도 많았다. 하지만 세계화 시대에 정보네트워크를 통한 문화교류는 국가 간, 지역 간, 기업 간, 시민 간 상호작용을 통해 다차원적으로 만들어진 문화의 이종(異種) 교배에 의한 융합사회로의 진입 현상을 초래했다.

현재 지구촌 각 국가 간에도 이러한 현상은 활발하게 나타나고 있다. 정보네트워크를 통한 국가 간 정보교류가 활발하지 않았던 시기에는 문화제국주의 원리가 선진국을 중심으로 개발도상국에 그대로 유입되는 경향이 있었다. '문화제국주의'란 제국주의 논리에 의해 경제적으로 지배적 위치에 있는 국가가 주변 국가에 대한 정치적 · 문화적 지배를 확대 · 강화해 나가는 현상을 문화 영역에 적용한 것이다. 예들 들어 영화나 TV 프로그램, 음악, 유행, 스타일 등이 지배국가에서 종속국으로 전달됨으로써 지배국가의 문화적 가치와 이데올로기가 강화되는 현상을 의미한다. 이 과정을 통해 종속국의 전통문화가 파괴되고 지배국가의 이익을 보장하는 수요와 소비 형태가 형성된다. 정보사회의 다양한 미디어를 통해 각 국가 구성원들의 소통 체계가 구성되지 않을 경우, 선진국으로부터 유입되는 문화에 대한 비판적 · 대안적 사고를 하기가 어려워지기도 한다. 하지만 이제 세계 모든 국가가 여러 문화에 접속할 수 있는 시대가 열림으로써 각국은 서구 선진국의 문화를 무비판적으로 받아들이지 않는다. 다른 문화와의 비교 등을 통해 이를 창조적으로 재구조화하여 자신들의 문화에 맞게 변형하여 수렴하기도 한다. 심지어 각 국가의 제도권 내 대중문화가 문화제국주의의 산물인지, 그렇지 않은지를 고려하여 지역화에 기반을 둔 문화운동을 전개하기도 한다. 이제 세계시민들은 다국적 기업의 소비 대중주의와 자국의 정체성 간 관계에 대해 성찰하기 시작하고 있는 것이다.

2) 세계화 시대의 지구촌 문화의 상호작용

문화는 사회구성원의 총체적 생활양식을 의미한다. 각각의 도시나 집단의 문화는 특정한 역사적 산물이기 때문에 각 사회 부문에서 나름대로 독특한 특성과 존재 이유, 기능을 지닌다. 이처럼 생활양식으로서의 문화는 정체성을 가진 사회적 주체로 인간을 성장시킨다는 점에서 인간의 심리적 구조뿐만 아니라 사회적 행위에 결정적인 역할을 한다. 그리고 문화는 인접 지역에 영향을 끼쳐 문화 간 상호작용이 나타나게 한다. 지금까지 역사적으로 세계 각국은 지속적으로 이어져 오는 문화의 상호작용을 통해 문화 정체성을 갖게 되었다.

세계 각 지역은 문화적으로 각자의 고유한 정체성을 가진 행위 주체로서 존재해왔다. 이 문화적 정체성은 선진국과 개발도상국 간 경제적 · 사회문화적 차이에 관계없이 지속되어왔다. 한 국가, 한 도시 내 특수문화의 내면화로 인해 그 구성원 역시 정체성을 확보하고 사회적 주체로 성장하게 된다. 지구촌 내 국가는 문화적 상호작용 관계에서 주체적이고 능동적인 정체성 확보를 위해 공간적 · 시간적 제약 속에서 외부 사회 환경과 조응하며 끊임없는 커뮤니케이션을 하게 된다. 이러한 커뮤니케이션 과정 이면에는 권력관계가 존재하기도 하며, 문화 접촉 과정을 통해 그 관계 역시 변형됨으로써 조정 과정을 거치게 된다.

앞서 언급한 바와 같이 정보통신기술의 발달은 지금까지 각국 사회 구성원들의 문화 정체성을 급속도로 바꾸어 놓았다. 현대사회에 들어와서 전통사회에서부터 이어져 온 태양 주기를 통해 규정되었던 구성원들의 자연적 삶의 주기가 바뀌기 시작한 것이다. 선형적(linear)이며 방향을 바꿀 수 없었던(irreversible) 시간관은 첨단 정보통신기술의 등장과 함께 점차 그 고정적 성격이 완화되었다. 정보통신매체에 의한 즉각적인 정보 교환과 문화교류는 생활양식에 대한 사람들의 관심을 증폭시켰으며, 자연적 시간을 초월한 시간 변형을 가능하게 했다. 특히 인터넷을 기반으로 하는 커뮤니케이션 기술은 지구 전체에 즉각적인 공유된 문화 정보를 제공하였다. 그뿐만 아니라 현대사회를 살아가는 지구촌 전체 구성원들에게 있어 시간의 의미가 도구적으로 이용되는 본격적인 시간의 자원화 현상이 나타나게 되었다. 특히 미디어 환경의 변화는 문화 상품 및 서비스 자체의 공간적 제한을 극복하게 하는 산업적 토대를 마련해주었다. 오늘날 정보네트워크 사회의 특징을 바르게 파악하기 위해서는 인간 행위가 구체적 교섭 속에서 결정된다는 점을 간과해서는 안 된다. 인간행위에서의 언어, 공적 활동, 개인적 신념 등의 상징적 의사소통 행위는 결국 미디어를 통해 가능해진다. 멀티미디어, 위성통신, 광통신 등으로 확산된 뉴미디어의 운영은 지구촌 이곳저곳을 시공간의 제약 없이 하나로 연결시키는 기술적 토대를 마련해주었다. 결국 미디어 환경의 탈국가적 보급은 지구촌 사회구성원의 생활양식과 상징, 의미의 공유를 가능하게 만들어 문화의 세계화를 통한 상호작용을 촉진시켰다.

일찍이 철학자이자 사회학자인 위르겐 하버마스(Jürgen Habermas)의 논의처럼 문화 영역은 유구한 역사를 거쳐 사회구성원의 생활세계(life world) 영역에서 중요한 부분을 차지해 왔다. 하지만 현대사회를 강타한 세계화의 물결은 사회체계(social system)와 사회구성원의 생활세계 간 커뮤니케이션 장벽을 파괴했고, 이 과정에서 문화 영역의 구조적 변화가 야기되었다. 세계화는 더 이상 문화 영역을 생활세계에 한정시키지 않고, 사회체계 간 커뮤니케이션 구조로까지 그 논의의 수준을 끌어올렸다. 사회를 구성하는 인간의 커뮤니케이션이 다른 동물들과 구별되는 이유는 그들의 의사소통이 단순한 기호와 신호가 아닌 수많은 상징에 의해 이루어지기 때문이다. 세계인 각자가 커뮤니케이션 과정에서 표현적 상징으로서의 문화 개념을 인식할 때, 비로소 문화는 중요한 의미를 갖게 된다. 인류학자 클리포드 기어츠(Clifford Geertz)는 문화를 '사람들이 의미(meaning)를 경험하고 표현하는 공적으로 유용한 상징적 형식'으로 보기도 했다. 이제 지구적 커뮤니케이션은 각 국가 구성원들이 행하는 상징을 실천으로 옮기면서 진행되고 있는 것이다.

한편 이 같은 방식으로 이루어지는 지구촌 문화의 상호작용을 통해 전 지구적 수준에서 나타나는 문화적 세계화의 동향은 작게는 '도시 간', 크게는 '국가 간, 문명 간' 문화구조의 변화를 야기했다. 미국 등 서구 선진국을 중심으로 일방적 문화구조 동형화 현상이 오랜 기간 진행되어왔다. 최근의 정보네트워크를 통해 국가 간 의미체계의 공유가 가능해짐으로써 문화의 생산, 분배, 소비의 질서가 더 다양한 방식으로 확산하고 있다. 이러한 문화 세계화의 원리는 다시 자본의 논리와 결합하여, 문화 상품화 과정을 초래했다.

문화 상품화의 세계화 경향에 대해 사회학자 조지 리처(George Ritzer)는 '맥도날드화(McDonaldization)' 개념으로 이를 설명한다. 세계의 문화적 흐름이 자본과 연계하여 동형화되고 있는 실제 모습을 설명해주는 이 맥도날드화는 네 가지 특징으로 요약가능하다. 첫째, 소비자들은 하나의 문화상품 소비에서 다른 소비로 이행되는 과정에서 가장 최적의 것을 선택하게 된다는 '효율성(efficiency)' 원리, 둘째, 소비의 수량(數量)적 측면을 강조하는 '계산가능성(calculability)' 원리, 셋째, 소비상품과 서비스는 공간에 관계없이 동일하다는 '예측가능성

(predictability)' 원리, 넷째, 소비상품을 통제하는 방법의 주체가 점차 자동화를 통한 무인기술로 대체되고 있다는 '통제(control)' 원리가 그것이다. 이러한 특징들은 미국을 포함한 서구 선진국 자본의 영향을 받은 개발도상국들의 문화적 종속 현상을 보여주는 예라고도 할 수 있다.

한편 세계 각국이 세계화에 의한 문화 동형화 현상에 대응하는 과정에서 세계시민들은 자신의 존재와 관련하여 고유의 정체성을 추구한다. 현대사회의 문화 세계화 과정에서 선진국들 역시 이 문화 정체성에 대해 지속적으로 고민하고 있다. 개발도상국들의 경우에도 각 국가 의식 속에는 문화 정체성 확보에 대한 열망이 숨겨져 있다. 심지어 한 국가, 한 지역 내 구성원들의 정체성 확보를 위한 행동이 외부의 사회구성원들에게는 독선적인 비(非)순응적 양상으로 비춰질 때도 있다. 실제로 특정 도시 내 인종집단의 사회운동, 소수민족의 인권운동 등은 미디어를 통해 폭력적이며, 투쟁적인 행위로 잘못 표현하고 있다. 정치학자 새뮤얼 P. 헌팅턴(Samuel P. Huntington)은 문화 정체성을 세계화 차원의 갈등에 대한 설명 요소로 다룸으로써 문명 간 역동적 관계를 연구하기도 했다. 문화는 개인의 생활세계에 머무르지 않고, 사회체계 영역에서 전 지구적 사회구성원들에게 강력한 힘을 발휘하고 있다고 할 수 있다.

한편 지구촌 문화의 상호작용 과정에서 세계인들은 국민정체성과 민족정체성 사이에서 혼란을 경험하기도 한다. 과거 산업사회는 대부분 국민정체성과 민족정체성이 일치하는 지형적 특성을 지니고 있었다. 세계화를 통해 사람들의 이동 공간 범위가 확장되면서 그간 주로 활동했던 공간이 과거에 그랬던 것만큼 안정적이거나 예측이 가능한 공간으로서의 위치를 차지할 수 없게 되었다. 현재 이 세계는 단일민족에 의한 국가 형성 개념이 통용되기 어려운 다문화사회로 접어들고 있다. 과거에 당연시 여겨졌던 단일민족으로 이루어진 국가 인구 구성이 다양해지면서 지구촌 구성원들은 문화적 상호작용 과정에서 타자의 문화코드에 관심을 갖게 되었다. 세계적 범위에서 확산되는 문화산업을 통해 활발해진 문화 간 상호작용은 이를 체험한 사람으로 하여금 서로 다른 지역, 그리고 그 지역 내 이미지 및 재현물들에 관심을 갖게 만들었다. 그동안 같은 의미로 귀속시켰던 세계적인 관행적 의미체계에 대해서도 의문을 품게 되었다. 더불어 특정 주체들이 생산해내는 의미체계를 중심으로 문화적 코호트(cohort)가 형성되면서 다시금 분화 및 통합의 과정을 반복하고 있다.

세계 각 지역에서는 이 순간에도 각 집단, 도시 내 사회구성원들이 자신의 문화 세계 속에서 정체성 확보를 위해 끊임없이 노력하고 있다. 세계화 시대의 문화적 특성에 발맞추어 지구촌 구성원들의 행위에 대한 세밀한 문화적 독해가 필요한 때라고 하겠다. 정보통신기술의 발달에 따른 문화의 생산 및 소비의 시공간적 확산은 현대사회의 조직을 재구조화시키고 있다. 지구촌 문화의 확산 현상과 관련하여 간과해서는 안 될 점은 문화 세계화가 자칫 서구 선진국 중심의 종속적 세계화로 빠질 위험이 항상 내포되어 있다는 것이다. 결국 융합사회를 살아가는 지구촌 구성원들은 일방적인 서구 선진국 중심의 획일화된 문화 전파에서 벗어나서 다양성과 차이를 인정하는 공존의 윤리를 모색하고, 포용과 인정의 사회로 전환되도록 하는 새로운 삶의 패러다임을 재고(再考)해야 하는 숙제를 안고 있다고 할 수 있다.

문화 세계화와 다문화사회의 도래

07

지구촌 문화와 국제관계의 질서

7 문화 세계화와 다문화사회의 도래

1) 문화 세계화의 본질과 문화유입 과정

세계화는 다차원적으로 진행되는 현상으로서 그 사회문화적 함의를 파악하는 것은 중요하다. 본격적인 세계화가 진행되기 전, 사람들은 영토에 기반을 두고 국가 중심의 문화적 상호작용을 해왔다. 하지만 정보통신기술 및 미디어의 발전, 교통의 발달로 인해 시공간의 제약이 완화되면서 더 활발한 문화적 상호작용이 나타나기 시작했다. 문화 세계화의 본질에 대해 어떤 이는 민족, 지역 간 문화적 차이가 무의미해져 가는 과정이라고 명명하기도 하고, 또 다른 한편에서는 다양한 인종, 민족, 종교 등이 서로 긴밀하게 영향을 주고받으면서 문화가 다른 공간으로 이동하거나 부수적인 영향을 미치는 상태를 강조하여 논의하기도 한다.

무엇보다 문화 세계화를 통해 민족주의 개념이 새롭게 재조명되고 있다. 민족이란 통상 언어와 문화를 포함한 정체성을 공유하는 인구집단을 말한다. 그리고 민족주의는 자기 민족의 이익을 다른 어느 국가 이익보다 우선시하고, 이를 위해 헌신하는 이념적 특성을 의미한다. 이 민족주의는 과거나 현재까지도 지구촌 정치체제를 움직이는 중요한 힘의 하나로 인식되고 있다. 한정된 지역에 거주하는 사람들은 하나의 민족을 구성하면서 국가를 창조하기도 한다. 그런데 이 민족, 민족주의 개념과 그 영향력이 문화 세계화에 의한 다양한 문화유입 과정을 통해 점차 약화되는 경향을 보이고 있다. 세계화된 막강한 자본을 기반으로 하는 선진국의 문화제국주의 질서가 개발도상국 등에 영향을 미치고 있기 때문에 사람들은 강대국 중심으로 문화가 동형화, 동질화되고 있는 현상에 우려를 표하기도 한다. 대규모 자본이 여러 문화적 산물에 유입되면서 시장의 효율성을 근간으로 금융자본의 세계화 확산 효과도 초래되었다.

하지만 다른 한편으로는 여전히 인종, 민족, 종교를 중심으로 한 개별화된 문화가 각 지역에 뿌리 깊게 자리 잡고 있어서 이를 두고 사회적 갈등이 발생하기도 한다. 바로 이 점 때문에 문화 세계화를 무조건적인 문화 표준화 과정으로 치부하기에는 문화를 둘러싼 현재의 지구촌 상황을 지나치게 왜곡해서 해석할 여지가 있다. 실제로 서로 다른 문화적 차이로 인해 세계 곳곳에서는 여러 범주의 분쟁과 전쟁이 나타나고 있다.

이처럼 현재 세계 각국은 세계화의 영향 속에서 복잡한 문화적 상호작용 과정을 경험하고 있다. 과거 제2차 세계대전 이후 아시아, 아프리카, 라틴아메리카의 많은 식민지 국가들이 신생국으로 독립하기 시작했다. 이들 국가들은 서구사회가 점진적으로 밟아왔던 공업화와 경제발전을 빠른 시일 내에 달성하기 위해 노력했다. 이 과정에서 개발도상국들은 선진국의 산업체제와 다양한 문화까지 모두 따라야 할 모델로 인식하기도 했다. 그리고 각 국가의 문화적 상호작용 속에서 문화지체(cultural lag) 현상과 아노미(anomie) 현상이 야기되기도 했다. 문화지체 현상은 일찍이 사회학자 윌리엄 오그번(William F. Ogburn)이 제시한 개념으로 물질문명의 변화 속도에 비해 비물질적 · 정신적 문화의 변화 속도가 늦어서 나타나는 혼란을 뜻한다. 아노미 현상은 사회학자 에밀 뒤르켐(Émile Durkheim)과 로버트 K. 머튼(Robert K. Merton) 등의 학자가 분석한 개념으로 사회규범이 붕괴됨으로써 사회구성원들이 겪게 되는 혼돈 상태를 의미한다. 즉 어떤 사회의 행위규범이나 가치가 상실되거나 약화되면서 나타나는 사회적 현상으로 사람들이 행위 목표를 어디에 두어야 할지를 모르게 되는, 즉 삶의 기준으로 삼아야 할 규범의 상실과 같은 무규범 상태를 일컫는다.

최근 본격적으로 가속화된 문화 세계화의 영향으로 지구촌 사회는 이미 다인종 · 다문화 국가로의 이행기에 접어들고 있다. 새롭게 재편된 삶의 공간 내에서의 변화는 개인적 수준이 아닌 거시적인 사회적 범주에서 나타나고 있다. 특정 공간 내 주류문화에 의한 집단 구분으로 인해 타 집단에 대한 구별과 차별의 질서가 구성될 수 있게 되었다.

문화 세계화로 인한 문화유입 과정의 내재적 의미에 대해 더 구체적으로 살펴보도록 하자. 세계화에 의한 다양한 문화적 가치의 확산과 자본을 매개로 한 여러 문화 전달 수단의 등장은 포스트모던 사회의 특징과 밀접한 연관성을 맺고 있다. 세계화 시대에 타문화를 존중하는 삶의 양상은 각 시민에게 요구되는 성찰에서 비롯된 현상이다. 세계화라는 거시적 사회 변동을 통해 개인은 각자의 삶을 더 폭넓게 기획하게 된다. 그리고 윤리적으로 적합한 실천 행동과 문화적 소비를 하기 위해 노력하기도 한다. 지구촌 각 지역에서 나타나는 외부 문화에 대한 소비는 복잡한 사회구조에 대응하고 적응하는 일종의 자기표현 양식이다. 결국 개인이 지닌 정체성과 문화가 융합됨으로써 사람들은 더욱 복잡한 자아상을 구성하게 된다.

조금 더 구체적으로 이 문제를 살펴보자. 현재 대부분의 지구촌 사회에서는 국제결혼을 통한 다민족 구성원의 이동 현상이 빠르게 진행되고 있다. 각 국가들도 이러한 사회적 추세에 발맞추어 이에 대응하는 정책 기제들을 제시하기 시작하고 있다. 특히 이주민과의 혼인으로 다문화가족이 증가함에 따라 기존 사회구성원과 새롭게 편입된 사람들 간 문화적 이질감을 극복하게 하는 제도들이 마련되고 있다. 이 보편적 정책은 실행 과정에서 점진적으로 그 효과를 고찰해야 하기 때문에 가시적으로 드러나는 실효성만으로는 정책의 유용성을 판단하기가 현재로서는 어려운 실정이다.

상술한 문화 세계화에 대응하기 위한 각종 정책과 제도는 융합적 성격을 지니고 있으므로 그 본원적 특성상 다른 산업이나 정책과 상호작용할 수밖에 없다. 다문화가족이 증가할수록 문화적 친숙도의 차이에서 비롯되는 예상하지 못한 여러 사회갈등 현상이 발생할 수도 있기 때문에 이를 조율할 수단을 강구해야 한다. 이처럼 다양한 문화의 확산은 특정 지역에 거주하는 사회구성원 간 의사소통 진행 과정에서의 교류 양식에 변화를 가져왔다. 포스트모던 사회의 문화적 특징이라 할 수 있는 소위 복합적 문화접변(acculturation) 현상이 나타나고 있는 것이다. 문화접변 현상은 새로운 문화적 요구에 적응하기 위해 이주국의 행동 양식을 채택하는 과정을 의미한다. 이 현상은 사회구성원으로 하여금 환경 적응을 위한 새 문화 가치의 수용을 요구하며, 이 과정에서 사람들은 기존 문화와 함께 새롭게 접한 문화 체험 사이에서 끊임없는 통합적 수정을 추구할 수밖에 없게 된다. 즉 새로 이동하여 유입된 사회구성원 역시 기존 문화와 다른 시공간에서 생활하게 됨으로써 그동안 체화된 향유 문화가 재구성되고 복합적인 의미부여 현상이 나타나게 되는 것이다. 이처럼 일상적 문화 속에 함께 공생하는 이질적 문화에 기반을 둔 사회질서는 외부에서 유입된 이민자와 기존의 거주민 사이의 의사소통을 통해 재구조화된다. 이 과정에서 통합의 길을 가기도 하고, 심각한 사회적 갈등을 겪기도 한다.

지금까지 살펴본 문화 세계화 시대로의 전환은 생산 및 산업 부문에도 큰 영향을 끼쳤다. 포스트모던 사회로의 진입은 포드주의(Fordism)적 생산체계로의 전환이라 명명되는 산업구조에 여러 가지 측면의 혁신을 가져왔다. 정보시스템을 통해 새로운 상품 기호가 산출되었으며, 산업 부문에서 그동안 당연한 수요층으로 여겨졌던 소비자들의 문화적 특성을 심층적으로 파악하는 전략 경영도 구사하게 되었다. 이 같은 성찰적 사고는 경험해보지 못한 문화 기제의 유입 및 안정화 과정을 통해 현재의 삶의 구조를 복잡다단하게 변화시켰다.

문화 세계화를 통한 산업체계의 변화는 좀 더 다양한 모습으로 확산하고 있다. 더불어 많은 국가와 기업들은 무형의 문화에 관심을 갖게 되면서 자국이나 자사 소비상품의 문화브랜드 차별화 전략을 체계화하기 시작했다. 최근의 프랜차이즈 시장의 규모 확장 역시 문화 세계화의 맥락에서 해석 가능한 현상이다.

문화 세계화 현상에서 나타나는 환경 변화는 기업의 경영방식에 변화를 더욱 동적이게 만들었다. 또한 해외시장의 진입장벽을 넘기 위한 다양한 전략 경영의 필요성과 중요성 역시 제기되었다. 세계적 인구이동으로 새로운 문화를 가진 민족이 유입되고, 사람들은 지금까지 살아오면서 익숙하지 않았던 외부 하위문화가 일상적 주류문화로 변환되는 체험을 할 때도 있다.

2) 지구촌 다문화사회의 확산과 국가정책의 필요성

포스트모던 사회에서 나타난 문화 세계화 현상으로 말미암아 일상생활과 탈일상생활 모두에서 새로운 융합적 · 통합적 질서가 확립되고 있다. 이 같은 현상은 세계화의 시대적 흐름과 밀접한 관련이 있다. 세계화 현상으로 서로 다른 정체성을 지닌 사회구성원들은 다양한 문화적 교호작용을 통해 다른 문화에 대한 이해도가 높아짐으로써 그들의 인식체계가 하나의 문화 텍스트 속에 통합되는 과정을 거치기도 한다. 다문화사회의 복잡한 구성 원리 속에서 이질적 문화 간 구성원의 소통 과정이 빠르게 전개되고 있다. 공유문화와 관련하여 문화상대주의적 관점에서 상대방의 독특함을 인정하고, 하위집단 간 새로운 분화체계를 통해 각 하위부문들이 서로 상호 연관되어 하나의 네트워크상에서 개별화된 의존적 상호작용이 이루어지고 있다. 그리고 이 과정에서 다문화사회가 도래하게 되었다.

다문화주의는 다양한 가치를 반영하기 때문에 이를 한마디로 정의하기가 어렵다. 일반적으로 다문화주의는 한 사회 내 여러 인종이나 민족집단들이 자신들의 문화를 단일한 문화로 동화시키지 않고, 서로의 문화를 인정하면서 공존하게끔 하는데 목적을 두는 이념 체계와 이를 실현하고자 하는 정부정책 및 프로그램을 총칭한다. 이제 특정 공간에 낯선 문화가 유입되었을 때 발생하는 문화적 거리두기의 간극이 점차 짧아지고 있으며, 문화의 수용 정도와 사회 활동상의 자유도가 큰 폭으로 증가하고 있다. 다문화가족의 증가 추세는 기존 지역 구성원의 삶의 방식까지 상당 부분 재구조화시키고 있다. 이는 세계화를 통해 다변화된 정체성의 확대 현상이 나타났음을 의미한다.

다문화사회의 형성 원인은 다양하게 생각해볼 수 있다. 첫째, 혼인에 의한 이주를 원인으로 꼽을 수 있다. 우리나라의 경우, 개발도상국의 외국인 여성이 국내로 이주하여 결혼할 시기를 놓친 농어촌 남성과 결혼하는 현상이 그 사례라 할 수 있다. 둘째, 노동시장으로의 외국인 이동에 의해 다문화가족이 구성되기도 한다. 역시 우리나라를 예로 들면, 제조업에 종사하는 국내 노동 인력의 부족으로 개발도상국의 해외 노동자가 국내에 취업하는 경우이다. 셋째, 해외 유학생들이 국내에서 자연스럽게 취업, 혼인 등을 통해 새로운 가정을 꾸리게 될 때 다문화 가족이 이루어지기도 한다.

만약 어떤 국가가 우리나라와 같이 단일민족국가로서 오랜 역사 속에서 존재해 왔다면, 다문화사회의 확산 역시 이 같은 맥락에서 기존 사회구성원들이 느끼게 될 문화충격 중의 하나일 것이다. 다문화사회로의 전환 과정은 다문화사회를 이루는 주체 및 객체의 입장 모두에서 문화의 보편성과 특수성에 대해 함께 고민하는 복합적 인간상을 탄생시키는데 일조했다.

다문화사회의 긍정적 측면과 부정적 측면을 함께 살펴보자. 긍정적 측면으로는 각 국가의 산업구조 내 노동력 부족 문제를 해결할 수 있고, 결혼 이주에 의한 지역사회의 활성화 효과를 기대할 수 있다는 것이다. 또한 새로운 문화의 유입은 사회구성원들의 다양한 문화 체험 욕구를 충족시켜줄 수 있다. 한편 부정적 측면에서는 이질적 문화 간 상호작용 속에서 나타날 수 있는 갈등, 이주민에 대한 사회적 편견과 차별, 자국 내 일자리를 두고 벌어지는 과도한 경쟁 등의 사회문제가 발생할 수도 있다. 또한 교육을 통한 이주민의 사회화 과정 및 행정 지원에 많은 사회적 비용이 소요될 수 있으며, 이로 인해 기존 자국민과의 갈등이 추가적으로 나타날 수 있다.

분명한 것은 현재처럼 한 사회의 문화질서가 다문화사회로 급속하게 변화하게 되면, 내 · 외부적 기능을 유지하기 위한 국가의 정책적 지원이 뒷받침되어야 한다는 사실이다. 다문화사회로의 전환이라는 시대적 · 사회적 흐름에 따라 국가는 여러 가지 정책 및 제도의 운영을 시도하게 된다. 국가는 세계화 시대에 발맞추어 구체적으로 그들을 어떻게 수용하고 동화시킬 것인가를 고민해야 한다. 그동안 진행되어 온 다문화정책 원리는 크게 대비되는 두 가지 범주로 나뉠 수 있다.

첫째, '배제주의 정책'이 있다. 이는 소수의 민족이나 인종에 대한 정책적 배제를 통해 기존 주류문화의 기득권을 지키는 정책 운영 원리를 말한다. 이 같은 국가정책에 대해서는 기존 사회구성원들도 큰 이의를 제기하지 않는 이유는 다문화가족 구성원들에 대한 의미를 해석할 때, 그 인식 주체는 이미 근대 산업사회가 추구하는 문화적 동질성의 가치가 내재해 있어서 다른 문화를 향유하고 있는 그들을 수용하려는 의지가 없기 때문이라고 볼 수 있다.

둘째, '동화정책'이 있다. 사람들의 문화적 개별성과 독립성을 존중하고 고유성을 인정하여 다문화시민들이 사회에 잘 적응할 수 있도록 다차원적 사회통합 정책의 실현을 추구하는 것이다. 올바른 문화교류를 위해서는 의사소통 과정에서 기존의 텍스트를 생산한 사회구성원의 가치, 편견, 인식체계 등을 해석할 수 있어야 한다. 일반 시민들이 개방적으로 사고하여 새로운 문화를 인정, 수용, 수렴하는 것은 사회심리학적으로 보았을 때 여러 가지 어려운 사항이 있을 수 있다. 왜냐하면 이러한 대응을 위해서는 근대적 기호체계의 영역 안에서 새 문화 텍스트에 대한 해석이 요구되기 때문이다.

이처럼 각 국가는 다문화정책의 대비되는 두 축을 연계시켜 다문화시민과 기존 시민 간 문화충돌을 완화하고, 문화접변 과정에서 나타나는 이질적 생활양식에 적응할 수 있도록 정책 실행 과정에서 노력해야 한다. 또한 기존 문화뿐 아니라 새롭게 유입된 다문화가족 각자의 독립된 문화적 가치 역시 존중해야 한다. 다문화사회로의 전환을 맞이하여 형성된 이문화(異文化)로의 점진적 접속과 체험은 세계화 시대의 복잡다단한 다문화정책의 실제적 구현 및 운영 과정에서 발생하는 문화충돌을 완화시키는 역할을 할 수 있다. 이에 교육제도가 중요한 역할을 하는데, 최근의 급속한 문화적 변화를 고려한 학습과 교육이 사람들의 사회 적응 수단으로 인식되기 시작했다. 이주민과 거주민을 위해 생활환경의 문화적 혼란을 줄이고 서로를 이해하도록 다문화화된 사회의 생활양식을 갈등 없이 수렴하도록 하는 교육정책이 필요하다. 다문화정책의 차별 기제들을 보편적 윤리에 입각한 시민교육 정책과 연계하여 학습할 때, 사회구성원 모두가 마땅히 따라야 하는 보편적 사회규범이 마련될 수 있을 것이다.

3) 다문화사회의 의사소통 원리

다문화사회에서 나타나는 나와 다른 존재에 대한 타자성을 긍정적으로 인식하는 것은 궁극적으로 개별 사회구성원이 가진 정체성의 특수성을 인정해주는 것이다. 그 다름을 인정하는 차이의 윤리에 대한 긍정적인 심리는 이제 지구촌 사회를 살아가는 모두에게 필요한 덕목이 되었다. 일반적으로 다른 문화체계를 해석할 때, 인식 주체는 기존에 자신에게 내재된 지식체계에 의존하여 평가하고 판단하게 된다. 이 같은 현상은 오랜 사회화 과정을 통해 학습된 자신이 속한 주류문화에 의존하게 되는 것을 의미한다. 지구촌 다문화사회에서 타인과 의사소통하며 서로 다른 문화적 특성을 해석하는 과정을 거친다는 것은 상대방의 문화 텍스트에 담긴 가치와 의미 등을 포용한다는 뜻이다. 그리고 의사소통 과정에서 서로에 대한 인식의 지평이 넓어지고 차츰 융합됨을 의미하는 것이기도 하다. 현재 지구촌에서 다방면으로 확산되고 있는 문화산업은 사실상 이 같은 의사소통 구조를 이해시키고, 주도해주는 역할을 하고 있다.

다문화사회의 문화 커뮤니케이션 과정의 의미를 좀 더 자세히 살펴보자. 다문화사회에서 개인의 행동은 집단구성원들의 의식과의 교호작용을 통해 형성될 수 있다. 다문화사회에서의 문화 해석 과정에는 단순한 타 문화의 수용이 아닌 이질적인 문화 텍스트의 의미를 재창조하는 과정이 숨어 있다. 즉 생각하는 주체는 자신이 포함된 주류문화에서부터 시작하여 배제와 차별이 이루어지는 하위문화 범위까지도 관심을 갖게 되는 것이다.

다문화사회의 의사소통 원리는 서로 다른 문화에 노출되었던 사람들이 그동안 서로 관찰하고 인식한 여러 문화를 인정하고, 자신의 인식체계에 그 의미를 혼합하는 행위라 할 수 있다. 특정 국가에서 다문화시민의 생활방식이 안정적으로 유입되어 정착하려면 해당 사회의 주류문화가 정착된 것 이상의 긴 시간이 소요될 수도 있다. 왜냐하면 사회구성원 모두의 문화적 공감대가 형성되기까지 교육과 학습을 통해 끊임없는 사회화 과정이 이루어져야 하기 때문이다. 다문화사회에서 큰 가치로 여겨질 수 있는 구성원 간 공유된 의미의 교환은 문화적 삶의 경험과 그에 대한 해석 능력의 확장에 의해 이루어질 수 있다.

의사소통 과정에서의 문화적 다양성을 특징으로 하는 다문화사회의 가치는 세계시민사회의 성립을 가속화시켰다. 이 공유가치는 다문화사회의 질서가 안정적으로 정착하는 과정을 통해 그 의미가 더해진다. 본격적인 다문화사회가 도래함으로써 국가나 지역에서 고착화된 배타적 성격을 지닌 특유의 주관적 관념들이 희석되고 있다. 이 같은 현상은 세계적 맥락에서 차이와 관련한 새로운 문화코드를 사람들에게 심어줌으로써 건전한 사회적 자본을 더 공고하게 만든다. 다른 문화와의 관계 속에서 나타나는 여러 가지 문화적 갈등에도 불구하고, 이를 포함하는 문화적 의사소통을 통해 타자에 대한 이해와 신뢰의 정도를 높이는 행위는 생활공동체로서의 공유가치를 창조해낸다.

지구촌 다문화사회에서는 각 국가마다 타 문화의 침범과 확산에 따라 새로운 사회질서 기능이 확대되고 있다. 그중 지구촌 다문화사회를 구성하는 사람들의 지역 간 이동 및 이주 현상에 주목해야 하는데, 이는 한 지역에서의 통합과 갈등 문제를 함께 야기하는 중요한 사회현상이기 때문이다. 더불어 빠르게 확산한 문화산업들은 각 문화권 간 문화적 친숙도 향상에 영향을 미친다. 예를 들어 다문화사회에서 여행, 관광과 같은 이동 활동은 탈영토화, 탈문화코드화로 명명되는 타문화와의 차이에 대한 자연스러운 인식 확대에 긍정적인 영향을 미친다. 다문화사회에서는 일상적 · 탈일상적 시공간에서의 새로운 문화적 경험을 통해 사회구성원 간 상호작용이 이루어져야 한다. 이는 바람직한 다문화사회가 궁극적으로 추구하는 사회적 규칙 및 의미와 일맥상통한다.

이제 다양한 문화적 배경을 가진 이주민들과의 차이를 인정하는 사회적 관용이 필요하다. 또한 이주민과 기존 거주민들이 서로의 문화를 이해하도록 다문화 교육체계가 안정적으로 운영되어야 한다. 그리고 사회적 약자인 이주민들의 국내 정착을 위한 사회적 지원 역시 요구된다. 한 지역 내에 형성된 다문화에 대한 이해 및 신뢰 구조는 추후 공공영역에서 추구해야 할 세계시민으로서의 윤리의식 형성의 기반이 된다. 이러한 지구촌 다문화사회에서 나타나는 현대인의 성찰성은 다변화된 현실 사회에서의 올바른 대응 방법을 담고 있다. 그리고 이 성찰 기제에는 지구촌 구성원들이 함께 살아가면서 체득해야 할 공공의 가치가 숨겨져 있다. 지구촌 다문화사회에서의 주류문화 및 이와 다른 하위문화 가치에 대한 인정과 서로에 대한 신뢰가 현대사회에 꼭 필요한 심리적 특징이 되었다. 다문화사회의 안정적 정착을 위해서는 문화 커뮤니케이션 과정이 더욱 중요해질 것이다. 이제 다문화사회에서의 문화 다양성에 대한 사회적 인정 현상은 한 사회가 서로 다른 문화를 갈등 없이 받아들이는 수용의 사회(permissive society)로 전환되는 과정으로 설명해야 할 것이다.

08

문화산업 시장의 지구적 확산

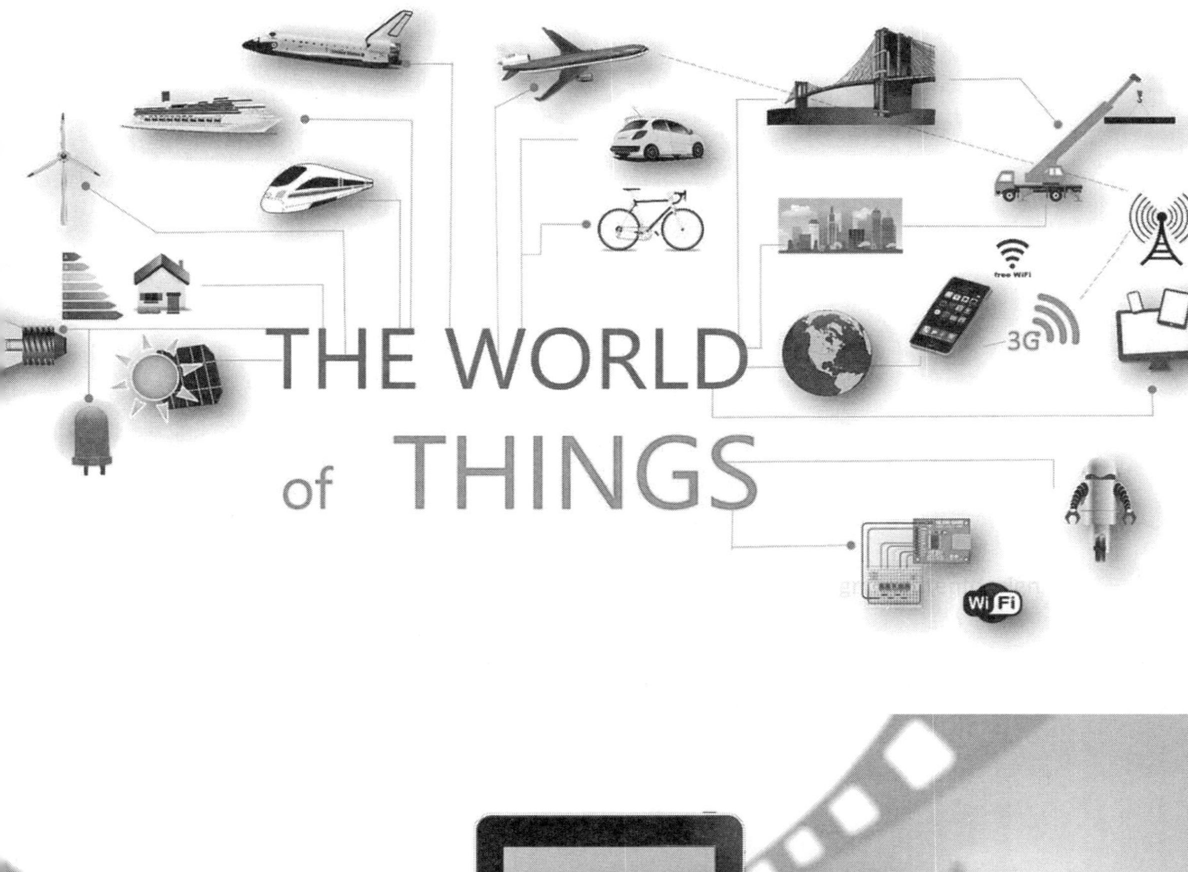

지구촌 문화와 국제관계의 질서

8 문화산업 시장의 지구적 확산

1) 지구촌 문화산업을 설명하는 개념과 이론

문화 세계화는 지구촌 문화산업을 주도한 다국적 · 초국적 기업에 의해 활성화되고 있다. 세계 곳곳에서 나타나고 있는 유동인구의 증가 현상은 이주민과 거주민 간 생활양식 차이에서 비롯되는 타자성을 인정해야 하는 상황을 초래했다. 앞서 살펴본 바와 같이 정보통신기술의 발달로 문화를 전달하는 커뮤니케이션과 미디어 등이 중요해졌으며, 대규모 자본은 이를 충분히 활용하면서 문화산업의 규모를 키우기 시작했다. 정보통신기술은 산업화 시대의 생산기술과 연계하여 대량 복제를 가능하게 만들었다. 그리고 사이버공간 내 문화콘텐츠는 원본과 복사본의 속성이 같은 경우가 대부분이어서 문화콘텐츠 관련 저작권 문제는 국제적으로 심각한 사회문제로 여겨지고 있다.

이 같은 문화산업 발달에 영향을 준 매스미디어 내 메시지와 콘텐츠가 지구촌 시민들에게 전달되는 과정을 설명한 이론으로 탄환이론(Bullet Theory)이 있다. 탄환이론은 대중 커뮤니케이션의 권위자 윌버

슈람(Wilbur Schramm)이 연구한 매스 커뮤니케이션 효과에 관한 초기 이론의 하나로 매스미디어가 수용자인 대중들에게 즉각적이고 획일적으로 강력한 영향력을 미치고 있음을 설명한다. 탄환이론에서는 문화콘텐츠 수용자로서의 인간이 수동적이고 아무런 주체성을 갖지 못한 존재일 뿐임을 가정한다. 탄환이론이 전제하는 수동적 대중관에서는 일차적으로 매스미디어 구조라는 일방향성의 특성을 강조한다. 그리고 소수의 문화콘텐츠나 메시지 생산자가 대량 복제 미디어를 통해 그것을 다수의 대중에게 한꺼번에 전달하는 과정에 주목한다. 이 이론에서는 수용자의 피드백이 불가능하며, 가능하더라도 그 범위가 극히 제한적이어서 수용자는 기껏 채널을 돌리거나 스위치를 켜고 끄는 수준에 머무른다고 주장한다.

하지만 최근 정보통신기술의 발달에 따른 다양한 미디어의 등장은 과거와 달리 지구촌 사람들이 미디어의 메시지를 그대로 따를 필요가 없는 기술적 · 사회문화적 구조 변화를 가져왔다. 이와 관련하여 비판적 미디어 연구에서는 대중문화가 기존의 계급과 권력관계를 어떻게 재생산하는지에 초점을 맞추어 관련 연구를 진행했다. 그리고 자본주의사회에서 매스미디어가 어떤 방식으로 지배력에 의한 사회적 관계를 유지시키는지를 밝히는데 주력했다. 현재 정보사회에서는 메시지 수용자가 메시지 전달자의 의견에 대해 자신의 여러 가지 생각을 피력하는 경우를 쉽게 볼 수 있다. 반면 자유주의적 미디어 연구에서는 사회적 권력과 지배 관계를 배제한 채 미디어와 수용자 간 관계에 주로 초점을 맞추어 연구를 시도했다.

과학기술은 세계적 수준에서 문화시장 확장 과정에 영향을 미쳤다. 언어철학자로서 인문 · 사회과학 관련 연구도 활발하게 진행한 발터 벤야민(Walter Benjamin)은 기술복제 시대의 예술에 대한 논의를 통해 아우라(aura) 개념을 언급했다. 아우라는 원래 사람이나 사물에서 발산되는 기운 등을 뜻하며, 벤야민에 의해 예술 작품에 있어서 흉내 낼 수 없는 그것만의 고고한 분위기를 뜻하는 개념으로 논의되었다. 현대 정보통신기술의 발달에 따른 기술적 복제의 주요 효과는 그동안 문화의 계급성을 강조한 예술에 내재한 엘리트주의적 기풍을 타파했다는 점이다. 문화예술작품이 지닌 아우라는 현재성과 일회성으로 대변되는 기술복제 시대에서 점차 무너지기 시작했다. 즉 특정 시간과 장소에서 특정 문화예술을 꼭 직접 보지 않더라도 언제든지 사회구성원 다수가 체험할 수 있는 기회가 열린 것이다. 소위 아우라의 상실 시대가 도래한 것이다. 예전에는 예술이 주술적 · 신비적 기능을 지닌 대상물이었다면, 현재 지구촌 문화산업 환경 속에서의 예술은 복제기술에 의한 상품으로서의 가치와 전시적 가치가 중요시되는 실체로서 그 정체성이 변화되었다. 복제기술은 예술에 대한 대중의 비판적 수용 가능성을 열어주었다고 볼 수 있다.

한편 프랑크푸르트 학파(The Frankfurt School) 연구자들은 대중문화의 확산 현상을 정치의 장으로 옮겨 놓았다. 이들은 사회체계에 대한 문화의 상대적 자율성을 강조하며, 문화의 상품화를 통해 형성되는 인간 의식의 본질에 대해 연구했다. 그들은 문화산업의 체험으로 형성된 의식은 실제로는 지배계급에 의해 주어진 허위의식이므로 특정 문화산업에 대한 비판적 시각으로 이를 극복해야 하며, 자본의 논리와 대중의 소외를 중심으로 그 관계성을 고찰해야 한다고 주장했다.

또 다른 연구로 지리학자이자 인류학자인 데이비드 하비(David Harvey)는 현재의 지구촌 사회에서 나타나는 문화산업의 확산에 대한 다양한 설명을 시도했다. 그는 문화 영역의 경제적 조건 발생을 통해 포스트모더니즘을 설명하려 했다. 소위 포드주의(Fordism)로 일컬어지는 '대량생산-대량소비'를 통한 자본축적은 규모의 경제를 가능하게 했다. 규모의 경제란 생산량이 늘어날수록 제품의 평균 생산비가 줄어들기 때문에 규모가 커질수록 이득이 증가하는 현상을 의미한다. 근대적 생산

체계로 문화상품을 만들게 될 경우 원판의 초판 제작비용 이외에 추가 생산에 소요되는 비용은 저렴해질 수 있다. 하지만 최근에는 이러한 포드주의적 산업 전략을 넘어서는 유연한 자본 전략들이 등장하기 시작했다. 소품종 대량생산의 규모의 경제에서 다품종 소량생산의 범위의 경제로 전환되었으며, 바로 이러한 경제적 조건의 변화가 포스트모더니즘이라는 문화적 양상을 가능하게 한 것이다. 이와 관련하여 하비는 대중매체를 통해 이미지 중심의 새로운 문화상품들이 세계적으로 광범위하게 소비되고 있음을 인식했다. 현재 다국적 · 초국적 기업들은 전 세계로 시장을 확대함으로써 이익을 극대화하기 시작하고 있다.

이처럼 문화산업 관련 기업들에 의해 국경을 넘나드는 문화상품 생산과 유통에서는 규모의 경제 논리와 문화 할인(cultural discount) 개념이 동시에 중요하게 작용한다. 문화 할인이란 특정 국가에서 제작한 문화상품이 외국에서 수용될 때 국가 간 문화적 차이로 소비자들이 해당 상품을 쉽게 동일시하기 어려운 부분이 있기 때문에 일정한 수용 장벽이 생기게 되는 현상을 말한다. 아무리 시장 규모가 작고 문화상품의 생산력이 약한 나라라도 자국의 문화를 일정하게 생산할 수 있는 것은 문화 할인이 선진국의 규모의 경제 논리를 상쇄하는 힘으로 작용하기 때문이다. 따라서 세계 다국적 · 초국적 기업들은 문화 할인율을 낮추는 전략을 구사하기 위해 인류의 보편적인 문화콘텐츠 소재를 찾고자 노력하고 있다.

2) 지구촌 문화산업의 특징과 운영 원리

지구촌 문화산업은 정보통신기술에 의해 쌍방향적 문화소통이 가능해짐으로써 대중이 생산자이자 소비자인 프로슈머(prosumer)가 주체가 되는 인터넷 문화를 기반으로 그 활동 영역을 넓혀가고 있다. 사이버공간이라는 새로운 공간 속에서 새롭게 싹트기 시작한 지구촌 시민들의 자생적 창조물은 자본축적의 논리 속에서 문화산업 자본 전략과 연결되어 그 영역이 더욱 다양화되고 있다. 미래 지구촌 문화산업에서는 일반 시민들의 공통된 욕구가 충족되어야 자본축적 과정이 성공적으로 이루어질 수 있다. 따라서 사랑, 삼각관계, 출생의 비밀, 기억상실 등의 반복적인 상투적 문화패턴을 콘텐츠에 포함시키는 등 각 문화권의 특징에 관계없이 공감 가능한 주제를 지닌 문화상품이 지속적으로 모방, 변형되고 있다. 그럴 수밖에 없는 것은 문화산업이 일반 제조업과는 달리 시장의 반응을 즉시 예측하기가 어려워 시장의 높은 불확실성 위험을 얼마만큼 줄이는가에 따라 산업의 성패가 결정되기 때문이다.

그렇다고 해서 모든 문화산업의 콘텐츠들이 자본의 논리에 의해 유사성만을 보이는 것은 아니다. 세계 각 국가와 지역별로 서로 다른 고유한 문화적 특성을 지니고 있다. 앞서 언급한 문화 할인은 문화산업의 확산 과정에서 중요하게 다루어야 할 개념이다. 앞서 살펴보았듯이 문화 할인은 특정 문화권에서 만들어진 문화상품이 해당 지역에서는 매력적으로 수용되지만, 다른 문화권으로 갔을 때는 그 곳에서의 생활양식, 신념, 가치 등과의 차이로 매력을 충분히 발산하지 못하게 되는 현상을 의미한다. 예를 들어 우리나라의 한류 문화가 중국, 일본, 동아시아로 진출하여 성공한 이유는 인종적 유사성이나 유사 언어권이라는 특징으로 나타나는 문화적 근접성(cultural proximity) 덕분에 문화 할인 정도가 낮았기 때문이라고 볼 수 있다.

디지털 시대에 등장한 새로운 세계 대중문화는 결국 고정된 문화상품 장르를 해체시키고, 통섭(consilience)의 시대적 흐름을 초래했다. 멀티미디어화에 의해 문화 생산자와 소비자의 경계가 해체되고 대중문화 산업 및 유통과정이 세계화되고 있다. 하나의 소프트웨어가 다양한 방식으로 유통되는 원소스멀티유스(OSMU) 단계를 거쳐 모든 소프트웨어가 디지털화되면서 광대역 디지털 네트워크 구조가 형성되고 있다. 이제 스마트폰은 주요 소통 수단이 되었으며, 일상에서의 지구 공간을 중심으로 한 친교적 커뮤니케이션이 가능하게 되었다. 친밀성의 전통적 의미는 관계의 깊이에서 찾을 수 있지만, 현시대의 친밀성은 관계의 빈번함에서 비롯되며, 이 현상 역시 미디어 기술 및 콘텐츠의 발전으로 인한 것이다. 또한 블로그, 트위터, 페이스북, 유튜브 등을 통해 본격적인 1인 미디어 시대가 도래했으며, 감정적 교류에 의한 네트워크 체계가 갖추어지게 되었다.

한편 세계 문화산업의 동력이라 할 수 있는 스타와 팬 문화는 기존 문화산업에서의 그 위상을 그대로 전승하였다. 이 두 문화는 실질적으로 지구촌 문화산업을 운영해 나가는 원리라고 할 수 있다. 스타는 다수의 대중이 자신의 욕망을 투사하고, 이를 통해 정체성을 형성할 수 있는 대상이라는 점에서 문화상품의 소비 과정에서 반드시 갖추어져야 할 요소이다. 특히 지구촌 스타의 이미지는 대중에게 신화적인 모습으로 자리 잡기도 하며, 자본축적 과정에서 기획사의 철저한 조율에 따라 그들의 말과 행동이 표현되기도 한다. 이 시스템과 관련하여 국가 범위를 초월한 활동을 하는 연예매니지먼트 기업들도 다수 등장하고 있다.

스타 시스템이 지구촌 대중문화산업을 선도하는 핵심적인 제도라면, 또 하나의 필수 요소는 팬이라 할 수 있다. 왜냐하면 팬이 없으면 스타는 존재할 수 없기 때문이다. 소위 팬덤(fandom) 문화는 문화산업 확산에 중요한 영향을 미친다. 팬클럽은 단순한 문화 수용자의 위치에서 벗어나 적극적으로 참여하고 무언가를 생산하고자 하는 욕구를 조직적인 형태로 결집시킨다. 이 집단 활동은 문화산업 시스템에서의 자본 흐름에 있어서 주요 기능을 수행하기도 한다.

한편 독자적인 창조 활동을 펼치고 싶어 하는 문화 생산자와 소비자들은 나름대로의 활동 공간과 유통구조를 확보하면서 실험적이고 독창적인 활동을 펼칠 수 있는 토양을 만들어가고 있다. 온라인 공간에서의 마니아(mania)층의 생성과 결합은 세계 문화산업에서 주류를 이루지 못한 채 소외된 마이너 장르의 문화시장을 유지하는 기반이 되기도 한다. 마니아의 존재는 시장 논리에 의해 문화가 획일화되는 것을 막아내는 역할을 한다. 또한 이들은 단순히 문화산업이 일방적으로 제공하는 텍스트의 소비에 만족하지 않고 스스로 새로운 텍스트를 생산함으로써 더 능동적인 문화 실천을 이끌어 내기도 한다.

이처럼 지구촌 문화산업은 문화상품 소비자의 복잡다단한 기호 및 체험형 욕구를 충족시킨다. 이제 문화산업은 세계시민들이 자신의 삶의 질을 향상하는 성찰적 소비산업으로서의 정체성을 지니며 주목받고 있다. 문화산업 시장의 확장은 세계화를 중심으로 새롭게 재편되는 포스트모던 사회에서 정체성 발현 수단으로서 중요한 의미를 갖는다. 지구촌 문화산업은 시장 영역에서의 자본축적 수단임과 동시에 시민들이 타 지역의 새로운 문화를 수용함으로써 지속가능하고 안정된 사회체계를 구성하려는 실존적 노력을 구체화하는 하나의 문화 시스템으로서 기능하고 있다.

현재 지구촌 문화산업을 둘러싸고 국가, 지역, 시민 등의 정체성 형성과 갈등 없는 교류를 위한 상호작용이 활발하게 이루어지고 있다. 세계 국가들이 문화적 의미 구조를 대부분 개방함으로써 그동안 체험하지 못했던 지구촌 지역의 다양한 문화가 유입되고 있다. 최근 세계화 시대를 맞이하여 문화산업의 지구적 확산을 통해 나타나는 의사소통 방식의 근원적인 문화적 규칙들은 세계 국가와 시민들의 삶의 질을 향상시키는 수단으로 발전하고 있다. 이제 지구적 차원에서의 문화산업이 추후 세계시민들에게 어떤 영향을 미칠지에 대한 본격적인 논의가 필요한 시기임에 틀림없다.

09

세계의 환경문제와 이해관계의 충돌

지 구 촌 문 화 와 국제관계의 질 서

9 세계의 환경문제와 이해관계의 충돌

1) 지구촌 환경문제의 대두

지구촌 환경문제는 세계 각 국가의 인구 증가, 소비 확대, 기술 발전 등으로 빠르게 진행되어왔다. 환경문제는 인간 생존에 필요한 기본 요건의 해결을 위한 소비뿐만 아니라 욕구 충족을 위한 과다 소비가 지속되면서 나타난 생태계 위기를 통해 그 심각성이 더 크게 부각되고 있다. 이 환경문제는 자기 조절 능력을 초월한 환경 파괴에 대한 지구적 차원의 반작용이라고도 할 수 있다. 그동안 진행된 산업화 시대의 특징으로 대량생산과 대량소비를 꼽을 수 있다. 기술의 발달로 산업시스템이 발전했으며, 지구촌 구성원들의 무한한 소비 욕구를 충족하기 위한 성장지향적 경제활동은 자연자원의 고갈과 함께 재화의 생산과정을 거치면서 환경오염을 초래한 것이다.

지구촌 환경에 대한 위협은 세계 국가 간 상호의존 정도가 더 커지면서 사람들에게 강력한 영향을 미치고 있다. 환경문제는 장기간 지속되는 경향이 있고, 그 역기능의 결과는 쉽게 다른 곳으로 전파되기 때문에 세계적 수준의 정치적 문제로서 해결해야 할 필요성이 증대되고 있다. 하지만 자연환경은 공공재로서의 성격을 지니고 있기 때문에 환경을 보전하거나 지속가능하게 사용할 수 있는 상태를 유지하기 위해 요구되는 비용을 어떤 국가가 어떤 방식으로 분담할 것인가에 대해 갈등 양상이 나타나기도 한다. 이처럼 지구촌 환경관리에 내재한 과학적, 윤리적 측면의 고려사항들은 복잡하지만, 지구촌 국가들이 처한 입장이 저마다 다르고, 또 각국 간 이해관계가 첨예하게 대립하는 경우가 많아서 그 해결책을 모색하는 것 역시 어렵다. 이 시대적 흐름 때문에 현재 지구촌 환경문제 해결을 위해 다양한 국제기구들이 생겨나고 있으며, 전문가 공동체 간 결합이 이루어지고 있다.

지구촌 환경문제 중 특히 기후변화 문제는 다른 환경문제와는 그 규모와 파급력이 전혀 다른 심각한 문제이다. 지구 온난화의 주 원인인 탄소 및 각종 유해 가스의 배출을 규제하는 것은 국가별로 처한 상황이 다르기 때문에 문제 해결을 위한 노력이 성과를 거두기 위해서는 장시간의 논의와 실천이 함께 진행되어야 한다.

이 같은 환경문제에 전 세계인이 주목하기 시작하여 처음 본격적인 대책을 마련하기 위해 노력했다고 보이는 시기는 1997년 12월 일본 교토에서 개최된 기후변화협약 제3차 당사국 총회로, 이때 교토의정서(Kyoto Protocol)가 채택되었다. 2005년 2월 16일 공식 발효된 교토의정서는 지구온난화 규제와 방지를 위한 국제협약이며, 온실가스 배출을 줄이기 위해 유엔 기후변화협약(UN Framework Convention on Climate Change)에 따라 맺어진 의정서로서 지구온난화 규제 및 방지를 위한 국제협약인 기후변화협약의 구체적 이행 방안이라 할 수 있다.

교토의정서는 처음으로 선진국에 대해 실질적인 구체적 수준의 온실가스 감축 목표와 일정을 설정하고 감축대상 온실가스를 확정했다는 것에 그 의미가 있다. 그리고 참가국이 감축 의무를 달성하지 못할 경우,

그에 대한 제재로 1차 이행기간 중 감축 의무 미달성분의 1.3배를 2차 이행기간에 부과하는 방안도 검토되었다. 선진국의 온실가스 감축 목표치를 규정하고 있으며, 선진국 중심의 의무 이행 대상국(미국, 일본, 캐나다, 오스트레일리아 등)은 온실가스의 주축인 이산화탄소와 탄소성분이 함유된 6종의 가스를 2008년~2012년까지 1990년 수준에서 평균 5% 감축하기로 합의하였다. 당시 우리나라를 비롯한 일부 개발도상국들은 감축 의무를 면제받았다. 미국은 전 세계 이산화탄소 배출량의 매우 많은 부분을 차지하고 있음에도 불구하고, 사실상 자국의 산업보호를 위해 참여를 망설였다. 기후변화에 대응하기 위한 본 협약의 실천 과정에서 미국과 유럽연합(EU) 간에 갈등도 발생했다. 미국은 개발도상국이 자발적인 감축에 서명하기 전까지 비준을 미루다가, 마침내 2001년 부시 행정부는 교토의정서 불참을 공식화했다. 미국은 많은 국가가 의무 감축에서 면제된 기후변화협약이 미국의 국익에 해를 끼칠 수 있다고 판단했고, 또한 기후변화협약의 성과 역시 얻기 어려울 것이라고 주장했다. 전 세계 이산화탄소의 배출량 중 매우 많은 부분을 차지하는 미국이 기후변화협약에서 탈퇴하게 되면 사실상 기후변화협약은 무의미해질 수 있었고, 따라서 많은 국가가 미국의 이러한 입장을 비난했다. 그럼에도 불구하고 미국은 2012년 이후를 위한 협상에도 참여하지 않겠다는 입장을 밝혔다. 그 대신 미국은 교토의정서에서 탈퇴한 호주와 더불어 아시아 태평양 청정개발 및 기후협력체제(APPCDC: Asia-Pacific Partnership on Clean Development and Climate)를 결성하고 2006년 1월 첫 회의를 개최했다. 이것은 강제 감축을 핵심으로 하는 교토의정서와 달리 청정기술을 이용한 자발적 감축을 기본 목표로 제시하고 있다.

교토의정서에서 명시한 주 감축대상은 지구온난화를 유발하는 이산화탄소(CO_2), 메탄(CH_4), 아산화질소(N_2O), 불화탄소(PFC), 수소화불화탄소(HFC), 불화유황(SF6) 등 6가지이다. 각국이 부담해야 할 온실가스 감축비용을 최소화하기 위한 방안으로 교토 메커니즘(Kyoto Mechanism)이라 명명된 시장 원리가 도입되었다. 여기에는 배출권 거래제도(emission trading system), 공동이행제도(joint implementation), 청정개발체제(clean development mechanism) 등이 포함된다.

첫째, 배출권 거래제도는 특정 오염물질에 대한 일정량의 배출권을 설정하고 정해진 방식에 따라 배출권을 초기 분배한 후, 인위적으로 배출권 시장을 형성하여 배출권 거래를 허용하는 제도이다. 즉 온실가스 감축목표를 이행하지 못한 국가가 배출량에 여유가 있는 국가로부터 온실가스 배출권을 구매할 수 있도록 하는 것이다.

배출권은 지구환경에 부하를 주는 물질을 배출하는 권리를 의미한다. 온실가스(이산화탄소, 메탄 등) 배출권이 대표적 예라 할 수 있는데, 구체적인 방법 중 하나는 캡 앤 트레이드(cap & trade) 방식이다. 즉 기업에게 배출 감축 목표치를 제시하게 하고 배출권이 부족하게 될 경우 타사로부터 배출권을 구입하는 방식이다. 선진국을 중심으로 배출권이 거래되는 이유는 이산화탄소 배출권을 높은 값으로 매입하여 소비하여도 생산과정에서 별도의 부가가치를 창출할 수 있기 때문이다. 물론 배출권 매각을 통한 수입 창출로 기업 회생 및 이윤 재분배 효과도 기대할 수 있다.

이 배출권 거래제도는 오염물질 배출량을 효율적으로 배분하는 제도로 배출 총량에 대한 규제로 운영된다. 따라서 배출권 거래제도는 오염물질에 대한 배출 총량을 직접 통제할 수 있다는 이점이 있다. 또한 오염물질 배출에 대해 일정액의 대가를 지불하게 하거나 오염물질 감축에 대해 금전적 보상을 제공함으로써 규제대상 스스로가 오염물질 배출량을 결정할 수 있다. 그리고 시장이 배출권 가격을 결정하여 탄소비용이 자연스럽게 조정된다. 하지만, 에너지를 많이 소모하는 산업체 간

담합 등의 양상이 나타날 우려가 있으며, 배출권 자체가 기업 간 견제 수단으로 악용될 수도 있다.

둘째, 공동이행제도는 선진국들이 온실가스 감축 사업을 공동 수행하는 것을 인정하는 제도이다. 즉 어떤 선진국이 다른 선진국이나 준선진국의 온실가스 탄소배출 저감 노력을 지원할 경우, 저감된 배출량의 일정량을 자국의 배출 저감 실적으로 계산해주는 것이다.

셋째, 청정개발체제는 선진국이 개발도상국에서 온실가스 감축 사업을 수행하여 달성한 실적을 해당 선진국의 온실가스 감축 목표 달성에 적용할 수 있도록 하는 제도이다. 이 제도에서는 선진국과 개발도상국 간 관계에 의해 온실가스 감축 프로그램에 참여할 경우, 탄소배출 저감 실적을 인정해주고 그만큼의 탄소배출권(carbon credit)을 부여받게 된다. 온실가스 배출 억제 시스템이 잘 갖추어져 있지 않은 개발도상국들은 온실가스 배출량을 단시간에 감축시키기가 어렵다. 이 체제를 통해 개발도상국은 기술 문제와 부족한 자본력 때문에 스스로 불가능하다고 여겼던 산업을 진행할 수 있고, 선진국은 배출 억제를 자국뿐 아니라 타국에서도 진행할 수 있어 배출 감축의 기회를 얻게 된다.

위의 세 가지 탄소배출 저감 제도는 정책 운영상 공통된 문제점을 갖고 있다. 사실상 이 제도들 모두 탄소배출 저감 기술력을 갖춘 선진국들에 의해 주도되기 때문에, 선진국들은 탄소배출량을 줄이는 것이 아니라 배출권을 구매하는 운영 능력을 보이면서 직접적인 탄소배출 억제정책을 실행하지 않을 수도 있다. 그렇게 되면 그 모든 탄소배출 감축의 책임을 일부 개발도상국들이 져야 하는 상황이 발생할 수도 있는 것이다.

한편 미국은 오바마 정부에 들어서 2012년 만료되는 교토의정서를 대체할 코펜하겐 협정(Copenhagen Accord)에 참여하기로 했다. 2009년 12월 8일 코펜하겐에서 열린 195개국이 참여한 기후변화협약 당사국 총회는 온실가스 감축 노력에 개발도상국을 참여시키는 것이 핵심 목표였으며, 교토의정서 체제 이후의 온실가스 감축 목표에 대해 논의했다. 주요 안건을 살펴보면, 교토의정서 시효를 2020년까지 연장하기로 합의하고, 당사국들은 2015년 파리에서 개최되는 제21차 당사국 총회에서 선진국과 개발도상국이 모두 참여하는 신(新)기후변화 체제(post-2020)를 2020년 이후 발효하기로 했다. 하지만 2012년 당사국 회의에서 러시아, 일본, 캐나다가 2013년 이후 온실가스 감축의무를 지지 않겠다고 선언했다. 캐나다는 교토의정서에서 공식 탈퇴까지 선언했고, 러시아와 일본은 교토의정서 체제 연장에 불참하겠다는 의사를 표명했다. 이미 배출량 1위와 3위인 중국과 인도는 개발도상국으로서 의무감축 대상이 아니었고, 배출량 2위인 미국은 의회의 반대로 비준을 하지 않게 되면서 전 세계 전체 탄소배출량의 약 60%를 차지하는 나라들이 교토의정서에 참여하지 않거나 탈퇴했다. 이처럼 선진국의 지구적 차원에서의 기후변화협약 이행이 쉽게 이루어지지 않은 것은 결국 자국의 산업 보호와 관련이 있다고 볼 수 있다.

그 후 2015년 12월 12일 파리에서 열린 제21차 기후변화협약 당사국 총회에서 미국의 오바마 대통령의 주도하에 교토의정서를 대체하는 것을 목적으로 2020년 이후 적용할 새로운 협약으로 파리기후변화협약(Paris Climate Change Accord)이 최종 채택되었다. 산업화 이전(산업혁명 이전: 1850년~1900년) 대비 지구 평균 온도가 2℃ 이상 상승하지 않도록 하고, 나아가 2050년까지 지구 평균 온도 상승을 산업혁명 이전 대비 1.5℃ 이하로 억제하기 위해 노력할 것을 목표로 설정했다. 이처럼 세계는 지속적으로 선진국을 대상으로 구체적 수준의 온실가스 감축 목표와 이를 실천하기 위한 단계적 일정을 설정했다.

파리기후변화협약은 기존 협정과 달리 감축뿐만 아니라 적응, 재정, 기술 이전 등 포괄적인 기후변화 억제 노력을 포함한다. 이 협약의 특징은 온실가스 감축의무를 강제로 할당하는 것이 아니라 각 나라가 자발적으로 감축 목표치를 제시하는 '온실가스 감축을 위한 자발적 기여 방안(INDC: Intended Nationally Determined Contributions)'이라는 점에 있다. 감축의무가 37개 선진국에만 주어졌던 교토의정서와는 달리 모든 국가가 감축 목표를 제시하고 노력하는 것으로 바뀌었다.

한편 최근에는 탄소중립(carbon neutrality), 넷 제로(Net-Zero) 등의 실천이 세계적 추세이다. 개인, 기업 등이 배출한 만큼의 탄소를 다시 흡수해 실질적으로 배출량을 '0'으로 만드는 것을 의미한다. 바이든 미국 대통령은 탄소배출량제로 실현을 공언했으며, 중국, 일본 등도 이에 동참하기로 했다. 기후변화를 막기 위한 다국적 비영리기구 등도 이러한 가치 실현을 위해 다양한 사회운동 형태로 참여하고 있다. 예를 들어 RE100(Renewable Energy 100)은 기업이 사용하는 전력의 100%를 재생에너지(태양열, 태양광, 바이오, 수력, 풍력, 지열 등)로 충당하겠다는 캠페인인데, 2014년 영국 런던의 다국적 비영리기구 클라이밋 그룹(Climate Group)이 발족하여 실천하기도 했다.

그 밖의 지구촌 환경문제를 해결하기 위한 제도들이 실천되고 있으며, 각 국가 역시 문제해결을 위해 여러 가지 정책을 실행하고 있다. 그 중 대표적인 것이 탄소세(carbon tax)이다.

탄소세는 지구온난화 방지를 위해 이산화탄소를 배출하는 각종 에너지의 사용량에 따라 세금을 부과하는 제도이다. 이 제도를 통해 화석연료 이용이 억제될 수 있으며, 적용 범위가 포괄적이라서 오염자를 중심으로 공정하게 누구에게나 환경오염에 대한 부담을 지우게 할 수 있다는 장점이 있다. 하지만 적절한 조세 비율을 어떻게 정할 것인지, 그리고 전력, 철강, 운수, 건설 부문 등 에너지 다소비형 산업 부문에 대해서는 그들의 사업 특성을 어떻게 고려해주어야 할지에 대한 문제가 남

아있다. 더 나아가 이들 문제는 국가별 산업 경쟁력 약화로 이어질 수도 있기 때문에 많은 논의를 필요로 한다.

현재 세계적으로 탄소 문제는 단순히 배출 저감 정책에만 한정되지 않고 탄소 소비와 관련한 환경비즈니스 형태로 확산되기도 하고 있다. 유럽에서는 이산화탄소를 투자대상으로 한 탄소투자펀드 시장이 등장했으며, 본격적인 거래를 위한 탄소배출권 거래소도 등장했다. 유럽연합은 이미 2005년 1월부터 영국 런던과 독일 프랑크푸르트 등에 탄소배출권을 사고 팔 수 있는 거래시장을 개설하기도 했다.

2) 지구촌 환경문제를 둘러싼 쟁점

지구촌 환경은 인간을 둘러싸고 있는 삶의 터전이다. 환경이 중요한 이유는 생명을 가진 인간의 존엄성을 지켜주기 때문이다. 사회구성원들은 자신의 존엄성이 중요한 만큼 다른 사회구성원의 존엄성도 지켜야 하는 의무를 갖는다. 이제는 환경 속에 내재되어 있는 자원의 고귀함을 인류 모두가 인식하고 다양한 형태로 다가오는 환경 관련 사회문제에 능동적으로 대처하는 노력이 필요한 때라고 하겠다. 그것만이 자원 매장을 둘러싼 불평등한 현실에 적절히 대응할 수 인류의 유일한 대처방안이기 때문이다.

이 환경문제는 선진국과 개발도상국이 대립하는 다수의 쟁점을 발생시켰다. 선진국은 지구촌 환경문제가 개발도상국의 책임이라는 인식을 갖고 있다. 선진국의 주장에 따르면, 개발도상국은 환경에 대한 인식이 희박하여 자원을 남용하고 원시림을 파괴하기 때문에 대기오염 및 해양오염의 주범이라는 관점을 갖고 있다. 또한 개발도상국들이 환경보호를 위한 어떤 노력도 기울이지 않으므로 오존층 파괴를 비롯한 지구의 환경오염을 방관하고 있다고 본다. 하지만 개발도상국은 선진국의 이러한 주장에 대해 다른 입장을 견지한다. 지구촌 환경문제는 오랜 시간 진행되어 온 것이며, 산업화 역사가 길지 않은 개발도상국에게 모든 환경문제의 책임을 묻는 것은 정당하지 않다고 대응한다. 개발도상국의 입장에서는 수백 년간 환경을 파괴해온 선진국들이 환경문제가 심각해지자 모든 책임을 개발도상국들에게 떠넘기는 것은 옳지 않으며, 결국 선진국의 과도한 자원소비가 지구환경파괴의 주요 원인이라고 주장한다.

선진국과 개발도상국은 환경문제의 책임 소재뿐만 아니라 환경문제의 해결방법과 관련 비용을 분담하는 문제에서도 상반된 견해를 보이면서 지구촌 환경문제에 대한 국가 간 타협점이 제대로 이루어지지 못하고 있다. 이처럼 환경문제 해결을 위한 비용 부담의 불평등성에 대해 선진국과 개발도상국은 서로 다르게 인식하고 있다.

선진국은 환경문제의 근원이 개발도상국에게 있는 만큼 그들 스스로 해결해야 한다는 입장이다. 개발도상국들이 환경문제를 개선하기 위해 오염물질의 배출을 줄이고, 환경기준을 엄격히 확립하는 등의 노력을 기울여야 한다고 본다. 그리고 환경 개선을 위한 재원을 선진국에게만 의존하지 말고 외국인 투자 유치를 위한 여건을 마련해야 한다고 주장한다.

개발도상국 입장에서는 선진국들이 과도한 에너지 자원 소비를 줄여 환경문제 해결에 나서야 한다고 주장한다. 그들은 개발도상국의 환경오염 감소 노력을 선진국이 기술적 · 재정적으로 지원해야 한다는 입장이다. 즉 산업사회를 거치는 동안 지속되어온 환경오염은 현재의 서구 선진국들의 공업화 과정으로 인한 것이라고 생각하기 때문에 당연히 선진국과 같은 환경 비용을 부담하는 것에 개발도상국들의 불만이 있을 수 있다. 그리고 그들이 볼 때, 선진국이 주도하는 각종 국제환경협약은 기본적으로 선진국의 이익을 대변하고 있다고 보고 있다. 개발도상국들이 환경 관련 협약에 가입하지 않거나 협약을 준수하지 않는 것을 빌미로 지하자원 공급, 생산 공정, 상품의 국제교역 과정에 제약을 받는 것은 부당하다는 것이다. 더군다나 신흥 공업국의 경우 이제 막 공업화를 진행하는 단계에서 자칫 환경오염에 대한 우려가 자국의 산업화 과정에서의 장애물로 인식될 수도 있다.

이처럼 환경정책이 전 지구적으로 구현되는 과정에서 현재의 환경오염을 야기한 서구 선진국의 산업 역사를 어떻게 해석할지에 대해 세계적 차원에서의 입장 차이가 있을 수 있다. 현재도 이러한 갈등은 지속되고 있다.

결국 이 같은 문제가 발생하는 이유는 각 국가의 이해관계가 다르기 때문이기도 하지만, 산업사회를 주도한 합리성의 가치를 서로 다르게 인식하기 때문이기도 하다. 지구촌 국가 간 관계에서 나타나는 합리성에 대한 인식은 각 국가가 추구하는 근원적인 가치와 문화에 따라 얼마든지 달라질 수 있다. 합리성은 삶의 특정 분야에 국한된 개념이 아니므로 자연환경으로의 적용 역시 가능하다. 특히 기술적 이성으로서의 합리성은 환경에 대한 적응 능력을 뜻하기도 한다. 현대사회를 구성하는 합리성의 대표적 부산물인 과학기술의 환경 대처 능력은 자연환경의 악화와 밀접한 관련을 맺고 있다. 시장 체제에서 자본축적은 자연환경 및 자원의 이용과 연관되며, 그 과정에서 자본은 자연자원의 이용을 기초로 축적되어 왔다. 현대사회의 발달된 기술력은 주로 자연자원의 보전보다는 개발을 위해 활용되어 왔으며, 이는 환경 악화와 에너지 자원 고갈이라는 사회적 역기능을 야기하기에 이르렀다. 반면 합리성의 구체적 산물인 과학기술은 자연환경의 지속가능한 보전을 위해 막대한 기여를 했으며, 공기, 물, 토양 등의 오염된 환경을 다시 원상태로 되돌리기 위한 다양한 기능을 이행했다. 현재도 과학기술은 지구촌 환경문제를 해결하는 매우 중요한 수단이 되고 있다. 이처럼 합리성의 가치를 지구촌 각 국가가 현재 어떻게 인식하느냐에 따라서 지구촌 환경문제를 둘러싼 갈등을 바라보는 관점과 그 해결 양상이 달라질 수 있을 것이다.

이상 살펴본 바와 같이 지구촌 전체에서 환경문제를 둘러싼 다양한 이해관계의 충돌로 인한 갈등이 나타나고 있다. 또한 해당 이해관계를 적절하게 중재해 줄 국제기구와 제도의 중요성이 부각되고 있다. 세계적으로 기후변화와 관련한 외교적 협약과 무역 공조가 이미 시작되었다. 전 지구적 차원에서 환경오염 문제를 극복하기 위해 국가뿐 아니라 기업 역시 건전한 이윤추구 행위를 위한 각종 공공사업을 시도하고 있다. 과학기술의 친환경적 사용은 기업의 합리성 추구 경향으로 비롯된 자연환경 파괴 현상을 자본가 및 기업이 스스로 극복하려는 자구책이라 할 수 있다.

이제 인간의 합리성과 자연의 생태적 가치 간 관계는 공생관계로 새롭게 탈바꿈해야 한다. 이를 위해 인간 생활과 구별되는 자연 세계의 상대적 자율성을 간과해서는 안 된다. 인간은 에너지 자원의 보전을 위한 실천적 행위와 자연환경에 대한 생태학적 윤리의식의 확보 등 산업사회에서는 비합리적인 사고와 행위로 인식되었던 환경문제 관련 쟁점들에 대해 재고할 필요가 있다. 인류가 과학기술의 도구적 합리성을 논할 때는 생태적, 인본주의적 측면의 가치 합리성에 근거하여 인류의 상호호혜적 공존 윤리를 함께 고려해야 할 것이다.

동아시아의 국제질서와 정치 10

지 구 촌 문 화 와 국제관계의 질 서

10 동아시아의 국제질서와 정치

1) 동아시아의 특성

동아시아는 정치, 경제, 사회, 문화적으로 복잡한 관계망을 형성하고 있는 지역이라 할 수 있다. 이 지역에는 중국, 일본, 러시아 등의 군사 강대국들이 포진해 있을 뿐만 아니라 남・북한 문제, 중국・타이완, 중국・홍콩 간 갈등 문제, 지역 곳곳에서 발생하는 영유권 갈등 등 최근까지 지속되고 있는 여러 분쟁 문제가 복잡하게 얽혀 있다. 이처럼 동아시아 지역에 복잡한 국제문제가 산적해 있는 이유는 다른 지역에 비해 다양한 종교, 언어, 인종, 문화 등이 분포되어 있고, 정치체제 역시 여러 형태가 존재하고 있기 때문이다. 또한 각국의 역사적 경로 역시 서로 다른 형태로 진행되어 온 경우가 많다. 이 같은 이유로 유럽과 비교하면 동아시아 지역은 공동체성이 약하다고 할 수 있다.

동아시아는 다른 지역에서는 거의 사라진 갈등 양상이 현존하는 지역이기도 하다. 예를 들어 세계는 탈냉전 시대를 맞이하였으나 과거 냉전 시대의 산물이라 할 수 있는 분단국이 존재한다. 우리나라와 북한,

중국과 타이완 간 갈등 관계는 여러 가지 측면에서 이 지역에 군사적 긴장을 야기하고 있다. 현재까지 핵과 미사일 문제, 군사훈련 등으로 주변 국가와 위협적인 관계가 형성되어 있다. 그뿐만 아니라 동아시아 주요 국가가 주축이 된 영토분쟁과 함께 남중국해를 둘러싼 갈등은 다양한 모습으로 계속 표출되고 있다.

한편 동아시아 지역은 앞서 잠시 언급한 바와 같이 아시아의 신흥 공업국으로 성장해 온 한국, 타이완, 홍콩, 싱가포르를 중심으로 비약적인 경제발전을 이룩한 역동적인 지역이기도 하다. 최근에는 중국의 급속한 경제성장과 함께 동아시아 지역을 포함한 다양한 국제협약이 진행되고 있다.

동아시아 질서는 역사적으로 보았을 때, 일본과 중국 간 관계 변화에 따라 진행되었다고 해도 과언이 아니다. 비교적 최근의 상황을 중심으로 그 변화 과정을 살펴보면 다음과 같다. 20세기 후반 일본과 중국의 관계는 우호적이었다고 할 수 있다. 1970년대 이후까지만 해도 일본과 중국의 협력관계는 당시 소련을 가장 중대한 위험 대상으로 인식한 것에서 비롯되었다. 이 시기에 일본의 입장에서는 자신의 우방국이라 할 수 있는 미국이 자유 진영을 보호하고 확대하는 과정에서 중국의 역할이 중요할 것으로 판단했다. 이에 일본은 중국 경제를 세계 경제로 편입시키는 것을 목표로 중국과 좋은 관계를 유지했다. 하지만 당시에도 이 같은 경제적 우호 관계와는 달리 양국의 안보 및 정치적 관계는 갈등 상황이었다고 볼 수 있다. 1990년대 전후 양국의 군비 증강 경쟁은 서로의 불신과 갈등을 노출하기에 이르렀다. 예를 들어 1996년 일본과 미국은 21세기 안보를 위한 미일(美日) 공동선언에 합의하였으며, 결과적으로 이는 당시 아시아 태평양 지역 전체에 정치적으로 영향력을 행사하게 되었다. 이 시기를 전후하여 중국은 추후 일본이 아시아 지역에서 더 위협적인 존재가 될 수 있음을 본격적으로 인식하기 시작했다. 외교적으로도 미묘한 신경전이 계속되었다. 앞으로 중국이 세계를 위협하게 될 것이라고 주장하는 일본의 외교적 발언들에 대해 중국은 그것은 사실이 아니며, 일본 스스로 군사력을 강화하려는 구실이라고 즉각 반박하기도 했다. 중국은 공산주의 체제를 고수하는 동시에 개혁과 개방을 통한 자본주의를 실행하고 있는 독특한 정치적 · 시장적 특징을 지닌 국가이다. 중국의 자국 정치에서의 통치 문제와 관련하여 국가권력과 시장경제의 상반된 관계가 앞으로 어떻게 유지 또는 변화할 것인지를 관찰할 필요가 있다.

미래의 중국 사회를 바라보는 관점은 양분되어 있다. 중국이 국제사회의 규범을 준수하고 무력이 아닌 협상을 통해 갈등 문제를 해결할 것이라는 입장과 이와 반대로 새로운 세계 패권을 차지하기 위해 다양한 군사력 · 경제력 강화를 시도할 것이라는 상반된 의견이 있다. 물론 중국에 인접한 주변 국가들은 중국이 무역, 투자 등의 합법적인 수단으로 국익을 추구하며 인권 등 보편적 가치를 수용하는 방향으로 나아갈 것이라는 기대를 하고 있다. 실제 중국은 국제연합(UN), 세계무역기구(WTO), 아시아태평양경제협력체(APEC: Asia Pacific Economic Cooperation) 등의 각종 초국가적 협의체에 적극적으로 참여하고 있다.

한편 중국이 국제관계와 국내 권력관계에서의 주도권을 놓치지 않기 위해 강력한 외교적 대응 과정에 있다고 보는 입장도 주목할 필요가 있다. 타이완에 대한 강경대응, 남중국해를 둘러싼 인접 국가와의 영토분쟁을 야기하는 도발 행위는 미국과의 군사적 충돌로 이어질 수 있음을 간접적으로 경고하는 것이다. 남중국해는 중국의 남쪽에 위치한 바다로 중국 외에 타이완, 베트남, 필리핀, 말레이시아, 브루나이 등 6개 국가에 둘러싸인 해역인데, 지금도 이 지역 수역을 두고 국가 간 갈등이 나타나고 있다. 최근 들어 중국의 부상으로 인해 남중국해는 미국의 전략적 이해가 걸린 중요한 지역이 되었다. 이는 과거 오바마 행정부가 아시아에 관심을 가지면서 미국이 더 이상 아시아를 중국의 영향권 하에 둘 수 없다는 판단에 근거한 것이다.

물론 미국은 오바마 정부에서 트럼프 정부로 넘어가면서 아시아를 향한 외교정책의 흐름이 다소 바뀌었다. 오바마 정부는 아시아 태평양 지역의 군사력 강화를 지향하는 안보 전략을 내세우고 지역 내 동맹국과 방위를 위한 공약을 재확인하며, 중국의 외교정책에 반응을 보이기 시작했다. 그리고 미 · 일 동맹을 강조하고 영토와 해양 관련 세계적 쟁점에 대해 구체적인 관심을 보였다.

반면 트럼프 정부는 미국의 재건을 가장 큰 목표로 정하고 정책을 운영해나갔다. 트럼프 대통령은 미국 중심의 경제적 부흥을 추구했다. 이 과정에서 자국의 산업을 확장하기 위해 석유 및 석탄 개발을 확대하고, 석탄 화력 발전의 규제를 철폐했으며, 에너지 수출을 확대하고, 기후변화협약 탈퇴 선언을 하기에 이르렀다. 그리고 해외에서 생산활동을 하고 있는 다국적 · 초국적 기업들이 국내로 다시 들어오도록 유도하기 위한 정책적 수단을 이용하였다. 또한 세계무역기구(WTO) 체제의 다자간 무역협정에서 벗어나 자유무역협정(FTA)의 양자 무역협정 체제로 전환하였다. 더불어 환태평양경제동반자협정(TPP)을 폐기하는 등 기존 무역협정에 대해 전면적인 재협상에 돌입했다.

이후 바이든 정부가 들어서면서 미국은 지구촌 사회에서 자국의 위상과 신뢰를 회복하기 위해 노력했다. 파리기후변화협정 복귀 등은 그러한 정책적 방향성에 상징적인 의미를 부여했다. 그리고 동맹국과의 관계 회복을 위해 다자주의를 선언하였다. 또한 아시아 지역에서의 중국과 러시아 등의 위협과 도전에 대해 재평가하고, 그들의 군사력, 경제적 관계에 대해 트럼프 정부보다 많은 관심을 두었다. 지정학적으로 태평양을 지나 바로 직면하게 되는 세계 초강대국 미국의 이 같은 정책 변화는 동아시아 질서에 전면적인 변화를 초래하게 되었다고 할 수 있다.

한편 동아시아 지역의 일본은 과거 주변 국가들과 빈번한 전쟁을 일으킨 국가로서 현재까지도 인접국들과의 영토문제로 많은 갈등이 계속해서 나타나고 있다. 최근에는 다른 국가들처럼 경제력에 부합하는 강력한 군사력을 일본 자국 내에 보유해야 한다는 의견이 제시되고 있다. 이 같은 일본의 움직임 때문에 주변 국가들도 긴장하고 있으며, 일본의 군사력 문제가 동북아시아 지역의 새로운 쟁점으로 부각되고 있다.

지금까지 살펴본 바와 같이 세계적 수준에서 보더라도 아시아의 성장에 다른 세계 국가들의 관심을 쏠리고 있다. G20 정상회의 출범은 어떤 면에서는 아시아 경제의 성장을 상징적으로 보여주는 모습이라고 할 수 있다. G20(Group of 20)은 G7에 속한 국가와 유럽연합(EU) 의장국, 그리고 신흥시장 12개국 등 세계 주요 20개국을 회원으로 하는 국제기구이다. 이 국제기구의 등장은 현재의 지구촌 시대에서는 기존의 G7만으로는 더 이상 세계 금융 체제를 관리해나가기 어려운 상황이 닥쳤음을 보여주는 것이다. 이 G20에는 한국을 비롯해 일본, 중국, 인도, 인도네시아 등의 아시아 지역 국가들이 참여하고 있다. 또한 아세안(ASEAN)의 설립 및 부상 역시 동아시아 지역의 빠른 경제성장을 잘 보여주는 현상임에 틀림없다. 이미 아세안은 동아시아 지역 협력에서 중추적 역할을 담당하고 있다. 현재 동아시아 지역에 존재하는 대부분의 다자협력체 중심에는 아세안이 자리하고 있다. 그리고 2019년 아세안 10개국과 한국, 중국, 일본 3개국과 오스트레일리아, 뉴질랜드가 함께 역내 포괄적 경제동반자협정(RCEP)을 맺게 되면서 동아시아의 경제적 영향력은 더욱 커지게 되었다.

2) 중국의 부상과 세계질서의 재구조화

1991년 12월 소련이 해체된 시점부터 나타난 탈냉전기의 국제질서에서 지구촌 구성원들이 관심을 보인 것은 결국 미국의 패권에 관한 것이었다. 미국의 패권이 얼마나 유지되고 또 어떤 세력이 여기에 도전하게 될 것인가라는 문제에 주목했다. 최근 미국의 패권에 가장 강력하게 도전하고 있는 국가는 중국일 것이다. 현재 중국은 미국과 함께 세계 정세에서 대국이 수행해야 할 역할에 대한 책임을 부여받기도 했다. 그 책임이란 국제사회에서의 보편적 규범과 의무를 준수하는 것이다. 예를 들어 지구촌 환경문제와 관련하여 이산화탄소 배출 감소 문제나 인권 문제에 중국이 적극적으로 관여해야 한다는 지구촌 국가들의 목소리가 커지고 있다. 이 같은 사실은 결국 중국이 강대국이라는 사실을 방증하는 현상이라 할 수 있다. 물론 아직은 미국과 중국이 여러 가지 경제적 지표면에서 차이가 나는 것은 사실이지만, 그럼에도 불구하고 미국이 국제관계 관련 문제를 중국과 논의하고 협력을 구하는 것을 보면, 중국을 세계 정치 과정에서 협력해야 할 중요한 파트너로 여기고 있음은 분명해 보인다. 중국은 이미 세계 여러 분야에서 미국과 함께 지구촌에서 강력한 세력으로 부상하고 있다.

앞서 잠시 살펴보았지만 지구촌에서의 이 같은 중국의 성장을 바라보는 두 가지 관점이 있다. 첫째, 향후 중국은 현상 유지를 지향하는 가운데 국제사회의 규범을 준수하면서 지구촌에서 발생하는 여러 가지 갈등과 분쟁 문제를 해결할 것이라는 입장이다. 세계 각 국가는 중국이 국제연합, 세계무역기구, 아시아태평양경제협력체 등에 참여하면서 무역, 투자 등의 합법적 수단을 통해 국익을 추구하고 인권 등 보편적 가치를 수용하는 방향으로 나아갈 것이라고 기대하고 있는 것이다. 둘째, 중국이 기존 국제관계 질서에 강력하게 도전할 것이라는 전망도 있다.

이는 2000년대 이후 주로 논의된 내용으로 미래 사회의 지구촌 패권을 주도하면서 기존 국제사회 질서에 도전하는 존재가 될 것이라는 관측이었다. 일반적으로 국가는 국제관계의 주된 행위자가 되기 위해 국내 권력을 조직, 통합하여 축적하려는 속성이 있는데, 중국이 현재 그 과정을 진행하고 있다고 보는 입장이다. 타이완, 홍콩에 대한 대응이 강경해지고 있으며, 남중국해 영토분쟁도 심화되고 있다. 이대로 현재 상황이 지속된다면 추후 미국과의 군사적 충돌도 충분히 일어날 수 있음을 일부 학자들이 경고하고 있다.

1990년대에 들어 중국의 부상이 현실로 감지되기 시작하면서 서구에서는 중국위협론이 강력하게 등장했다. 중국은 미국의 정치적 입장에 반대하는 모습을 지속해서 보여주고 있다. 예를 들어 중국은 북한 비핵화와 관련해서는 미국에 동조하지만, 북한에 대한 여러 가지 제재조치에는 예외 조항을 둠으로써 미국의 북한에 대한 외교적 압박 정책을 약화시키고 있다. 중국은 민생과 인도적 차원에서 북한에 대한 강력한 제재를 취하지 않고 있다. 이란 핵 협상 과정에서도 중국은 미국의 해법을 거부한 채 다른 의견을 제시하기도 했다. 중국은 이란 핵문제를 유엔 안전보장이사회(UN Security Council)에 회부하자는 미국의 입장을 거부하고 외교적 해결, 상호주의, 포괄적 타결 등 중국식 해법을 제시했다. 또한 중국은 기후변화 관련 협약에 있어서도 미국 주도의 협상 과정에 반발하고 자신들의 주장을 펼치기도 했다. 현재 중국의 군사적 움직임은 미국을 비롯한 주변 국가들을 긴장시키고 있다.

2000년대 중반에 접어들면서 미국은 중국의 부상을 현실로 받아들이고 이에 대응하기 시작했다. 미국은 자국의 경제발전과 글로벌 현안의 해결을 위해서는 중국과의 협력이 필요함을 인식하게 되었다. 미국은 협력과 견제의 정치적 전략을 함께 구사하고 있는데, 일부 학자들은 이 같은 현상을 신(新)냉전체제로의 전환으로 규정하기도 한다.

미국과 중국 사이의 본격적인 경쟁은 2009년 오바마 정부가 들어서면서부터이다. 오바마 정부는 아시아 정세에 관심을 가지고 여러 가지 관련 정책을 펼쳤다. 미국이 이 같은 국제정치적 행보를 보인 이유는 중국의 아시아에 대한 영향력 확대 움직임이 분명해졌기 때문이다.

2011년부터 미국은 중국을 견제할 목적으로 군사적 행동을 취할 명백한 움직임을 보이기 시작했다. 오바마 정부는 아시아 태평양 지역 미군 증강계획의 일환으로 호주 북부 다윈 공군기지(RAAF Base Darwin)에 미군을 주둔시키고, 호주군과의 합동군사훈련 실시를 발표했다. 또한 미국은 필리핀과 함께 남중국해에서 합동군사훈련을 실시했다. 그리고 미국의 원자력 항공모함이 서태평양에서의 다국적 합동훈련에 참가하기도 했는데, 여기에 남중국해도 포함되어 있다.

동아시아에서의 미국과 중국 간 경쟁은 경제적 차원에서도 진행되었다. 미국은 아시아를 본격적인 국제정책 대상으로 삼고 미국이 포함된 무역 블록을 형성하려는 움직임을 강화했다. 트럼프 대통령이 탈퇴 의사를 공식화하기 직전까지 미국이 강력하게 주도해온 무역 블록인 환태평양경제동반자협정(TPP)에는 당시 미주와 태평양, 그리고 동남아시아 국가들이 참여하고 있었다. 중국은 환태평양경제동반자협정에 대해 미국이 아시아 지역에서 중국의 경제적 영향력을 견제하려는 하나의 수단이라고 여기기도 했다. 이에 대응하여 중국은 역내 포괄적 경제동반자협정(RCEP)을 주도하고 적극적으로 참여하기 위해 노력하고 있다.

한편 미국의 위상이 중국을 비롯한 동아시아에 미친 영향을 잘 드러내는 사건 중 하나가 2016년 한반도에 고고도 미사일 방어체계(THAAD: Terminal High Altitude Area Defense, 이하 사드)를 배치하는 문제였다. 한반도에서의 북한의 핵위협 및 미사일 위협에 대응하기 위해 한국 내에서 사드 배치가 추진되었고 찬성과 반대 의견이 대립하면서 갈등이 발생했다. 찬성 입장에서는 한국이 보유한 기존의 방어용 미사일 체

〈그림 10-1〉 한반도 내 고고도 미사일 방어체계(THAAD)의 영향력

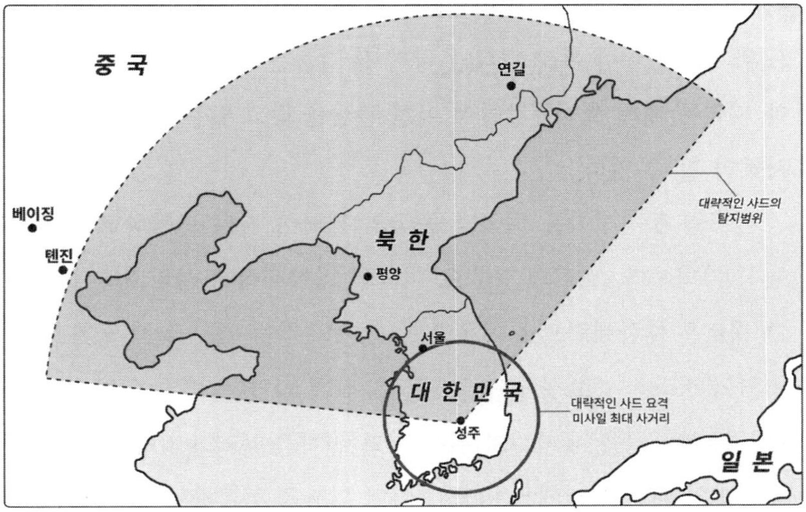

계로는 북한의 공격용 미사일 발사에 적절하게 대응할 수 없다고 주장하면서 북한의 핵미사일 프로그램에 대한 실질적 방어체계 구축과 함께 고각도 발사와 속도에 대응하는 새로운 방어체계의 필요성을 제기했다. 반면 반대 입장에서는 사드 배치가 한반도 전쟁에 대한 긴장감을 높여 평화통일에 걸림돌이 될 것이라고 주장하기도 했다.

사드 배치 문제는 단순히 한국과 북한만의 문제가 아니며, 그 이면에는 미국과 중국의 국제정치적 관계가 숨어 있었다. 사실상 동아시아를 둘러싼 미국과 중국의 군사적 갈등이 간접적으로 표출된 사건이라고도 할 수 있다. 미국의 입장에서는 자국의 영토가 비록 동아시아 지역과 떨어져 있지만 중국과 북한을 모두 견제하는 군사적, 외교적 목적을 달성할 수 있는 기회라고 보았다. 반면 중국 입장에서는 이 군사적 조치가 자국의 군사 감시 체계에 대한 위협으로 여겨졌다. 왜냐하면 미국의 군사적 영향력이 바로 중국 영토 턱밑까지 온 것으로 판단했기 때문이다. 중국은 한국의 사드 배치에 대한 경제적 보복으로 의심될만

한 여러 가지 조치들을 취했으며, 미국의 트럼프 정부 역시 이에 대응하여 다양한 방식으로 중국에 압박을 가하기도 했다. 이처럼 한반도 사드 배치를 사이에 두고 나타난 국가 간 갈등은 한반도를 포함한 동아시아 지역에 대해 세계열강들이 어떤 관점을 갖고 있는지를 잘 보여주는 사례라 할 수 있다.

이처럼 동아시아는 미국과 중국의 세력이 서로 충돌하고 대립하는 핵심 지역이다. 소련의 붕괴로 미국의 대항세력이 사라지면서 중국이 그 새로운 대항세력으로 떠올랐으며, 이와 함께 지구촌 각 국가들은 이 지역의 전략적 중요성에 많은 관심을 갖게 되었다. 미국이 세계의 리더로서의 정체성을 유지하기 위해 어떤 전략을 내세울지의 문제는 결국 중국과의 패권 경쟁에서 미국이 어떤 위상을 차지하느냐에 따라 그 내용이 결정될 수 있다. 이와 같이 동아시아는 전통적 강대국인 미국과 최근 새롭게 떠오르고 있는 중국이 서로를 견제하고 있는 지정학적으로 중요한 지역이라 할 수 있다.

11 지구촌 분쟁의 이해: 테러와 전쟁

지 구 촌
문 화 와
국제관계의
질 서

11 지구촌 분쟁의 이해: 테러와 전쟁

1) 국제분쟁의 성격과 범주

과거부터 현재에 이르기까지 지구촌 곳곳에서는 수많은 갈등 관계가 표출되고 있다. 이 갈등은 크고 작은 분쟁 형태를 띠게 된다. 세계 각 지역의 분쟁은 종교, 국가, 민족, 지하자원, 지정학적 위치, 역사문화, 군사문제 등에서의 대립관계가 복잡하게 얽히면서 발생하고 있다. 특히 영토를 두고 분쟁이 일어나는 지역에서는 테러와 전쟁이 일상화되고 있다. 즉 이 같은 분쟁은 주로 각 지역의 이면에 숨어 있는 다양한 이해관계와 정체성이 서로 충돌하게 되어 발생한 것이다. 강대국의 약소국에 대한 일방적 폭력이나 다수 집단의 차별과 억압, 때로는 소수집단이 다수집단이 되기 위한 수단으로 테러와 전쟁이 이용되기도 한다.

대부분의 국제분쟁은 당사자 간 이해관계 충돌이나 문화적, 심리적 요인으로 인한 갈등 관계 때문에 나타나게 된다. 이 같은 여러 가지 원인에 따른 분쟁의 양상을 정리하면 다음과 같다.

첫째, 종족 및 민족분쟁이 있다. 일반적으로 종족 집단은 같은 조상,

언어, 종교, 혹은 문화적 유대와 공통의 정체성을 가진 사람들이 모인 큰 집단을 의미한다. 민족은 그 공통의 정체성에 따라 하나의 국가를 이룰 권리를 주장하는 집단을 일컫는데, 여기서 종족 집단이 민족주의적 감정의 기초가 되기도 한다. 이들 간 분쟁은 국경선 변경에 무력적인 압력을 가하기도 한다. 힘이 약한 소수 종족이나 민족은 추방당하기도 하며, 학살이 자행되기도 한다. 분쟁이 전쟁으로 이어져 어느 한쪽이 승리하게 되면, 해당 종족이나 민족 사회는 더욱 영속적으로 존재하게 되고, 과거보다 더 넓은 영토를 가진 민족국가로 발전할 수 있다. 이와 같은 과정에서 분쟁 당사자들은 언어, 종교, 문화적 특징과 경향성에 따라 스스로의 정체성을 규정하고 공동의 역사적 기억, 공동의 표상을 통해 연대하게 된다. 그리고 민족주의로 명명되는 사상은 분쟁 과정에서 정치적 개념으로 이용되어 국가 정체성 구축에 중요한 자원이나 도구로서의 역할을 하기도 한다.

둘째, 이념 및 종교분쟁이 있다. 세계의 많은 국가들은 이념과 종교를 통해 하나의 통일체를 구성하고 있는 경우가 많다. 이 두 개념은 공동체 형성에 있어서 중요한 신념이자 가치이다. 이념은 국가 간 분쟁을 야기하기보다는 이를 강화하고 상징화하는 것이 대부분이다. 과거 냉전시대 역시 이념 차이로 나타난 지구촌 질서라 할 수 있다. 당시에는 자본주의적 민주주의와 공산주의 사이에 범세계적 이념 투쟁이 벌어졌었다. 한편 종교는 핵심적 가치와 진리를 강조하기 때문에 현재까지도 많은 분쟁의 내재적 원인으로 지목되고 있다. 종교분쟁은 인간의 가치관이 서로 관련되는 만큼 그 해결도 쉽지 않다. 이처럼 이념과 종교는 국제분쟁을 일으키는 근본적이면서도 비가시적인 기제로 작용하기 때문에 협상을 통한 해결 지점 모색이 까다로워 국제분쟁의 형태로 장기화되기도 한다.

셋째, 영토분쟁이 있다. 이 분쟁은 국가 간 구체적인 이익과 관련하여 발생하는 분쟁 형태로 그 원인을 파악하는 것은 비교적 용이하다. 영토분쟁은 국가의 국경선을 어디에 둘 것인지에 관한 국가 간 충돌을 비롯하여 자국 영토에 대해 국가가 진정한 통제권을 행사하는지, 아니면 다른 인접 국가가 영향력을 행사하는지에 따른 갈등에 의해 외현된다. 대부분의 국가는 자국 영토의 중요성을 정치적으로 표방하여, 만약 상실하게 된 영토가 있다면 재탈환 의지를 강력하게 표시하기 마련이다. 이 과정에서 국가, 지역 간 분쟁이 나타나게 되는 것이다.

넷째, 정부 권력을 쟁취하기 위한 국가 내 분쟁이 있다. 즉 어떤 정부가 전체 국가를 통제할 것인가의 문제를 둘러싸고 발생하는 분쟁이다. 이럴 경우, 분쟁이 일어나고 있는 국가의 주도권을 누가 쥘 것인가에 대해 다른 국가들 역시 관심을 갖게 된다. 왜냐하면 새롭게 등장하는 정부의 성격에 따라서 국가 간 이해관계가 달라지기 때문이다. 각 국가는 타국 내정에 간섭하지 않는다는 국제관계에서의 원칙 때문에 노골적으로 타국 내 분쟁에 관여하지는 않지만, 적절한 명분을 내세우거나 미묘하게 관여하여 해당 국가 내 집단의 이해관계를 자신에게 유리하게 조정하려고 노력하는 경우가 많다.

다섯째, 자본이나 지하자원 등 경제 관련 문제로 발생하는 분쟁이 있다. 본격적인 세계화 시대를 맞이하여 경제적 측면에서의 경쟁으로 인한 상충되는 이해관계 때문에 분쟁이 발생하는 경우이다. 특히 오랜 시간 일부 국가의 권력 자원으로 기능해 온 석유 자원을 두고 중동지역과 세계 강대국 간 복잡한 관계 속에서 여러 형태의 무력 충돌이 야기되기도 했다. 특히 모든 국가가 유가(油價)에 지대한 관심을 갖고 있는 만큼 석유 관련 분쟁은 세계시장에 큰 영향을 미치고 있다. 이러한 이유로 과거에는 산유국들이 석유 자원을 무기화하여 다른 국가들에게 강제력을 행사하기도 했다. 결국 자본, 지하자원 등이 자국에 유리하게 공급되도록 만들기 위해 각 국가는 이를 매개로 발생하는 국제분쟁에 많은 관심을 가질 수밖에 없다.

2) 테러와 테러리즘의 개념적 이해

테러(terror)는 특정 목적을 가진 개인이나 단체가 다양한 형태의 폭력을 행사하여 사회적 공포 상태를 야기하는 행위를 총칭한다. 즉 주권 국가 또는 특정 단체가 정치적 · 사회적 · 문화적 목표를 달성하기 위해 조직적인 폭력을 계속 사용하거나 폭력 사용을 언급하면서 상대방을 협박하여 특정 개인과 사회의 변화를 강제적으로 유도하는 것을 의미한다. 따라서 이 폭력 행위는 극단적 수단이 동원되는 의사 표현의 한 측면이기도 한다. 테러는 테러 주체가 느끼는 상대적 박탈감과 같이 미시적 · 심리적 부분이 원인이 되기도 하며, 국가 인식의 차이, 민족 간 갈등 등의 거시적인 이유로 발생하기도 한다. 테러리즘(terrorism)은 어떤 정치적 목적을 달성하고자 직접적인 공포 수단을 이용하는 이념, 정책 등을 말한다. 또한 민간인을 대상으로 의도적이고 무차별적으로 자행되는 정치적 폭력 행위 자체를 가리키기도 한다. 테러리즘은 게릴라전보다 더 극단적이고 잔인하며, 은밀한 특징을 지닌 비정규전 전술로도 불리며, 두려움과 불안 분위기를 조성하여 목적을 달성하려는 정치적 폭력의 한 형태로 활용되기도 한다. 테러리즘의 본질은 원래 폭력 행위 그 자체보다는 위협을 가함으로써 두려움과 불안을 느끼게 하는데 있다. 이 폭력 행위는 정부의 무력함을 드러내며, 대립관계에 있는 인종, 민족, 종교집단을 위협하고, 대중의 지지를 유도하는 정치적 행위 형태로 표출되기도 한다.

테러와 테러리즘은 비슷한 개념으로 논의되는 경향이 많으며, 특히 지구촌 분쟁을 이해하기 위한 연구 과정에서 거의 빠지지 않고 등장하는 개념이다. 전통적으로 테러, 테러리즘은 분쟁 당사자의 사기를 떨어뜨려 상대방을 제어하는 수단으로 삼으려고 할 때 발생하는 경우가 많다. 대부분 비국가 조직이 주체가 되어 정부나 국제기구의 활동에 영향을 미치기 위해 시도된다. 따라서 고의로 극적인 장면을 연출하기도 하면서 대중과 언론의 관심을 끌려고 노력하기도 한다. 테러는 무심코 저질러지는 경우는 거의 없으며, 대부분 철저한 계산을 통해 행동으로 옮겨진다. 테러의 동기와 수단은 다양한데, 하나의 공통점이 있다면 한 행위자가 다른 행위자에게 영향을 미치기 위해 폭력을 행사한다는 사실이다. 테러의 목표와는 관계없이 일단 발생한 테러의 희생자 대부분은 아무런 관련이 없는 무고한 민간인인 경우가 많다.

테러는 역사적으로 오래전부터 존재해왔지만, 최근에는 정치 지도자 암살뿐만 아니라 납치나 폭탄 공격 등을 통해 일반 시민을 표적으로 한 무차별 테러가 증가하고 있다. 또한 국가기관이 관여하거나 지원하는 국가 테러도 발생하고 있다. 테러는 영토 전체의 정복을 시도하기보다는 일반적으로 본격적인 군사적 행위를 수행하기에 충분한 인력 자원이나 무기가 부족하다고 여겨지는 경우에 실행된다. 한편 테러나 테러리즘은 정치적 · 종교적 · 사회적 · 경제적 · 인종적 문제들이 복잡하게 얽혀서 나타나게 되는 경우가 많다.

테러의 주요 전술에는 납치, 암살, 폭탄 테러, 생물학 · 화학 무기, 대규모 살상무기, 사이버테러 등이 있다. 전통적으로 많이 자행되는 정치 지도자 암살은 가장 오래된 테러 전술 중 하나이다. 주로 정치인이나 조직 및 단체의 수장이 암살 테러 전술의 목표가 된다. 암살은 특정 테러의 대의명분을 알리고 외부의 관심을 끌기 위한 주요 수단이 된다. 많은 테러가 특정 인물을 겨냥하는 하는 반면, 일부 테러 단체들은 민간인을 대상으로 하는 경우도 많다. 일반적으로 민간인에 대한 무작위 공격은 종교적 또는 민족주의 성향의 테러리스트들이 주로 이용하는 테러 전술이다. 그중에서도 폭탄 테러는 비교적 자주 사용되는 테러 방법으로, 비교적 운반이 용이한 폭탄을 이용해 도시 인근 지역 거주민을 대상으로 자행되어 한 번에 많은 사상자를 유발하는 경우가 많다.

한편 테러는 그 성격에 따라 분류가 가능하다. 국가의 개입 여부에 따라 어떤 국가의 자국민으로 구성된 반국가적 · 반정부적 단체가 자국 내에서 저지르는 테러 행위인 국내 테러, 한 국가의 정부가 정권 유지를 위해 반정부세력이나 개인에게 가하는 강제적 테러 행위인 국가 테러, 타국의 국민이나 영토와 관련하여 주권 국가 내 정부 당국의 통제를 받는 개인이나 집단이 행하는 테러 행위인 국가 간 테러, 국제법상 주권 국가로 승인받지 못한 단체가 주체가 되어 해당 단체 및 소속된 개인에 의해 행해지는 테러 행위인 초국가적 테러로 범주화할 수 있다.

최근 등장한 뉴테러리즘(new terrorism)은 전통적 테러리즘과는 차이가 있다. 전통적 테러리즘은 테러 행위의 주체가 명확하고, 테러의 목표 역시 상징성을 띠며 테러 대상을 집중적으로 공격하며 수직적 명령 체계의 조직구조를 갖추고 있다. 하지만 뉴테러리즘은 테러 행위를 수행하는 주체가 불명확하며, 불특정 다수를 공격하고 조직체계는 그물망 구조를 띤다. 이처럼 새로운 형태의 테러를 행하는 테러리스트의 교육 수준도 점차 높아지는 경향을 보이고 있다.

국제사회는 테러를 방지하고 그로 인한 피해를 막기 위해 다양한 대응체계를 구축하고 있다. 왜냐하면 국제적 이해관계에서의 차이로 인한 갈등이나 이데올로기의 대립으로 테러리즘 발생 가능성이 항상 존재하기 때문이다. 국제사회는 종합적인 테러 대응체계 연구를 통한 통합 위기관리 기구를 마련하기 위해 노력하고 있다. 그리고 국가나 조직 간 테러 연구 프로그램의 상시적 운영을 도모하기도 한다. 더불어 각 국가는 자국 시민들을 위해 테러에 대비한 교육 훈련체계 역시 지속적으로 정립하고 있다.

3) 전쟁의 본질과 형태

전쟁(war)은 둘 이상의 무장 조직들이 주로 상대 병력을 살상함으로써 서로의 힘이나 저항의지를 파괴하려는 행위이다. 즉 전쟁은 서로 대립하는 국가나 이에 준하는 집단 간에 군사력을 비롯한 여러 가지 수단을 사용하여 상대의 의지를 강제하려는 행위나 상태를 말한다. 최근의 전쟁은 국가 간 전쟁과 국가 내부의 분쟁으로 나누어 생각해보아야 한다. 국제적으로 갈등이 야기될 때, 군사력은 마지막으로 사용하는 강제적 수단이라 할 수 있다. 강력한 군사력을 보유하고 있다는 것은 위협적인 군사적 행동뿐만 아니라 타국과의 외교에도 유리한 영향을 미칠 수 있음을 의미한다. 현재 세계적으로 발발하는 전쟁의 경우, 국가와 국가가 직접 충돌하는 형태 외에도 대리전의 양상을 보이는 경우가 많다. 대리전은 분쟁 당사국이 직접 전쟁에 참여하는 것이 아니라 동맹국이나 다른 국가로 하여금 대신 전쟁을 치르게 하는 경우를 의미한다. 예를 들어 전략적 요충지인 개발도상국들에서의 전쟁과 내전에 강대국들이 자국의 세력권 확보를 위해 군사적, 외교적 지원 등을 통해 간접적 방식으로 개입하는 경우가 그것이다.

한편 전쟁은 정치적 행위로서의 의미도 함축하고 있다. 일찍이 군사학자 카를 폰 클라우제비츠(Carl von Clausewitz)는 전쟁을 가리켜 정치적 도구라 언급하기도 했다. 그는 국가나 조직이 전쟁에 참여할 때에는 사람들에게 전쟁에 필요한 경제적 자원 조달을 요구하거나 그들을 감정적으로 동원하기 위해 실제 또는 인위적으로 만들어진 문화적 차이를 전쟁에 활용하기도 한다고 분석했다. 현대사회에서 대부분의 전쟁은 제한전의 성격을 띠며, 적국 영토의 점령을 목적으로 하는 전면전과는 다른 양상을 보이는 경우가 많다. 제한전은 전쟁을 일으킨 갈등 유발의 원인이 해결되면 대부분 종결되지만, 전면전은 상대 국가를 무력으로 정복하고 점령하는 것을 목적으로 한다.

과거 전쟁에서는 민간인보다 무장한 전투원이 사망하는 편이었으며, 이는 전쟁이 단순히 무질서한 무작위적 살상이 아님을 보여주는 것이었다. 하지만 최근에는 적의 저항 의지를 파괴하는 수단으로 민간인을 공격 목표로 삼는 경향이 많아지고 있다. 이를 가리켜 사회학자 마틴 쇼(Martin Shaw)는 타락한 전쟁이라 명명하기도 했다.

전쟁은 그 자체가 목적이라기보다는 국제관계에서 정치적 목적을 달성하기 위한 하나의 수단으로 활용되는 경우가 많으며, 상대방을 자신의 의지에 굴복하게 만드는 것을 목적으로 한다. 이 같은 목적 때문에 아이러니컬하게도 국가 간 전쟁이나 평화 상태 모두 국가 이익의 합리적 추구로 인해 나타난 선택적 결과라고도 할 수 있다.

한 국가의 지도자는 다양한 갈등 상황을 극복하는 제어 수단으로 군사적, 비군사적 행위를 하게 된다. 무역 규제, 조세 정책, 외교, 해외 원조 등의 비군사적 제어 수단만으로 갈등 상황을 막을 수 없는 경우, 전쟁과 같은 군사적 제어 수단을 활용하기도 한다. 전쟁을 하게 되면 공격하는 주체와 공격을 받는 대상 모두 많은 비용과 손해를 감수해야 하기 때문에 군사력은 갈등 해결에 있어서 항상 최후의 수단으로 작용한다. 한 국가가 특정 전쟁에 관여할지의 여부는 승리 가능성에 대한 정치적 계산에 따라 주로 국가 지도자가 결정하는 경우가 많다. 현재 많은 국가가 일정 정도의 군사력을 보유하고 있기 때문에 전쟁 시 자국의 피해를 고려하여 쉽게 전쟁을 일으키지 못하는 경우도 많다. 국가의 군사력 정도는 결국 전쟁 억제력에 직접 영향을 미친다. 전쟁 억제력이란

'한 국가가 다른 국가를 침략하려는 경우, 침략으로 얻게 될 이익 이상으로 감당하기 어려운 손실을 입게 되리라는 것을 인식시켜 침략을 미연에 방지하는 힘'을 의미한다. 최근 지구촌 여러 국가에서 핵무기를 개발, 보유하려는 이유 역시 이 같은 전쟁 억제력을 타국에 표현하기 위함이라 할 수 있다.

한편 어쩔 수 없이 전쟁을 하게 된다면 전쟁 상황이 종료된 후, 평화협상 과정을 원활하게 마무리하는 것도 자국의 발전을 위해 중요하다. 평화 협상 과정은 전쟁 이후 공정성과 형평성이 보장된 자원 분배를 목적으로 하는 공식적 · 비공식적 활동 일체를 의미한다. 이 과정이 명확하게 진행되지 않은 탓에 전쟁 이후에도 수십 년, 수백 년간 분쟁과 갈등이 계속 야기되는 경우가 많다.

최근 어느 정도 국가 간 군사적 힘의 균형이 이루어지면서 전면전 성격의 전쟁보다는 내전 형태의 전쟁이 많이 발발하고 있다. 그리고 정치적, 경제적 원인뿐만 아니라 문화, 이념, 종교, 민족 등과 관련한 정체성 문제로 인한 갈등 관계로 인한 집단 간 충돌도 자주 일어나고 있다. 갈등 당사자 간 혐오, 차별 등으로 호전성이 커지게 되면서 결국 갈등이 전쟁으로 확대되는 경우도 있다. 한편 외부적으로 드러나는 전쟁의 명분과 사람들이 인식하는 실제 전쟁의 원인이 불일치할 때도 있다. 특히 서로 마주 보는 지정학적 위치에서 역사적으로 충돌해온 갈등세력 간 전쟁이나 석유 등의 지하자원을 둘러싼 전쟁이 처음 발생했을 때, 전쟁 당사자들은 직접적인 원인 외에 다른 이유를 전쟁의 명분으로 내세우는 경우가 많다.

한편 과거의 전쟁은 일반적으로 비슷한 군사력, 경제력 수준을 가진 적대 국가 간 전쟁이 대부분이었지만, 현대사회에 와서는 군사, 경제, 기술력 면에서 분명한 차이를 보이는 적대국들이 대립하는 비대칭 전쟁도 자주 발발하고 있다. 힘의 불균형이 나타나는 비대칭 전쟁이라 하더라도 그 결과는 미리 예측하기가 어렵다. 왜냐하면 게릴라전 등을 통해 상대의 앞선 군사력을 무력화하는 경우도 종종 있기 때문이다. 이러한 군사적 전술은 적을 패배시키기보다는 전쟁 의지를 꺾기 위해 수행된다.

전쟁은 다양한 형태로 나타난다. 가장 거시적 측면에서 발생하는 패권전쟁(hegemonic war)은 전체 세계질서에 대한 통제권과 국제체제의 규칙을 두고 벌이는 전쟁으로 세계대전 등이 대표적인 예이다. 전면전(total war)이란 한 국가가 다른 국가를 정복하기 위해 벌이는 전쟁을 말한다. 이 전쟁의 목표는 상대국의 수도를 점령하여 상대 정부의 항복을 강요하여 새로운 정부로 교체하는 것이다. 제한전(limited war)은 적국을 점령하고 항복을 받아내는 것보다 낮은 수준의 목적을 달성하기 위해 벌이는 전쟁을 의미하는데, 대부분의 국경분쟁이 여기에 해당된다. 내전(civil war)이란 한 국가 내에서 벌어지는 일종의 분파 간 전쟁으로, 국토 전체나 일부를 관할하는 새로운 정부를 세우려는 쪽과 그것을 막으려는 쪽이 충돌하는 전쟁을 뜻한다.

지금까지 살펴본 바와 같이 역사의 흐름 속에서 전쟁의 개념, 성격, 방법이 조금씩 변화하고 있지만, 여전히 전쟁은 지구촌 곳곳에서 계속 발생하고 있다. 현재도 세계에서 진행되고 있는 전쟁을 바라보는 서로 다른 두 가지 관점이 서로 다른 입장에서 함께 논의되고 있다. 전쟁을 현실정치의 한 수단으로 명명하고 그 당위성을 부여하려는 입장과 전쟁 자체가 참혹하고 사악한 것이기 때문에 어떠한 경우에도 정당화될 수 없다는 입장이 그것이다. 하나 분명한 점은 이미 전쟁이 오랜 역사 속에서 지구촌 각 국가의 정치적 행위로 자리 잡았다는 사실일 것이다.

Ⅱ

지구촌 분쟁 및 갈등 사례와 국제관계의 미래

12

아시아 지역의 주요 분쟁 및 갈등 사례: 동아시아, 동남아시아

지 구 촌 문 화 와 국제관계의 질 서

12 아시아 지역의 주요 분쟁 및 갈등 사례: 동아시아, 동남아시아

1) 영유권을 둘러싼 갈등

(1) 독도 지역: 한국–일본 간 갈등

독도는 한국 영토임에도 불구하고 오랜 기간 일본과의 갈등 관계를 상징하는 지역이다. 독도는 현재 우리나라의 영토로서 한국이 영유권을 갖고 있지만, 일본은 독도를 스스로 다케시마(竹島)로 명명하고 현재도 끊임없이 영유권을 주장하고 있다. 1945년 8월 15일 우리나라는 일제로부터 해방됨으로써, 독도 역시 한국의 영토로 돌아왔다. 실제로도 1950년대 이래 지금까지 독도는 한국 정부의 관할 아래에 있다. 하지만 일본 정부는 주기적으로 독도를 자국의 영토라고 주장하면서 국제적 분쟁지로 만들려는 노력을 하고 있다. 일본은 독도를 한일 간 법률적 분쟁지역으로 간주하기 위해 국제사법재판소(ICJ)에 제소하여 영유권 문제를 이야기하자는 주장을 내놓은 바 있다. 이에 대해 한국 정부는 일반 국제법상 어떠한 국가도 국제사법재판소에 의해 분쟁을 해결할 의무를 지는 것이 아니기 때문에 일본의 주장을 받아들일 수 없다고 반박

〈그림 12-1〉 독도의 지정학적 위치

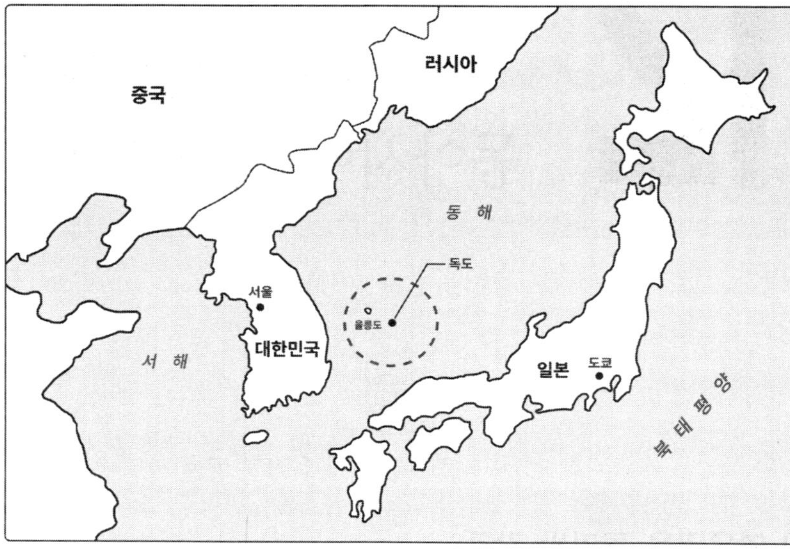

하는 한편, 독도와 관련해서는 법률적 분쟁이 존재하지 않는다는 태도를 더욱 분명히 하고 있다.

독도는 우리나라의 긴 역사 속에서 존재한 분명한 한국 영토이며, 근대 이후 확정된 국제법의 원칙에 의거해서도 한국 땅이기 때문에 한일 간 협상의 대상이 될 수 없다. 독도는 한국의 민족의식 등이 포함된 역사적 · 문화적 가치 측면에서 중요한 곳이며, 풍부한 수산 · 해저 자원을 품고 있기 때문에 경제적 가치가 있음은 물론 군사적 · 해상교통적 · 지정학적 측면에 있어서도 중대한 의미를 지닌 지역이다. 따라서 우리나라의 국토로서 독도가 지닌 정체성을 더 명확하게 하기 위해서라도 국내에서 독도 역사에 관한 시민 교육이 더욱 정교하고 체계적으로 운영될 필요가 있다고 하겠다.

(2) 센카쿠 열도 지역: 일본-중국 간 갈등

일본명으로는 센카쿠 열도(閣列), 중국명으로는 댜오위다오(釣魚島)로 불리는 이 지역은 류큐 제도(琉球諸島) 서남단 동중국해에 위치한 무인도로, 5개의 섬과 3개의 암초로 이루어져 있다. 이 곳은 인근 해역의 석유 매장 가능성, 풍부한 해양자원, 중동과 동북아를 잇는 해상교통로이자 전략 요충지라는 점 때문에 일본과 중국이 서로 영유권을 주장하고 있는 오래된 갈등 지역이다. 본격적인 영토분쟁은 제2차 세계대전 후 센카쿠 열도가 오키나와와 함께 미군에 관할권이 이양되었다가, 1972년 일본으로 반환되면서 중국과 일본 간 센카쿠 열도에 대한 영토분쟁이 본격화되었다. 현재는 일본이 실효적 지배를 하고 있다.

반면 중국은 역사적 기록을 제시하며 댜오위다오가 자국 영토라고 주장하고 있다. 그들은 16세기 초 류큐 왕국에 파견된 명나라 사신의 기록에서의 '중국에서 출발해 8개의 바위섬을 지나 류큐로 간다'는 내용을 역사적 근거로 내세우며 류큐는 일본 영토가 아니라 독립 왕국이었

〈그림 12-2〉 센카쿠 열도(댜오위다오)의 지정학적 위치

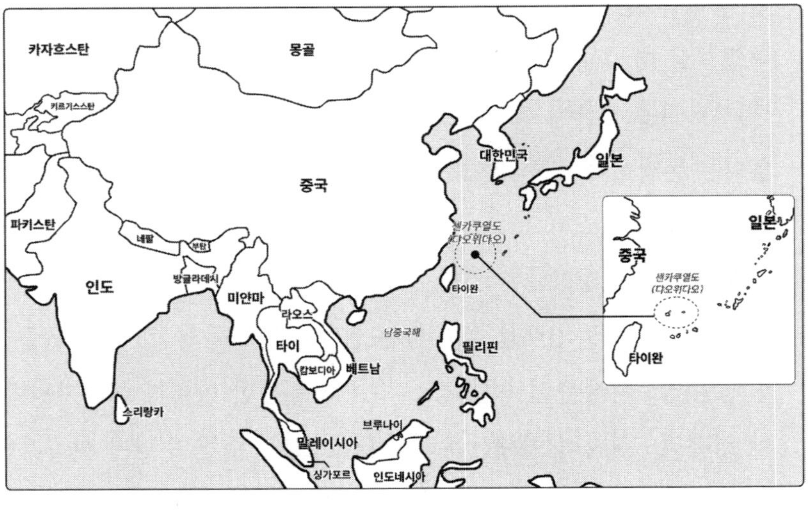

다고 말한다. 1893년 청나라에서 칙서를 내려 댜오위다오를 자국민에게 하사한 역사적 사실도 있는데, 이 시점이 센카쿠를 일본령으로 편입한 시기보다 앞선다는 점도 강조한다. 그리고 청일 전쟁 후 시모노세키 조약(1895년)에 따라 댜오위다오를 포함하여 타이완과 부속 도서를 일시적으로 일본에 넘긴 것이라고 보았다. 중국의 입장에서는 일본이 제2차 세계대전에서 패한 후 1951년 체결된 샌프란시스코 강화조약(Treaty of San Francisco)에서 타이완에 대한 권리를 포기하는 것으로 결정되었으므로 타이완의 부속 도서에 해당하는 댜오위다오의 영유권은 타이완에게 자동적으로 넘어가야 한다는 논리도 펼친다. 그리고 타이완이 중국의 영토라는 논리를 내세우며 자연스럽게 이 지역이 중국의 것이라고 주장하는 것이다. 샌프란시스코 강화조약은 1951년 9월 8일 일본과 연합국 사이에 체결된 전쟁 종결 조약으로, 과거 일본이 지배했던 식민지 · 점령지의 지위를 획정하는 조약이다.

반면 일본은 청일 전쟁의 전리품으로 센카쿠 열도를 할양받은 것이 아니라 센카쿠 열도는 일본 땅에 속하는 류큐 왕국의 부속 도서였다고 주장한다. 일본은 1872년 류큐 왕국을 폐지하고, 류큐 번(藩)이라는 행정 구역을 설치했다. 1879년 일본이 류큐 왕국을 오키나와 현(県)으로 편입시킬 때, 류큐 왕국의 영토와 부속 도서를 직접 확인하고 류큐 왕국 영토권을 일본에 귀속시켰기 때문에 이 지역이 일본 영토임에 틀림없다는 논리이다. 또한 1895년 체결된 시모노세키 조약 이후, 일본이 센카쿠 열도를 실효적으로 지배해 주권을 행사할 때, 타이완이나 중국이 이에 반대하지 않았다는 점도 강조한다.

일본이 실효적 지배를 하고 있는 센카쿠 열도를 놓고, 일본과 중국이 벌이는 영토분쟁은 순수한 영토 수호 차원뿐만 아니라 해저자원에 대한 경제적 · 정치적 이해관계도 맞물려 있다. 주변 수역에 어족자원이 풍부하며, 인근 해역에 석유 역시 대량으로 매장되어 있다는 사실이 확인되었다. 또한 이 지역은 국제정치적 · 군사적 이해관계가 맞물려 있는 곳이다. 중국이 동중국해를 넘어 태평양으로 영향력을 확장할 때 중요한 요충지 역할을 할 수 있다. 일본 역시 해로를 통해 일본에 접근하는 통로 상에 센카쿠 열도가 위치하기 때문에 방어적인 측면에서도 양보할 수 없는 곳이다.

(3) 쿠릴 열도 지역: 러시아-일본 간 갈등

러시아와 일본 사이의 쿠릴 열도(Kuril Islands, 일본명: 지시마 열도, 千島列島) 역시 아시아 지역의 중요한 국가 간 갈등 지역이다. 태평양 북서부에 위치한 러시아의 캄차카 반도와 일본의 홋카이도 사이에 걸쳐 있는 쿠릴 열도는 섬들이 줄지어 분포하며, 태평양과 오호츠크 해를 나누는 경계를 이루고 있다. 이 쿠릴 열도를 둘러싸고 러시아-일본 간 영유권 분쟁이 지속되고 있다. 특히 영토분쟁이 나타나고 있는 지역은 쿠릴 열도 중 남쪽 열도에 포함된 네 개의 섬, 즉 최남단의 2개 섬 이투루프(일본명: 에토로후, 擇捉), 쿠나시르(일본명: 구나시리, 國後)와 홋카이도 북쪽의 2개 섬 하보마이, 시코탄이다.

역사적으로 보았을 때, 이 지역과 관련한 러시아와 일본 간 최초의 합의는 1855년 러 · 일 화친조약으로 당시 러시아와 일본 간 국경을 이투루프와 이루프(일본명: 우루프 섬, 得撫島) 사이로 설정했으며, 사할린(Sakhalin)에 대해서는 국경을 설정하지 않고 공동 관리하기로 합의했다. 1875년에는 열도 전체가 일본령이 되면서 일본은 이 지역의 이름을 지시마 열도(千島列島)로 고쳤다. 그리고 러 · 일 양국은 상호 간 쿠릴 열도 및 사할린 교환조약(상트페테르부르크 조약)을 체결하고, 당시 양국이 공동 관리하던 사할린은 러시아에, 그리고 이투루프 섬 북단의 쿠릴 열도에 대해서는 지역 전체를 일본에 귀속시키기로 합의했다.

그 후 1905년 일본이 러일 전쟁에서 승리하면서 영유권을 확보했다.

〈그림 12-3〉 쿠릴 열도의 지정학적 위치와 내부 주요 분쟁지역

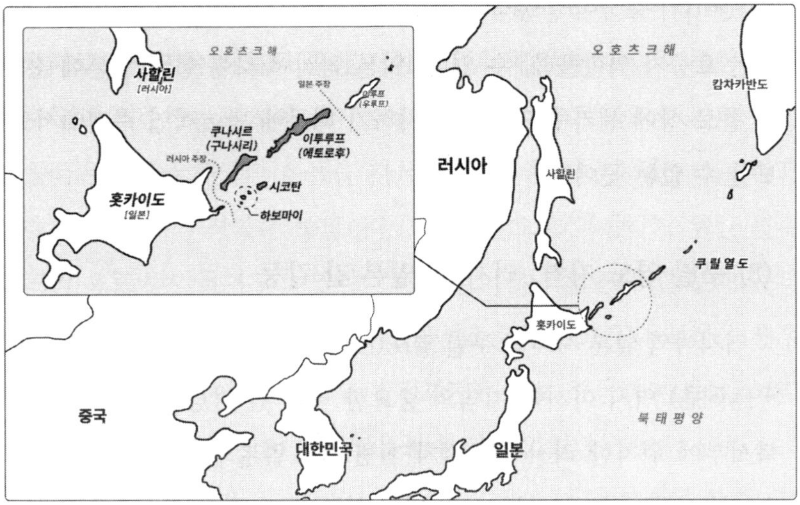

일본은 사할린의 약 절반 정도를 러시아로부터 양도받았으나, 1945년 2월 '사할린 남부와 인접한 제도를 소련에 반환한다'고 명시한 얄타협정에 의해 제2차 세계대전의 전승국이었던 소련이 사할린과 이투루프 섬 이북의 쿠릴 열도와 남쿠릴 열도의 네 개 섬 모두를 점유하게 되었다. 그리고 1951년 일본과 연합국이 체결한 샌프란시스코 강화조약에 의거해 현재 러시아가 실효 지배 중이다. 이 조약에는 일본의 쿠릴 열도 및 사할린 지역에 대한 권리 포기가 명기되어 있다. 일본은 이 샌프란시스코 강화조약에 의해 쿠릴 열도와 남사할린의 주권을 포기했다. 그러나 이때 쿠릴 열도의 지리적 범위가 명확하게 명시되지 않은 것이 영토문제를 지금까지 끌어온 하나의 원인이 되었다.

일본 정부의 이 지역에 대한 기본 입장은 일본인이 개척하여 거주한 섬으로서 역사적으로 일본 고유의 영토인데 제2차 세계대전 직후 소련이 불법으로 점거하였다는 것이며, 샌프란시스코 강화조약을 체결할 때 쿠릴 열도에 대한 권리를 포기하였지만 남쪽 쿠릴 열도는 원래 쿠릴 열

도에 포함되지 않는다고 주장한다. 일본은 샌프란시스코 강화조약에서 포기한 쿠릴 열도가 북쪽 쿠릴 열도인 이루프(우루프) 섬과 그 북쪽 섬들을 가리키는 것이라고 주장한다. 반면 소련은 쿠릴 열도가 현재 영토 분쟁 중인 네 개의 섬을 포함하는 것이라고 주장하고 있다.

2000년대에 들어서도 양국 간 협상이 진행되었으나 뚜렷한 해결을 보지 못하고 있다. 오히려 러시아가 이 지역에서 방어력 강화를 목적으로 한 군사훈련을 실시함으로써 일본과 갈등을 빚었다. 최근까지도 러시아 정부는 이 지역에 다양한 군사력을 배치하면서 자국의 실효적 지배를 더욱 강화하고 있다. 실제로 전략적인 면을 보면 제2차 세계대전 후 소련이 이들 섬을 손에 넣음으로써 군사적 요충인 오호츠크 해를 완전히 소련의 영향권 안에 둘 수 있게 되었다는 점에 주목해야 한다.

(4) 남중국해 지역: 중국-인근 지역 아시아 국가 간 갈등

남중국해 역시 동아시아 지역의 대표적인 갈등 지역이다. 남중국해는 중국, 베트남, 말레이시아, 타이완, 필리핀, 브루나이 등의 사이에 있는 바다로서 풍부한 어족자원과 함께 많은 천연자원이 매장되어 있고, 인도양과 대서양을 연결하는 교통의 요지로서 군사적으로도 중요한 위치를 차지하고 있다.

특히 남중국해는 바시(Bashi) 해협과 말라카(Malaca) 해협을 연결하는 해상 루트로 알려져 있으며, 세계 전체 유조선의 3/2, 전체 천연가스의 절반, 전체 화물동량의 30%가 통과하는 자원 및 화물 수송에 있어서 중요한 해역이다. 이처럼 이 지역은 주요 자원 수송로이기 때문에 한국, 중국, 일본 등 동북아시아와 동남아시아를 연결하는 해상교통의 요충지로 최근 그 중요성이 더 크게 부각되고 있다.

한편 일부 학자들은 남중국해 분쟁의 원인이 단지 석유나 천연가스에 대한 이해관계뿐만이 아니라 수산자원에 대한 이해관계에 있다고도 분석한다. 이 외에도 이 지역은 주요 해상 교통로로서 말라카 해협, 동중국해로 이어지는 해로의 중간 지점에 위치해 있다. 따라서 중동의 원유 수입에 의존하는 아시아 국가들에게는 전략적으로 중요한 지역이다.

중국은 남중국해역의 섬들을 자국 영토로 편입하기 위해 노력하고 있다. 남중국해의 장악은 중국이 지역패권국으로 부상하기 위한 필수적 요인으로 받아들여지고 있다. 그런데, 이 지역의 영유권 문제가 더욱 확대된 것은 중국이 이 해역에 인공섬을 건설하고 군사시설을 세우기 시작하면서부터이다. 2000년대 전까지는 주로 중국과 베트남, 그리고 중국과 필리핀 등 사이에서 영유권 분쟁이 있었다.

남중국해의 해양 영토분쟁은 남중국해 자체에 대한 분쟁과 함께 〈그림 12-4〉의 지도상에서 ①, ②에 위치한 섬을 중심으로 더 치열하게 나타나고 있다. 남중국해 내 ①에 위치한 군도는 영어권에서는 파라셀 군도(Paracel Islands), 중국에서는 시사 군도(西沙群島), 베트남에서는 호앙사 군도라고 명명하고 있다. 한편 남중국해 내 ②에 위치한 군도는 영어권에서는 스프래틀리 군도(Spratly Islands), 중국에서는 난사 군도(南沙群島), 베트남에서는 쯔엉사 군도, 필리핀에서는 칼라얀 군도, 말레이시아와 브루나이에서는 스프래틀리 군도로 명명하고 있다.

특히 ②번 지역에 석유, 천연가스의 부존 가능성이 제기되면서 분쟁이 본격화되었다. 중국, 베트남을 비롯한 당사국들 간 영유권 분쟁이 격화되기 시작한 것이다. 이러한 중국의 영유권 주장은 아세안(ASEAN) 회원국들이 중국의 패권주의에 우려를 표명하면서 아세안의 결속을 강화시켰다. 이 과정에서 베트남은 1995년 아세안 회원국으로 정식 가입하고, 아세안이 이 지역 분쟁의 중재자로 남중국해 문제에 개입하면서 국제정치상의 공식 의제로 떠오르게 되었다.

남중국해가 본격적인 세계적 문제로 부각된 것은 오바마 행정부가

〈그림 12-4〉 남중국해의 지정학적 위치와 내부 주요 분쟁지역

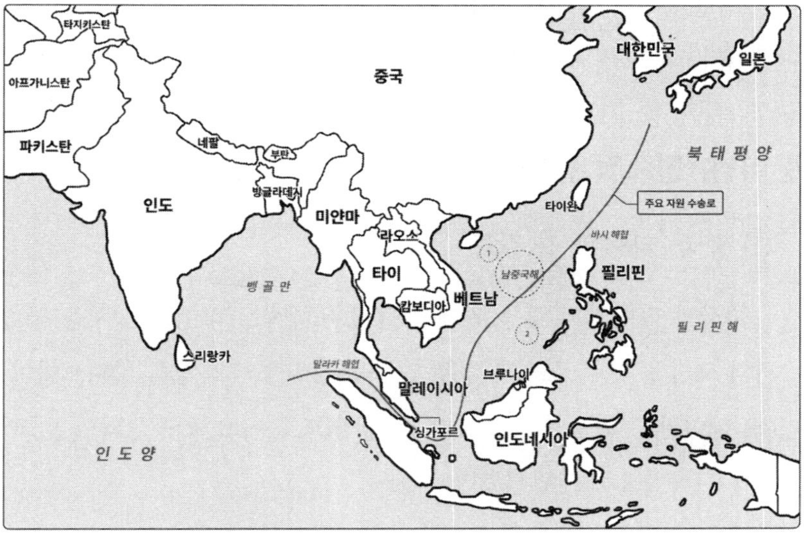

아시아에 대한 미국의 관여를 강화하면서부터이다. 미국은 이 지역의 문제를 주시하면서 중국을 견제하고 있다. 또한 이 영유권 분쟁에 개입할 의지가 있음을 분명히 하고 있다. 중국은 이러한 미국의 개입에 반발하면서 남중국해에 대한 자국의 주권을 지속해서 주장하고 있으며, 영유권 문제는 분쟁 당사국들 간에 해결할 문제라는 입장을 펴고 있다.

이 지역에 인접해 있는 일부 아세안 국가들 때문에 아세안 전체 회원국들은 중국과 함께 민감하게 반응할 수밖에 없었다. 그리고 2011년 아세안 회원국들은 아세안의 단결된 입장을 마련하기 위한 협의를 했으나, 미얀마, 라오스, 캄보디아 등이 영유권 문제는 당사국 간에 해결해야 할 문제라는 중국의 입장에 동의하면서 아세안의 단일한 입장을 만들어내지 못했다. 이는 곧 중국의 외교적 개입이 있었음을 의미한다. 그 이후 남중국해를 둘러싸고 중국, 필리핀, 베트남은 남중국해의 영유권 확보를 위해 계속해서 충돌하게 된다.

우리나라는 남중국해 문제에 대해 원칙적인 입장만을 보이고 있다.

남중국해 문제의 평화적 해결, 남중국해에서의 항해와 상공 비행의 자유, 남중국해의 군사화 반대, 행동 규칙의 조속한 제정 등을 언급해왔다.

2) 이념, 정치적 갈등

(1) 중국-타이완 간 갈등

중국과 타이완의 갈등 관계를 알기 위해서는 타이완이 처음 국가로서의 모습을 갖추었을 때 내부 인구 구성원들의 특징을 살펴보아야 한다. 타이완은 외성인(外省人)과 본성인(本省人)으로 구성되어 있고 이들은 지속적으로 대립해왔다.

먼저 외성인의 타이완으로의 유입경로를 살펴보자. 제2차 세계대전 후 이 시기에 국민당과 공산당 간의 내전이 시작되었다. 이 전쟁은 1946년부터 장제스(蔣介石)의 국민당 정부가 타이완 섬으로 이동한 1949년까지 국민당과 공산당이 중국 재건을 두고 대립하여 발생한 중국의 국내 전쟁을 의미한다. 반란세력인 중국공산당이 당시 중국의 중앙정부인 중화민국 국민정부(국민당)를 상대로 전쟁을 일으켰다. 그리고 1949년 10월 공산당 정권에 의해 중화인민공화국(중국)이 성립되었다. 이 과정에서 중국 본토 내에서 밀린 국민당과 장제스는 타이완으로 건너오게 된 것이다. 즉 1945년 타이완이 일본에서 독립한 이후 제2차 국공내전을 거치면서 세력에 밀려 중국 대륙에서 국민당 정부와 함께 타이완으로 이주한 사람들을 외성인이라고 한다. 그리고 외성인들은 1949년 12월 타이베이를 임시수도로 정하고 중화민국(타이완)을 수립했다. 그 과정에서 중국과 타이완은 서로 자신의 정통성을 주장해왔다.

한편 본성인은 원래부터 타이완에서 살고 있었던 소수의 원주민과 본성인 대부분을 차지하는 한족 이주민으로 구성된다. 한족 이주민들은 명나라, 청나라 시절에 건너온 사람들이었다. 이들 모두가 전체 인구의 거의 90% 가까이 차지한다.

앞서 언급한 외성인은 수적으로 소수임에도 불구하고 국민당 통치체제 하에서 계속해서 타이완을 지배해왔다. 그리고 이 외성인들은 당연히 원래 중국 정부에 강한 애착을 가질 수밖에 없었다. 장제스는 중국 국민당 총재였고, 따라서 자신들이 중국 정부의 원조라는 생각을 갖고 있었다. 하지만 타이완 내 본성인들은 워낙 오래된 이주 역사를 가지고 있었기에 그렇게 생각하지 않았다. 그러던 중 1947년 2월 28일 본성인들이 강력한 시위를 일으켜 많은 사람들이 희생되었다. 이 2.28 사건으로 인해 당시 타이완 정부는 계엄령을 선포하였으며, 이 정치체제는 1987년까지 40년간 이어졌다.

처음에 국제사회는 타이완의 정통성을 인정했으나, 1971년 중화인민공화국이 국제연합(UN)에 가입하게 되면서 타이완은 자진 탈퇴하게 되었다. 그리고 1988년 장제스의 뒤를 이은 아들 장징궈(蔣經國)가 사망하자 리덩후이(李登輝)가 총통으로 취임하여 국민당에 의한 일당독재체제를 개선하고 타이완의 민주화를 추진했다. 그때까지 국민당은 중국 통일을 목표로 내걸었으나 민주화의 진전과 함께 점차 타이완 독립론이 우세해졌다. 결국 1996년에는 타이완에서 처음으로 총통 직접선거가 치러지고 리덩후이가 당선되었다. 이때 중국은 리덩후이의 당선을 저지하기 위해 군사훈련 등으로 압력을 가했고, 이로 인해 타이완 해협의 군사적 긴장이 극에 달했다.

그 후에도 대립은 계속되었다. 1999년 리덩후이는 '타이완과 중국은 특수한 국가 대 국가의 관계이다'라고 발언했다. 이 발언은 타이완을 국가로 인정하지 않고 일국양제(一國兩制)에 의해 타이완을 포함하는 통일을 원하는 중국을 자극했다. 원래 일국양제는 '한 국가, 두 체제'라는 뜻으로, 중국이 하나의 국가 안에 자본주의와 사회주의 체제를 병행할 수 있다는 정책 원칙을 의미한다. 이 원칙에 의하면 정치적 자율은 중국 주권 내에서 허용된다는 입장을 취하게 된다. 이 정책은 1997년 중국에 귀속된 홍콩과 1999년 귀속된 마카오에 적용되고 있지만 원래는 타이완을 의식한 정치적 구상이었다고 할 수 있다. 리덩후이는 그동안 국민당 주류와는 다른 대륙정책 인식을 갖고 있었는데, 소위 말하는 '양국론'으로 그의 정치적 지향점으로 형성되기 시작했다. 양국론은 1949년 이후 중국이 타이완을 통치한 적은 없으며, 타이완에는 중국 대륙과 무관한 정치체제가 존재하고 있다는 인식하에서 독립된 국가로서의 관계를 추구하는 정치적 경향을 의미한다. 리덩후이 집권시기인 1988년~2000년 동안 중국과 타이완의 관계는 크게 경색되었다고 할 수 있다. 이 때문에 타이완 내 내부 분열도 심해졌는데, 이로 인해 2000년 총통선거에서는 결국 야당인 민주진보당(민진당)이 승리하게 된다. 이미 당시 민진당은 1980년대 후반부터 점차적으로 국민당과는 다른 타이완의 정치개혁과 민주화를 위해 중국 본토와 구분되는 정치체제와 문화를 형성해가고 있었다.

하지만 민진당이 부패 관련 정치 스캔들로 타격을 입고, 2008년 총통선거에서 다시 국민당으로 정권이 교체되었다. 이 시기 국민당은 악화된 양안 관계의 회복과 양안 간 교류확대를 통해 타이완의 경제발전과 평화를 추진하는 방향으로 정책 기조를 바꾸게 된다. 하지만 경제발전 과정에서 창출된 대부분의 경제적 이익이 대기업으로 집중되면서 국민들은 점차 불만을 가지기 시작했고, 타이완의 중국으로의 종속에 대해서도 우려하기 시작했다. 그리고 2016년 총통선거에서 다시 민진당으로 집권 세력이 바뀌게 된다. 이 시기 민진당은 급진적인 타이완 독립 노선은 지양하면서 조심스러운 현상 유지 노선을 표방했고 그 결과 2020년 재선에 성공했다. 그리고 최근의 2024년 타이완 총통선거에서도 민진당 주석인 라이칭더(賴清德) 후보가 당선됨으로써 타이완의 정체성이 민진당에 의해 구현되는 계기가 마련되었다.

〈그림 12-5〉 중국 본토와 갈등 관계에 있는 타이완과 홍콩의 지정학적 위치

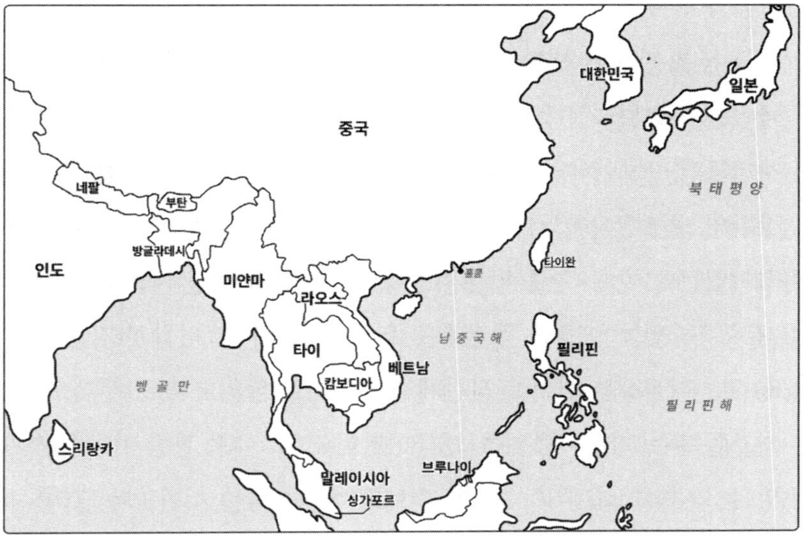

타이완과 중국은 양측이 국가 주권의 정당성을 양보하고 있지 않기 때문에, 자국과 외교관계를 맺은 외국 정부가 상대방과 외교관계를 맺는 것을 인정하지 않는다. 타이완은 1980년대 후반 이후, 그동안의 정책을 버리고 국제사회 내 생존을 위한 실용 외교를 선택하여 수교국 확대와 국제기구 가입 등에 힘을 쏟고 있다. 타이완이 중국의 영토이므로 통일을 해야 한다는 중국의 주장은 여전히 변화가 없다.

(2) 중국-홍콩 간 갈등

최근 들어 중국과 홍콩의 갈등은 두 개의 큰 사회운동으로 표출되었다. 홍콩 전역에서 발생한 이 사회운동들은 중국 본토와 홍콩 사이에 존재하는 이념적 장벽을 여실히 보여주는 사건이었다. 더불어 이 두 지역 간 갈등 관계가 지속되고 있음을 세계인들이 인식하게 되는 계기가 되었다. 이들 사회운동은 다음과 같은 과정을 거쳤다.

첫째, 소위 말하는 '우산혁명(Umbrella Revolution)' 과정을 살펴보면 다음과 같다. 2014년 9월 27일을 기점으로 학생들과 시민들이 도심 점령 운동을 전개한 상황이 발생했다. 이 사회운동은 2014년 8월 중국 전국인민대표대회가 발표한 2017년 홍콩행정장관 선거계획에 대한 홍콩 시민들의 반발이 그 시발점이 되었다. 시민들이 불만을 가진 것은 행정장관의 선출방식이었다. 홍콩의 행정장관 선거는 원래 간선제 투표방식이었는데, 이는 친중파 정치인이 당선되기 용이한 시스템이었다. 그래서 홍콩인들은 줄곧 직선제를 요구해왔었다. 그리고 마침내 중국은 2017년 행정장관 선거를 직선제로 바꾸기로 합의했다. 그런데, 문제는 후보를 뽑는 기준이었는데, 전국인민대표회의에서 과반 이상의 지지를 얻는 2~3명으로 투표 가능한 후보를 제한한다는 것이었다. 결국 이는 비록 직선제의 모습을 갖추었으나 결과적으로는 친중 인사가 홍콩인들에게 선택될 수밖에 없는 시스템이었으며, 중국 정부의 의사를 잘 반영할 수 있는 인사가 행정장관으로 선출된다는 것을 의미했다.

결국 이 정치시스템의 변화는 홍콩 시민들의 입장에서는 1997년 주권 반환 이후 중국 정부가 약속한 직선제 약속을 파기한 정책이었으며, 일국양제의 원칙에도 어긋난다는 것을 의미했다. 따라서 민주적 선거 시스템의 도입과 정치개혁 방식을 주장하면서 다수의 시민들이 궐기하기에 이른다. 초기에는 홍콩사회 지식인 계층과 대학생들을 중심으로 이루어졌으나 후에 중, 고등학생들과 일반 시민들까지 참여하여 홍콩사회의 전체적인 시위로 확대되었다. 당시 세계 각 언론들은 취재 과정에서 시위에 참석한 사람들이 정부의 진압을 방지하는 과정에서 우산을 들고 나온 장면을 보고 소위 '우산혁명'이라고 명명했다.

사실 홍콩인들은 중국공산당이 홍콩의 민주주의 역사를 종식시키고 공산주의화시킬 것이라는 불안감을 안고 있다. 우산혁명에도 불구하고, 결과적으로 보통선거에 의한 직선제라는 홍콩 시위대의 최초 요구는 달성되지 못했다.

둘째, 또 다른 시민운동인 송환법 반대 운동의 전개 과정을 살펴보면 다음과 같다. 이 사회운동은 홍콩 시민들이 범죄인 인도법, 일명 송환법에 반대하여 전개한 운동이다. 그 진행 과정에서 중국의 정치적 간섭에서 벗어나고자 하는 민주화 운동으로까지 그 성격이 확대되기도 했다. 시위의 발단은 타이완에서 발생한 홍콩인 살인사건이 계기가 되었다. 젊은 홍콩인 연인이 타이완을 여행하던 중 한 쪽이 다른 한 쪽을 살해하고 홍콩으로 도망쳐 왔고, 타이완에서는 범인으로 지목된 그 남성을 처벌하기 위해 다시 타이완으로 인도하라고 홍콩에 요구하게 된다. 하지만 홍콩과 타이완은 서로 범죄인 인도 조약이 체결되어 있지 않았기 때문에 용의자는 타이완으로 송환되지 않았고, 또한 홍콩법 역시 영국식 속지주의(屬地主義) 원칙에 따라 타국에서 일어난 범죄에 대해서는 처벌할 수 없었기 때문에 범죄자 처벌에 한계를 보이게 된다. 이 사건을 계기로 홍콩은 범죄인 인도법 제정을 추진했다. 홍콩 정부는 2019년 초 범죄인 인도법 개정안을 마련하면서 타이완뿐만 아니라 중국, 마카오 등에서도 용의자를 소환할 수 있게 했다. 여기에서 중요한 것은 중국 본토까지가 포함되었다는 사실이며, 이 때문에 홍콩에서는 송환법 반대 시위가 촉발되었다. 쉽게 말하면 홍콩인들은 범죄 용의자의 중국 송환을 반대한 것이다. 그 이유는 범죄인에 대한 중국 송환법이 통과되면 중국에 비판적인 인사들 역시 중국으로 넘겨질 수 있다는 점이 우려되었기 때문이었다.

이 사회운동이 2019년 6월부터 시작되었다고 본다면 적어도 6개월 이상이나 계속되었다. 시위는 초기부터 대규모로 진행되었다. 송환법 자체는 시위대의 압력에 홍콩 정부가 굴복하여 공식적으로 결국 9월에 철회되었다. 하지만 시위대는 송환법 공식 철회 외에 경찰의 강경진압에 대한 독립적인 조사, 시위대를 폭도로 지정한 것의 철회, 체포된 시위 참가자에 대한 조건 없는 석방 및 불기소, 행정장관 직선제 실시 등의 요구 조건을 주장하면서 지속적으로 시위를 이어 나갔다. 이후 홍콩 당국은 시위대에 대한 총격으로 충격을 안겼으며, 이어 복면금지법까지 시행하기에 이른다. 이 법에 따르면 경찰은 복면을 쓴 시민들에게 복면을 벗을 것을 요구할 수 있다. 중국 권력자들이 홍콩 당국과 함께 송환법 반대 투쟁에 강경하게 대처한 이유는 자칫 이를 방치하고 시위대의 요구가 모두 받아들여지게 될 경우 중국 내 여러 사회집단이 홍콩 시위를 보고 또 다른 저항을 하게 될 수 있음을 염려했기 때문이다.

송환법 반대 운동은 홍콩 시민들이 점점 심해지는 중국의 내정간섭을 인식하고, 홍콩의 자유와 민주체제가 위협받는 것에 대해 불만을 품게 되면서 나타났다고 할 수 있다. 이 시위를 통해 홍콩 사람들은 앞선 우산혁명에서와 마찬가지로 일국양제의 원칙이 결국 지켜지지 않을 수도 있다는 사실을 인식하게 되었다. 사실상 이 송환법 문제로 인한 중국 본토와 홍콩의 갈등은 그동안 양쪽의 입장 차이에서 비롯된 수많은 불신이 얼마나 많이 뿌리 깊게 존재하고 있는지를 보여주는 사회현상 중 하나였다고 할 수 있다.

13 중동 및 중앙아시아 지역의 주요 분쟁 및 갈등 사례

지구촌 문화와 국제관계의 질서

13 중동 및 중앙아시아 지역의 주요 분쟁 및 갈등 사례

중동과 중앙아시아 지역은 과거부터 지금까지 계속해서 분쟁이 발생하고 있는 지역이다. 이곳은 세계사적으로 보았을 때도 복잡한 역학관계가 숨겨져 있다. 이들 지역의 국가들은 자국 내 분쟁뿐만 아니라 지역 외부의 다른 국가들과의 다양한 갈등 관계에도 관여해있다. 민족, 종교, 지하자원, 영토, 자국 내 정치적 문제 등 여러 가지 사회문제가 결합하여 다양한 투쟁의 방식으로 분쟁의 실제 모습이 외현된다. 그중에서도 세계적으로 많이 회자되고 있는 분쟁, 전쟁의 예를 들면 다음과 같다.

1) 이라크를 둘러싼 전쟁

1990년 8월 이라크는 쿠웨이트를 침공했다. 당시 이라크는 경제난을 해결하기 위해 인접 국가인 쿠웨이트를 병합하고자 했다. 원래 이라크와 쿠웨이트는 약 30년간이나 국경 문제로 분쟁을 벌이고 있었다. 1932년에 독립한 이라크는 영국의 보호령으로 남아 있던 쿠웨이트를 과거부터 자국 영토로 여기고 있었다. 이 때문에 1961년에 쿠웨이트가 독립을 선언했음에도 불구하고 이라크는 계속해서 합병을 시도한 것이다. 두 국가는 국경, 영토문제를 놓고 계속해서 마찰을 일으켰다. 이라크는 지속적으로 국경 문제를 제기하였고, 결국 쿠웨이트를 침공하여 점령하기에 이르렀다. 그리고 당시 사담 후세인(Saddam Hussein) 이라크 대통령은 1990년 8월 8일 쿠웨이트를 이라크에 편입한다고 선언했다. 이라크는 쿠웨이트의 석유뿐 아니라 페르시아 만(灣) 북부에 있는 부비얀 섬(Bubiyan Island)에 대한 통제권을 장악하여 페르시아 만에서 이라크의 관문을 넓히고자 하는 전략적 목표를 내세우고 이를 실천에 옮겼다. 여하튼 그 후로도 이라크는 쿠웨이트로부터의 철수를 거부했다.

하지만 이 전쟁에 미국과 국제연합(UN, 이하 유엔)이 적극적으로 개입하면서 인근 중동지역 국가들과 서방 국가들이 연합한 다국적군이 구성되는 등 신속한 대응이 이루어졌다. 유엔은 이라크군의 철수 시한을 1991년 1월 15일로 정했고, 이라크가 이를 지키지 않자 1월 17일 다국적군이 이라크를 공습함으로써 걸프 전쟁(The Gulf War)[페르시아 만 전쟁]이 시작되었다. 한 달 이상이나 폭격이 계속된 후 다국적군이 지상군을 투입하자 이라크군은 곧 쿠웨이트에서 철수했다. 전쟁은 불과 42일 만에 다국적군의 승리로 끝났지만, 전쟁을 일으킨 후세인 이라크 대통령은 계속 권력을 유지해나갔다.

이처럼 1991년 걸프 전쟁 이후, 이라크는 핵을 비롯한 생화학무기를 보유하려고 노력하였다. 이런 움직임을 파악한 유엔은 이라크에 무기사찰단을 파견하였다. 하지만 이라크는 이들의 활동을 방해하였고, 결국 1998년 12월 이라크에서 활동 중이던 사찰단이 철수하게 된다. 미국과 영국은 이라크가 대량살상무기를 제조하여 은닉하고 있기 때문에 관련 시설에 대규모 공습을 전개해야 한다는 입장을 표명하기에 이른다.

〈그림 13-1〉 중동지역 내 이라크와 쿠웨이트의 지정학적 위치

1999년 12월 유엔 안전보장이사회는 무기 사찰단을 다시 구성하였지만, 이라크는 여전히 유엔 무기 사찰단의 활동을 거부했다.

이즈음 미국 내에는 2001년 9월 뉴욕에서 9.11 테러라는 대참사가 발생하였다. 미국은 이 테러가 알카에다(Al-Qaeda)와 오사마 빈 라덴(Osama bin Laden)의 소행이고, 이들 배후에 이라크가 있다고 판단하였다. 당시 조지 부시(George W. Bush) 미국 대통령은 이라크, 이란, 북한 3개국에 대한 대량살상무기 존재 여부를 사찰하였다. 그리고 이라크가 무기 사찰 재개를 거부할 시 무력 침공을 감행한다는 메시지를 전달하였다. 2002년 1월 부시 대통령은 의회 연설에서 이라크, 이란, 북한에 대해 대량살상무기를 개발하고 테러리스트를 지원하는 '악의 축'으로 규정했다. 또한 9월에는 유엔 총회 연설에서 이라크가 걸프 전쟁 후 대량살상무기를 개발하고 테러리스트의 활동을 지원해오고 있다고 비

난하며, 이라크 공격의 정당성을 호소했다. 물론 이라크는 부시 대통령의 이 같은 주장에 반박했다.

하지만 미국의 이라크 공격 가능성이 현실화되면서, 이라크는 2002년 9월 16일 유엔의 무기 사찰을 무조건 수용하기로 결정했다. 하지만 미국은 이라크를 무력으로 응징하고자 이라크 무장해제 결의안을 유엔에 제출하고, 11월 8일 유엔 안전보장이사회는 이 결의안을 만장일치로 채택했다. 이 결정에 따라 11월 27일 유엔 무기 사찰단은 이라크에 대한 무기 사찰을 재개하였고, 12월 19일 미국은 이라크의 '중대 위반'을 선언하면서 대(對)이라크 전쟁을 위한 명분을 마련했다. 미국 정부는 이라크가 대량살상무기를 보유하고 있으며, 독재자 사담 후세인이 테러 조직을 지원하고 있다고 추정했다.

그즈음인 2002년 10월 15일 후세인 이라크 대통령은 7년 임기의 대통령 선거에서 당선되었다. 2003년 2월 미국, 영국, 스페인은 유엔 안전보장이사회에 이라크 침공 승인을 요구하는 결의안을 제출하고, 3월 부시 미국 대통령은 이라크 공격을 선언했다. 결국 3월 20일 최후통첩 시한이 지난 후 바그다드에 미사일 공격을 감행하고, 다음날 지상전을 전개하기 시작했다. 그리고 2003년 5월 1일 미국은 이라크 전쟁을 승리로 이끌며 전쟁 종결을 선언했다. 하지만 전쟁에서의 승리를 선언했음에도 이라크 곳곳에서 전쟁을 방불케 하는 게릴라전이 펼쳐졌으며, 미군을 상대로 한 자폭 공격이 이어졌다. 미국은 결국 공습을 재개하며 다시 전쟁 상황에 돌입했다. 그리고 같은 해 2003년 12월 13일 후세인 이라크 대통령이 체포되었고, 2006년 11월 사형이 선고되어 그해 12월 30일 형이 집행되었다.

미국의 공격으로 후세인 정권이 붕괴되면서 이라크 내부에서는 기존의 정치적 · 사회적 지배 세력이었던 이슬람 수니파의 권력이 약화되고, 그동안 수니파의 기득권에 눌려 온 시아파에게 정권 획득의 기회가 주어졌다. 실제로 시아파는 종교적 자유를 회복하고, 이라크의 정치적 주도권을 장악하기 시작하였다. 2011년 12월 미군이 이라크에서 철수한 이후에는 이라크 내에서 치안 공백이 생겨 종교, 민족, 정치적 이해관계가 서로 다른 구성원 간 내부 분쟁이 나타나기도 했다.

이처럼 이라크에 대한 미국의 공격은 세계 초강대국의 면모를 과시하는 계기가 되었다. 그리고 새로운 세계사의 전개를 예고하기도 했는데, 이 전쟁 이후 세계 곳곳에서는 반전 운동이 나타나기 시작했다. 일부 학자들은 이 전쟁의 원인이 정치적 문제가 아닌 석유 자원에 대한 우선권을 둘러싼 제국주의 열강들의 영향력에 있다고 분석하기도 했다.

2) 시리아 내전

중동지역의 대표적 분쟁지역은 시리아 지역이다. 시리아 내전은 2011년 3월 독재자 바샤르 알아사드(Bashar al-Assad) 대통령의 퇴출을 요구하는 반정부 시위에서 시작되어 이슬람 '수니파-시아파' 간의 종파 갈등으로 확산되었다. 그리고 특히 주변 아랍국 및 서방국가 등의 국제사회의 개입으로 이 갈등은 더욱 복잡한 양상을 띠게 되었다. 거기에다 미국과 러시아의 국제 대리전 등 내전의 성격으로 비화되어 현재까지도 혼란이 계속되고 있다.

시리아 내전의 시작은 2011년 학생들의 민주화를 요구하는 낙서에서 비롯되었다. 2011년 3월 시리아 남서부의 작은 도시 다라(Dera)의 한 학교 담벼락에 혁명 구호를 적은 10대들이 체포되어 고문을 당하는 일이 발생한 것이다. 당시 시리아 정부는 학생들의 석방을 요구하는 시위대에게 발포하는 등 과잉대응으로 일관했다. 이에 알아사드 정권의 퇴진을 요구하는 시위가 전국으로 확산하기에 이르렀다. 시리아 정부의 무

<그림 13-2> 중동지역 내 시리아의 지정학적 위치

자비한 진압이 가해지면서 민주화 시위는 점차 무장투쟁으로 변모하기 시작했다.

시리아 분쟁 사태는 수니파와 시아파 간의 종파 갈등으로 더욱 복잡한 양상으로 전개되었다. 시리아 인구의 약 3/4은 수니파이지만, 시아파계 분파인 알라위(Alawi) 파가 군과 정부 요직을 모두 장악하고 있었기 때문에 이 지역은 구조적으로 내부 갈등에 의한 충돌 발생의 여지를 항상 안고 있었다. 그 이후 시아파가 주도하는 이란과 레바논 등이 알아사드 정권을 지원하는 한편, 이란과 적대 관계에 있는 사우디아라비아와 카타르 등 인근 수니파 국가들이 반군에 무기와 물자를 지원하면서 사태는 걷잡을 수 없이 확대되기 시작했다. 여기에 세력을 키운 급진 수니파 무장 단체인 이슬람국가(IS: Islamic State)가 시리아 북부를 점령하면서 정부군과 반정부군 간 더 복잡한 대치 상황이 진행되었다. 그 상황 속에서 시리아 정부군을 옹호하는 러시아가 시리아 내전에 개입하면서 반군을 지원하는 미국과 그 반대편에 선 러시아 간 대리전 양상으로까지 갈등 구조의 범위가 넓어지게 되었다.

여기서 수니파와 시아파의 차이에 대해 간략하게 살펴볼 필요가 있다. 수니파는 현재 이슬람교도의 약 85~90%를 차지하는 다수파이며, 스스로를 정통파라고도 부른다. 마호메트가 후손을 남기지 않고 사망하자 칼리프라고 불리는 이슬람 공동체의 통치자를 마호메트의 합법적 후계자로 인정한다. 한편 시아파는 칼리프가 아니라 마호메트의 자손만이 후계자가 될 수 있다고 인정한다. 이러한 종교적 차이로 인한 갈등은 단순히 후계자 문제뿐 아니라 아랍인, 페르시아인, 그리고 그 외의 여러 민족 간 감정 상태가 얽힌 복잡한 문제이다.

이처럼 시리아 분쟁은 종교 갈등은 물론 다른 강대국 및 인근 지역 국가 간 갈등 관계에서 비롯된 복잡한 성격을 띠고 있다. 더군다나 이 지역의 지정학적 위치의 중요성과 지하자원에 대한 통제력 확보를 위한 충돌까지 발생하면서 현재도 좀처럼 그 해결의 기미를 보이지 않고 있다. 그리고 이 분쟁으로 발생한 난민 문제는 유럽연합 내 국가 간 갈등 관계를 추동하는 사회문화적 요인으로도 작용하게 되었다.

3) 이스라엘-팔레스타인 간 갈등

이스라엘과 팔레스타인 간 분쟁은 서로 다른 민족적 정체성을 가진 두 집단이 같은 영토에 대한 권리를 주장하면서 나타나게 되었다. 이스라엘과 팔레스타인의 영토분쟁은 오랜 역사적 기원에 근거해 있다.

이스라엘은 성경을 근거로 중동 내에서 현재 팔레스타인과 갈등이 발생하고 있는 지역에 대해 과거 로마인이 지배했던 기원전 1세기경 이전부터 이미 유대인이 차지했었다고 주장한다. 그리고 이 갈등은 제1차

〈그림 13-3〉 중동지역 내 이스라엘과 팔레스타인의 지정학적 위치와 영토 구분

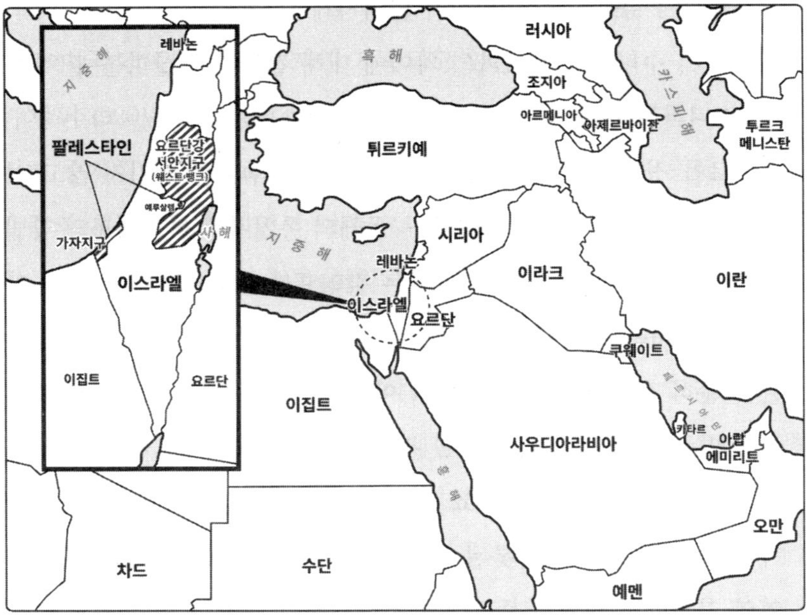

세계대전(1914년~1918년) 상황으로 가면 더 복잡해진다. 제1차 세계대전이 발발하면서 팔레스타인 지역을 지배해온 오스만 제국은 독일과 오스트리아에 가담하여 전쟁에 참여하였다. 이들과 반대쪽 진영에서 전쟁에 참가한 영국, 프랑스, 러시아 중에서 영국은 오스만 제국의 분열을 위해 당시 오스만 제국 내 거주하면서 독립을 인정받지 못했던 아랍인들의 협조를 구하고자 했다. 아랍인들은 오스만 제국의 지배를 받았던 아랍의 민족들에게 영국에 협조해줄 것을 제안했다. 그 과정에서 영국은 연합군이 전쟁에 승리하면 아랍인들의 독립을 보장한다는 소위 '후세인-맥마흔 협정'을 메카의 샤리프인 후세인 빈 알리(Hussein bin Ali) 측과 1915년에 체결하게 된다.

그리고 이와 함께 영국은 전쟁 중 유대인의 자본력이 필요하던 중에 1917년 아서 밸푸어(Arthur J. Balfour) 영국 외무장관에 의해 팔레스

타인에 유대인 국가가 설립되는 것을 영국이 지지한다는 '밸푸어 선언(Balfour Declaration)'을 발표하게 된다. 이스라엘은 근대 역사에서 이스라엘의 존재를 정당화하기 위해 이 밸푸어 선언을 가져와 주장하고 있다. 이는 영국 정부가 영국 시오니스트협회 소속 리오넬 월터 로스차일드(Lionel W. Rothschild) 경에게 보낸 서한으로 팔레스타인에 유대인의 조국을 만들 수 있도록 노력하겠다는 내용을 포함하고 있다.

영국의 이러한 두 가지 모순되는 협정은 추후 두 민족 간 많은 분쟁을 낳게 되는 불씨가 된다. 제1차 세계대전 후 영국이 승리하고, 오스만제국은 중동의 영토 대부분을 상실하여 해체되었다. 그들의 영토이던 아랍 지역은 당시 국제연맹(League of Nations)의 위임통치를 받게 되었다. 그리고 그 과정에서 팔레스타인은 영국의 점령 하에 들어갔다. 영국은 자국이 차지한 땅 중에서 요르단 강과 지중해 사이의 지역을 팔레스타인이라고 부르게 되었다. 영국이 이 지역을 차지하였으나 앞서 말한 두 모순되는 협정으로 인해 아랍인과 유대인 간 긴장 관계가 형성되었고, 영국은 이 두 세력을 모두 견제하기 시작했다. 팔레스타인에 거주하는 아랍인에 대한 탄압과 함께 시오니스트에 대해서도 견제하면서 유대인의 이주도 제한하는 정책을 실시하였다. 시오니즘은 유대인을 독자민족으로 간주하여 그들의 국민국가를 건설함으로써 유대 민족의 활로를 찾자는 운동이자 사상이다. 시오니즘에 의하면 유대인이 하나의 민족이 되기 위해서는 2000년 동안 상실한 국가와 오래된 모국어인 헤브라이어를 부활시켜야 했다. 이 과정에서 헤브라이어의 부활운동과 함께 팔레스타인으로의 귀환이 시도된 것이다. 더군다나 제2차 세계대전이 끝난 후, 이스라엘인들은 히틀러가 저지른 대학살의 참사로 인해 세계 곳곳에 흩어지는 디아스포라(Diaspora) 시대를 겪으면서 유대 국가가 존재할 필요성이 증명되었다고 주장했다. 앞서 말한 영국의 이중적인 태도에 회의를 품은 시오니스트들은 영국 지향적 외교에서 탈피하여 미국을 새로운 후원자로 탐색하기 시작하였고, 이를 계기로 이스라엘과 미국 간 관계가 오늘까지 지속되고 있는 것이다.

한편 1920년대에 들어서 팔레스타인으로 이주하는 유대인의 수가 서서히 증가했다. 그리고 1930년대 히틀러의 출현과 함께 유럽에서 반유대주의 운동이 강화되면서 이주가 늘어나기 시작했다. 영국은 왕립위원회(Royal Commissions)를 설치하고, 위원회는 2개 국가로의 분할을 권고했다. 1939년 5월 제2차 세계대전이 임박한 시점에서 영국은 히틀러의 독일을 상대하기 위해 아랍의 지지를 필요로 했다. 그래서 영국은 아랍인들에게 유대인의 이주를 제한하겠다고 약속했다. 그러나 종전 이후, 그 제한을 강제하기가 어려워졌다. 유럽의 많은 사람들은 이주하는 유대인의 조국 건설 노력에 지지를 보내기도 했다. 그 사이 제2차 세계대전으로 인해 정치적, 경제적으로 지쳐 있었던 영국은 마침내 1947년 가을에 팔레스타인을 1948년 5월에 유엔에 넘기겠다고 선언해 버리고 만다. 이 과정에서 시작된 아랍인과 유대인 간 분쟁과 갈등은 지금까지 계속되고 있다.

이처럼 오랜 역사를 지닌 두 민족 간 갈등은 유대인들이 팔레스타인 지역에 이스라엘을 건국하면서 분쟁으로 더욱 격화되었다고 할 수 있다. 그 후 이스라엘과 아랍인들은 수많은 전쟁을 경험했으며, 이스라엘이 가자 지구 및 요르단 서안 등을 점령하기에 이르렀다. 그리고 이후 팔레스타인들의 자살폭탄테러 공격과 이스라엘의 반격 등으로 수많은 인명 피해가 발생하게 되었다.

중동의 평화를 위한 여러 노력으로 2003년 미국, 이스라엘, 팔레스타인은 2005년까지 팔레스타인의 독립 국가 창설을 기본으로 하는 '중동평화로드맵'에 합의하고, 2005년 이스라엘은 가자 지구에서 완전히 철수하기에 이른다. 2005년 팔레스타인 자치정부 수반 선거에서 온건

파인 마흐무드 압바스(Mahmoud Abbas)가 팔레스타인 해방기구(PLO: Palestine Liberation Organization) 의장으로 선출되었다. 이후 이스라엘과 팔레스타인의 대화가 재개되기도 했다. 하지만 이 지역에서의 갈등은 여전히 계속되고 있다. 2006년 실시된 팔레스타인 총선에서 재야 무장 세력인 하마스(Hamas)가 정권을 장악하면서 이스라엘과 팔레스타인은 긴장 관계에 접어들게 되었다. 이스라엘과 미국, 러시아, 유럽연합(EU), 국제연합(UN)은 하마스가 테러를 포기하지 않을 경우, 하마스와의 접촉을 끊고 팔레스타인 지원을 중단하겠다는 입장을 취하기도 했다. 현재도 이스라엘과 팔레스타인은 계속된 테러와 보복공격으로 인해 갈등 관계에 놓여 있다.

팔레스타인에서 활동 중인 반(反)이스라엘 정치세력이자 무장 단체로는 하마스와 이슬람 지하드가 있다. 이들의 무차별 테러와 이스라엘의 군사 보복이 반복되는 악순환이 계속됨에 따라 미국은 중동 평화를 위해 중재 노력을 본격화하였고, 위기관리 능력이 약해진 팔레스타인 해방기구(PLO)의 야세르 아라파트(Yasser Arafat) 수반에 대한 퇴진 압력을 높여 갔다. 그리고 2004년 11월 11일 팔레스타인 해방기구(PLO)의 정신적 지도자이자 팔레스타인 자치 정부의 초대 수반인 아라파트가 사망한 후, 팔레스타인의 새 지도자로 선출된 압바스와 아리엘 샤론 이스라엘 총리가 함께 관계 개선의 의지를 내비치면서 중동지역은 새로운 전기를 맞게 되었다. 2004년 6월 6일 이스라엘 내각은 샤론 총리가 제출한 가자 지구 철수 수정안을 원칙적으로 승인했다. 그리고 2005년 9월 가자 지구 주둔 병력이 철수하면서 이스라엘의 가자 점령이 종식되었다.

이스라엘의 가자 지구 정착촌 철수가 진행되고, 이스라엘의 가자 지구 점령이 종식된 지 불과 몇 개월 후 2006년 1월 팔레스타인 총선에서 하마스가 승리하면서 그들은 본격적으로 정치 세력화를 시도했다.

그리고 이 시기부터 이스라엘과 팔레스타인 간 새로운 갈등이 형성되기 시작하였다. 팔레스타인에 새로운 정부가 들어서고 2007년 6월 가자 지구에서 내전이 일어나면서 하마스가 가자 지구를 장악하게 되었다. 이스라엘과 팔레스타인의 유혈 충돌은 2008년 12월 28일 이스라엘이 하마스의 본거지인 가자 지구에 대한 공격을 결정하자 하마스가 이에 대응하여 이스라엘에 다시 공격을 감행하면서 확전의 양상을 보이게 된다. 그리고 이스라엘과 하마스 간의 전쟁은 2009년 1월에 종료되었다. 하지만 2010년 2월 이스라엘이 두바이에서 하마스 지도자를 표적 암살하고, 2012년 11월에는 팔레스타인 하마스의 미사일 공격에 대응한 이스라엘의 가자 지구 공습과 민간인 살상 등이 이어지면서 유혈 사태는 반복되었다.

한편 2012년 11월에 유엔 비회원 옵서버 국가(non-member observer state) 지위를 획득한 팔레스타인의 공식 명칭이 2013년 1월에 팔레스타인 자치정부에서 팔레스타인국(State of Palestine)으로 전환되었다. 팔레스타인국의 관할 영토는 요르단 강 서안 지구와 가자 지구이다. 그리고 가자 지구는 하마스 세력이 통치하고 있었다. 최근 들어 다시 이스라엘과 하마스가 이끄는 팔레스타인 무장단체가 충돌하기에 이르렀다. 이 전쟁은 2023년 10월 7일 하마스의 이스라엘에 대한 무력 침공으로 시작되었다. 이스라엘은 이에 대응하여 2023년 10월 8일 하마스에 대해 공식적으로 전쟁을 선포하였다.

팔레스타인의 침공은 가자 지구와 이스라엘의 관계를 더욱 악화시켰다. 팔레스타인 하마스의 전쟁 도발은 앞서 언급한 역사적 배경을 통해 설명이 가능하지만, 현재의 사회적 상황 역시 전쟁을 일으킨 중요한 이유로 작용했다. 하마스가 지배하고 있는 가자 지구의 경제적 여건이 어려워지고 있었으며, 이스라엘과 중동의 강대국인 사우디아라비아의 국교 정상화 추진 과정에 팔레스타인은 압박을 느낄 수밖에 없었다. 결국 과거 역사적 상황과 현재의 사회적 상황이 결합하여 이스라엘과 하마스 간 전쟁이 발발하게 되었으며, 이는 세계 정치 및 경제구조에 여러 가지 악영향을 미칠 수도 있다. 만약 이 전쟁에 인근 중동 국가들이 참여하게 될 경우, 석유 문제와 맞물려 전 세계 경제가 파국을 맞이할 수도 있기 때문이다. 특히 전쟁이 미국, 이란과 같은 관련 세력으로 확대될 경우, 과거에 있었던 석유파동과 같은 세계 금융경제의 불안정한 상황을 초래할 가능성이 크다. 무엇보다 전쟁이 발발하는 지역 내 무고한 시민들이 희생되는 반인권적 상황이 발생할 수 있다는 점에서 전 세계 국가들은 이 지역의 분쟁 해결을 간절히 바라고 있다.

4) 아프가니스탄에서의 미군 철수

이 사건은 아프가니스탄이 자국 내 테러 단체인 탈레반(Taliban)에게 정권을 다시 빼긴 상황 속에서 발생했다. 일찍이 아프가니스탄 사태의 역사적 과정에는 복잡한 정치적 관계가 내재해 있다. 1978년 일부 아프가니스탄 군인들과 인민 민주당이 힘을 합쳐 쿠데타를 일으켜 아프가니스탄 정권을 장악하게 된다. 그 이후 아프가니스탄 정부군과 여러 저항단체 간 내전이 지속되었고, 1979년 소련은 군사 작전을 개시하여 아프가니스탄을 침공하였다. 이 침공은 아프가니스탄 내 공산정권을 지원하기 위함이었다. 하지만 1989년 소련은 사실상 패전으로 철수하게 되고, 소련 철수 이후 1992년부터 1996년까지 정부군과 무장 단체 간 내전이 다시 이어졌다. 이때 인접 국가인 파키스탄의 지원을 받는 탈레반이 강력한 세력으로 등장하게 된다. 1996년부터 2001년까지 탈레반 지도자 오마르가 탈레반의 정권 장악 후, 강력한 독재 정권을 구축하고, 국제 테러단체인 알카에다와 교류하면서 오사마 빈 라덴에게 은신처를 제공하게 된다. 이 과정에서 미국에 9.11 테러가 발생하고, 이에

2001년 미군 주도하에 다국적군이 아프가니스탄을 침공하여 탈레반 정권을 붕괴시켰다. 그 이후 서방국가의 본격적인 개입이 시작되어 과도정부가 세워지게 된다.

과도정부 수립 후 정부 수장인 하미드 카르자이는 2004년에 역사상 첫 대통령이 되었고, 2009년에는 재선에 성공하면서 카르자이 정부는 2014년까지 지속된다. 하지만 2006년 이후, 탈레반 세력이 남부 지역을 중심으로 재등장하였다. 미국은 남부 지역에서 세력을 재결집하고 있는 탈레반을 제거하기 위해 2008년에 병력을 더 증강하기도 했다.

한편 미국은 2011년 5월 1일에 파키스탄에 숨어 있던 오사마 빈 라덴을 사살했다고 밝혔다. 미국은 전쟁의 이유로 언급한 오사마 빈 라덴을 처단하는 데 성공했기 때문에 아프가니스탄에서 물러날 명분을 얻게 되었다. 그리고 2012년 5월 미국 시카고에서 개최된 북대서양 조약기구(NATO, 이하 나토) 정상 회담에서 아프가니스탄에 군대를 파병한 나토 회원국들은 아프가니스탄 철수 문제를 논의했다. 2014년 12월까지 병력 대부분을 철군시키겠다는 내용이 오고 갔다. 이와 함께 미국도 철수를 위해 탈레반과의 협상을 타진했고, 탈레반은 이를 수락했다. 미국과 탈레반은 2013년 6월부터 전쟁 발발 12년 만에 카타르에서 평화협상을 시작했다. 아프가니스탄 정부는 반발했지만, 미국은 계속 탈레반과 협상을 이어 나갔다.

이 같은 과정을 거쳐 2014년 미군 주도의 나토 연합군은 아프간 군경에게 치안 업무를 넘기게 된다. 하지만 마침 국가 치안이 점차 악화되면서 2015년 오바마 미국 대통령은 철군을 보류, 연기하겠다고 발표했다. 이 시기 미국이 지원하고 있는 현 아프가니스탄 정부는 부정부패와 무능력 때문에 민심을 잃었고, 그와 반대로 탈레반은 날이 갈수록 세력을 확장해가고 있었다. 그 과정에서 2017년 트럼프 미국 대통령이 철군 계획을 취소한 후, 병력을 추가 파병하면서 내전이 격화되기도 했다.

〈그림 13-4〉 아프가니스탄을 비롯한 중앙아시아 주요 국가의 지정학적 위치

결국 2018년부터 미군과 탈레반은 협상을 시작하여 2020년 3월 1일 평화협정을 체결하게 되고, 5월부터 나토 병력이 철수하였다. 그런데, 이 시기에 다시 국가 치안에 혼란이 야기되었다. 미군은 2021년 7월부터 철수하기 시작하였고, 수많은 민간인도 함께 그 지역에서 벗어나게 했다. 그리고 미군의 아프가니스탄 철수 시기에 탈레반이 아프가니스탄 이슬람 공화국 공격에 돌입했다. 8월에는 탈레반 공격에 아프가니스탄 대통령이 우즈베키스탄으로 피신했으며, 곧 탈레반은 수도 카불을 장악하였다. 그리고 8월 30일, 마침내 미군의 마지막 병력이 철수하였다. 결국 탈레반이 아프간 정부에 승리하여 정권을 장악하게 된 것이다. 요컨대 이 사건은 국제관계에서 강대국의 지원이 있더라도 결국 중요한 것은 국민이 자국을 지키겠다는 주도적 의식과 실천적 행동임을 시사하는 국제분쟁 사례라 할 수 있다.

유럽 지역의 주요 갈등 사례

14

지구촌 문화와 국제관계의 질서

14 유럽 지역의 주요 갈등 사례

1) 유럽연합(EU)과 브렉시트(Brexit)

지구촌 역사상 막대한 피해를 가져다준 제2차 세계대전이 끝난 후, 유럽은 평화와 번영, 안전을 위해 유럽의 통합을 추진하기 시작했다. 이 과정에서 유럽은 미국과 함께 소련에 대항하겠다는 정치적 선택을 하게 된다. 미국은 유럽의 재건을 위해 서유럽의 경제적 안정을 도왔다. 그리고 일정 정도 경제적으로 회복된 유럽은 그들 스스로 안전을 보장받기 위한 정치적 시스템을 구축하고자 노력하였고, 이렇게 해서 현재의 유럽연합(EU)이 결성되기에 이른다. 1993년 11월 유럽연합이 창립된 목적은 유럽 내 단일시장을 구축하고 단일통화를 실현하여 유럽의 경제 · 사회적 발전을 촉진하는 것이었다. 더 나아가 공동 방위 정책을 포함한 공동 외교안보 정책을 수립, 이행하여 국제무대의 이해관계에서 유리한 위치를 차지하고자 이 시스템을 구상한 것이었다.

유럽연합은 외교, 군사 및 치안 관련 사항에 대한 권한 확대를 통해 정치적 통합을 지향하고자 하였다. 시간이 갈수록 급속도로 성장하는

〈그림 14-1〉 유럽에 속한 주요 국가들의 지정학적 위치

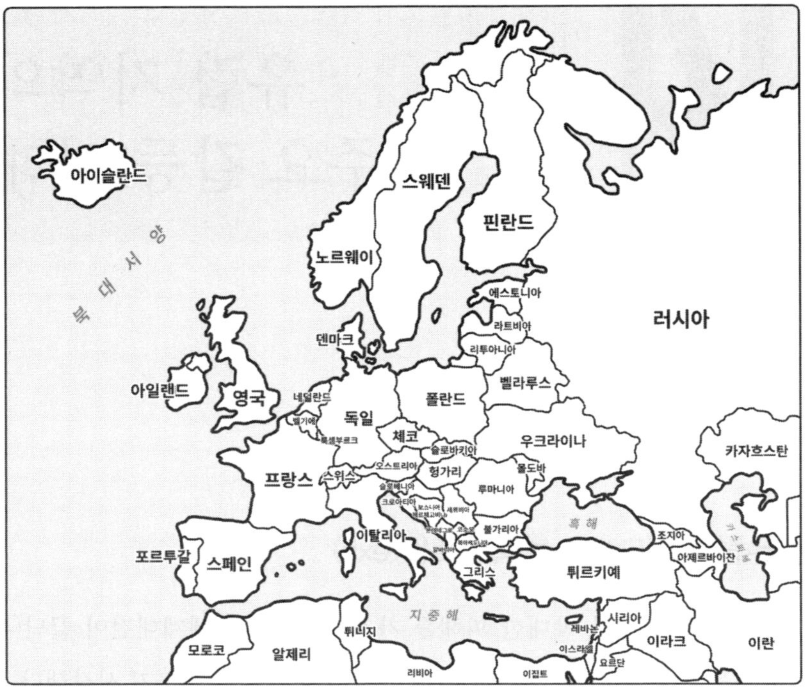

미국을 보며, 유럽 국가 간 상호의존적인 경제적 통합의 필요성을 절감하게 되고, 유럽 내 단일시장으로서의 기능을 강화하고자 노력하게 되었다. 그 과정에서 유럽 단일통화 지역(유로존, Eurozone)의 도입과 확대도 함께 진행되었다.

한편 1992년 2월 네덜란드에서 체결된 마스트리히트 조약(Maastricht Treaty)은 유럽연합 구축을 위한 실제적인 기틀을 마련했다는 점에서 주목할 만하다. 마스트리히트 조약은 유럽공동체(EC: European Community)의 통합 수위를 높이는 것을 목표로 한 조약이다. 유럽연합조약(Treaty for EU)으로 알려진 이 조약은 유로존에 대한 기초를 다졌으며, 새로운 분야에서의 회원국 간 협력을 확대하는 계기를 마련했다. 또한 이 당시 유럽 내 통합 수위를 높임과 동시에 각 국가의 정체성

은 남겨두기로 결정함으로써 유럽 내 국가들 간 협력의 성격을 규정하였다. 그 이후 유럽통합에 관한 시민들의 관심이 높아졌고, 그 사회 분위기에 따라 1993년 유럽 단일시장과 함께 유럽연합이 정식으로 출범하게 되었다.

현재 이 같은 유럽연합의 출범 및 내부 정책 운영 과정에서 군사적 · 경제적 협력과 관련된 순기능적 측면 외에도 다양한 갈등이 발생하고 있다. 특히 난민, 이주민 문제는 항상 유럽연합에서 핵심적인 갈등 문제를 야기했다. 주요 국가들에서 난민의 성격을 지닌 이주민이 이주 후에 복지 혜택을 받기만 하고 취업은 하지 않으려는 경향을 보이면서 기존 국민들과의 갈등 양상이 나타나게 된 것이다. 그 한 예로 그리스가 수용한 난민들이 다시 유럽의 다른 국가들로 유입되는 상황이 발생하면서 해당 국가들과의 갈등이 발생하기 시작했다. 유럽 내 사회문제와 윤리문제가 충돌하게 된 이 사회현상은 시대의 쟁점으로 남게 되었다.

그 과정에서 영국은 이러한 난민 문제를 비롯하여, 유럽연합의 광범위한 무역 및 행정규제 등의 문제를 제기하기에 이른다. 영국으로서 난민, 이주민 문제는 일자리 문제와도 관련 있는 중대한 사안이었다. 또한 영국은 금융서비스업 비중이 높은 국가이기 때문에 유럽연합의 금융감독 규제를 모두 받아들이기가 어려웠다. 이에 따라 영국 국민 중에는 점차 유럽연합에 대해 회의적인 시각을 가진 이들이 많아지게 되었다. 유럽연합이 확대되고 회원국의 발언권이 분산되면서 유럽연합에 대한 영국의 영향력도 줄어들었다. 영국은 자국 통화인 파운드를 사용하지만, 유럽연합 회원국으로서 유로존 위기에 따라 금융지원을 해야 했는데, 이에 대한 불만도 점차 커지게 된 것이다.

2013년 데이비드 캐머런(David Cameron) 영국 총리는 유럽연합 탈퇴 여부를 묻는 국민투표를 몇 년 안에 실시할 것이라고 발표했다. 소위 말하는 브렉시트(Brexit: Britain Exit) 가능성을 공표한 것이었다. 브렉시트는 영국을 뜻하는 'Britain'과 탈퇴를 뜻하는 'exit'의 합성어로 영국의 유럽연합 탈퇴를 뜻하는 용어이다. 이는 유럽 내 사회갈등이 표출된 구체적인 사건이라 할 수 있다. 그리고 이후 시리아 난민사태를 겪으면서 영국 내에서는 유럽연합에서 탈퇴해야 한다는 목소리가 더욱 높아졌다. 캐머런 총리는 국민 여론을 일부 수용하여 영국 내 이민 억제에 나섰고, 유럽연합에는 난민 유입을 적절히 조절해줄 것을 요구하였다. 유럽연합은 단일시장(single market)이 '상품과 사람의 이동이 자유로운 공동체'라고 정의된 이상 영국에 예외를 허용하는 것은 곧 유럽연합의 정체성에 어긋나는 사안이라고 판단하여 영국의 뜻을 수용하지 않았다.

그 과정에서 영국 자국 내에서도 브렉시트에 대한 찬성 의견과 반대 의견이 팽팽하게 대립하고 있었다. 찬성하는 이유는 다음과 같다. 첫째, 영국이 규제에서 해방되어야 하기 때문이라는 입장이다. 국가경제 대부분을 무역에 의존하고 있는 영국의 경우 유럽연합 가입 이후 체결된 무역협정의 상당 부분이 유럽연합을 통해 진행되었다. 하지만 유럽연합의 폐쇄적인 협정 절차 때문에 수많은 국가와의 협정 체결이 저지되었다고 판단했다. 둘째, 난민 문제에 대해 비판적인 시각을 가지고 있었다. 유럽 내 난민의 수가 급증하고 이민자가 늘어나자 일자리 문제 등으로 내부 갈등이 생겨나기 시작했다. 셋째, 분담금과 유럽 내 영국의 영향력 관련 문제이다. 영국은 많은 분담금을 지급함에도 불구하고, 유럽연합 내 발언권의 영향력이 독일보다 낮게 인식되는 경향이 있었기에 이에 대한 불만이 쌓여갔다.

반면 브렉시트에 반대하는 의견도 많았다. 첫째, 실질적인 경제적 문제 때문이었다. 그들은 영국 내 금융 안정성이 훼손될 경우, 금융업 비중이 높은 영국에게는 타격이 클 것으로 예상했다. 유럽연합에서 금융 중심지의 역할을 하고 있는 영국이지만 유럽연합 탈퇴 시 유럽연합의

〈그림 14-2〉 영국을 구성하고 있는 주요 국가: 잉글랜드, 스코틀랜드, 북아일랜드, 웨일스

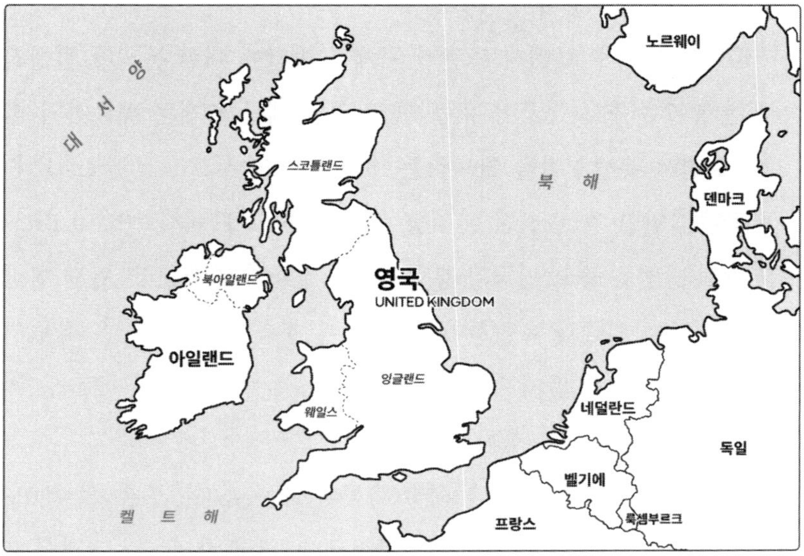

금융관련 법안 제정에 아무런 영향력을 행사할 수 없을 것으로 예측했다. 또한 유럽연합을 통해 유입되는 숙련 노동인구가 감소하게 된다면 제조업, 서비스업 전반에 문제가 발생하고, 영국 내 임금도 과도하게 상승할 것이라는 의견도 있었다. 둘째, 스코틀랜드와의 문제가 얽혀 있었다. 영국을 구성하고 있는 스코틀랜드는 유럽연합에 잔류하기를 요구하고 있었다. 심지어 영국이 유럽연합에서 탈퇴했을 때 스코틀랜드가 독립할 우려도 있었다. 스코틀랜드는 인구, 국토, 자원 및 국내총생산(GDP) 측면에서 꽤 큰 비중을 차지하고 있기 때문에 독립할 경우 영국 전체에 큰 타격이 있을 수밖에 없다.

그리고 마침내 2015년 영국 총선에서 보수당이 단독으로 과반을 형성함에 따라 캐머런 총리의 공약이었던 영국의 유럽연합 탈퇴를 묻는 국민투표가 2016년 6월 23일에 실시되었고 탈퇴 의견이 51.9%로 유럽연합 탈퇴가 결정되었다. 영국은 세계 경제 대국이면서 국제사회에 미

치는 외교적 · 안보적 영향력이 컸기 때문에 이 같은 결과는 전 세계적으로 충격을 가져왔다.

국민투표 이후 브렉시트 관련 구체적 방안에 대한 논의가 진행되면서 현재 수준에서 영국이 유럽연합과의 관계를 크게는 훼손하지 않고 유지하면서 유럽연합을 탈퇴하는 '소프트 브렉시트(soft Brexit)'와 영국과 유럽연합 간 완전한 분리를 뜻하는 '하드 브렉시트(hard Brexit)' 간 탈퇴 방법을 놓고 영국과 유럽연합은 갈등하게 되었다. 탈퇴 협상안과 관련하여 영국과 유럽연합 간 이견이 계속되면서 영국은 유럽연합과 아무런 협정을 맺지 못하고 탈퇴하게 되는 '노딜 브렉시트(no-deal Brexit)'를 우려하기도 했다.

캐머런 총리의 뒤를 이은 테리사 메이(Theresa May) 총리는 2018년 11월 유럽연합과 탈퇴협정에 합의하였으나, 영국 하원에서 협정이 부결되었고, 브렉시트 시한을 수 차례 연기하였음에도 근본적인 문제가 해결되지 않게 되어 총리직을 사퇴하기에 이른다. 메이 총리가 사임한 이후 대표적 브렉시트 강경파인 보리스 존슨(Boris Johnson)이 2019년 7월 총리에 취임하였다. 존슨 총리는 노딜 브렉시트도 불사하며 유럽연합과 재협상을 시도한 끝에 가장 큰 이견을 보인 아일랜드-북아일랜드 간 국경문제를 해결한 탈퇴협정을 이끌어냈다. 구체적인 주요 내용은 브렉시트 이행기 종료 시 북아일랜드를 포함한 영국 전체가 유럽연합의 관세동맹에서 탈퇴하고, 북아일랜드는 유럽연합 단일시장 규칙의 일부만을 한시적으로 적용받는 것을 주요 골자로 했다. 결국 브렉시트 이행법안(Withdrawal Agreement Bill)이 영국 의회를 최종 통과하면서 영국은 2020년 1월 31일 23시에 유럽연합에서 탈퇴하게 되었다. 그리고 당해 12월 31일까지 유럽연합과의 현 관계를 그대로 유지하면서 무역협정 등 향후 양자 간 관계에 관한 협상을 지속해 나갔다. 영국과 유럽연합 간 관계는 여러 가지 정책적 합의가 이루어졌으나, 미래 관계에 대한 협의는 현재도 계속 진행 중이라 할 수 있다. 무엇보다도 영국은 느슨한 형태의 자유무역협정(FTA) 모델을 선호하고 있다.

이 같은 영국의 유럽연합 탈퇴가 진행되면서 유럽연합 내 다른 회원국들의 연쇄 탈퇴를 우려하는 시각이 아직까지 존재하는 것도 사실이다. 사실상 유럽연합은 겉으로 보기에 오랜 역사와 전통이 지속적으로 공유되고 있다고 볼 수 있지만, 그 내부를 자세히 들여다보면, 여러 국가 간 다양한 이해관계가 얽혀 있는 상태임을 알 수 있다. 브렉시트는 앞으로 유럽 내 통합과 갈등 관계를 규정하는데 있어서 중요한 전환점으로 작용할 것임에는 분명하다.

2) 러시아-우크라이나 간 갈등

러시아와 우크라이나 간 전쟁은 우크라이나 자국 내 분쟁이 하나의 불씨가 되었다. 우크라이나 내부에서는 유럽 등에 우호적인 친서방 노선의 국민과 친러시아 성향의 국민 간의 갈등이 지속해서 나타나고 있었다. 실제로 친유럽, 친러시아라는 두 개의 정치적 성향을 지닌 국민들이 영토 내에서도 문화적으로 구분되어 있었다. 그러다가 2014년 4월 우크라이나의 자치공화국이었던 크림반도(the Crimea)가 러시아와의 합병을 결정하는 주민투표에서의 압도적인 찬성에 따라 러시아로의 합병을 결정하게 되었다.

이러한 결과는 2013년 12월부터 시작된 우크라이나 반정부 시위에서 비롯되었다. 이는 2014년 2월 부정선거 논란 등이 있었던 빅토르 야누코비치(Viktor Yanukovych) 대통령의 퇴진 운동 및 임시정부 설립과 관련된다. 반면 그 당시 우크라이나 내 친러시아 지역인 크림반도에서는 현 정부와 갈등 관계에 있는 임시정부를 반대하는 집회가 빠른 속도로 전개되었다. 이에 러시아군이 2014년 2월 말부터 무장병력을 투입해 크림반도의 주요 시설들을 점령하고, 3월 1일 러시아 상원이 우크라이나에서의 군사력 사용을 만장일치로 승인하면서 크림반도에 러시아군을 주둔시켰다. 그리고 사실상 이 지역은 러시아의 지배하에 들어가게 되었으며, 이로써 우크라이나와 러시아 간의 전쟁 위기가 고조되었다.

그 이후 크림 의회가 3월 6일 러시아와의 합병을 결의하고 합병에 대한 찬반의사를 묻는 주민투표를 실시할 것을 결정하였으며, 11일에 우크라이나로부터의 독립을 선포하여 크림공화국(Republic of Crimea)을 결성했다. 16일에는 러시아와의 합병을 위한 주민투표를 실시하여 압도적인 찬성으로 러시아와의 합병이 추진되었다. 크림 의회는 이날 독립 국가를 선포하면서 국제연합(UN)과 각국에 이를 인정해 달라고 요청하는 결의를 채택하였다.

러시아와의 합병을 결정한 크림반도의 투표에 대해서 우크라이나 정부와 서방 국가들은 우크라이나 헌법 조항에 따라 이를 무효라는 입장을 표명하였다. 이에 대해 러시아는 그 투표에 합법성을 부여하기에 이른다. 러시아와의 합병을 결정짓는 주민투표가 완료된 다음날인 3월 17일 블라디미르 푸틴(Vladimir Putin) 러시아 대통령은 크림공화국의 독립국 지위를 승인한 것이다. 그 후 재빠르게 크림공화국 합병조약에 관한 모든 법률 절차를 마무리하였다.

미국과 유럽연합은 즉각적으로 크림반도의 러시아 편입 결정에 대해 이를 불법으로 규정하여 다양한 국제적 제재를 가했다. 그리고 2014년 3월 네덜란드 헤이그에서 열린 핵안보정상회의(Nuclear Security Summit)에 참석한 미국, 영국, 프랑스, 독일, 이탈리아, 캐나다, 일본의 주요 7개국(G7) 정상들이 크림반도 합병을 강행한 러시아를 G8 체제에서 축출한다고 공식 발표했다. 또한 유엔 총회 역시 우크라이나 크림자

〈그림 14-3〉 현재 러시아와 전쟁 중인 우크라이나의 지정학적 위치

치공화국이 주민투표로 러시아와의 합병을 결정한 것을 불법으로 규정하는 결의안을 채택하였다.

이로 인해 우크라이나 지역에 대해서 유럽연합 및 북대서양조약기구(NATO, 이하 나토)는 주목하게 되었고, 이 지역은 이들과 러시아와의 갈등 관계가 구체적으로 표출되는 지정학적 의미가 부여되었다. 크림반도는 군사적으로 매우 중요한 지역으로 러시아의 입장에서는 부동항(不凍港)을 확보하는 기회를 맞이하게 되었다. 또한 흑해의 석유, 천연가스와 같은 지하자원의 점유를 위해 필요한 지역이기도 했다. 이처럼 영토 점령과 관련된 지역 분쟁의 이면에는 복잡한 이해관계가 숨어 있다.

이 같은 갈등 관계가 지속되던 중 2022년 4월 푸틴 러시아 대통령은 특별 군사작전을 개시하면서 우크라이나를 침공하였다. 전쟁의 명분은 러시아와 인접한 우크라이나의 비무장화, 탈나치화, 중립화를 비롯하여 돈바스(Donbas) 지역의 주민 등 러시아어를 사용하는 사람들을

보호한다는 것이었다. 우크라이나 동부와 러시아 남동부 지역에 위치한 돈바스는 러시아인이 약 30% 정도로 많이 거주하고 있어서 친러시아 성향의 지역이라 할 수 있다. 과거 2014년 이미 친러시아 성향의 반군과 우크라이나 정부군이 전쟁을 치룬 적이 있는 곳이기도 하다. 당시 러시아의 지원을 받은 반군들은 이 지역의 독립과 러시아와의 합병을 주장하기도 했다.

하지만 러시아가 내세운 명분은 표면적인 것일 뿐이었고, 사실상 이 전쟁에는 실질적 원인들이 내재해 있었다. 첫째, 정치적 측면에서 러시아는 지속적으로 우크라이나 동부지역인 돈바스를 차지하려고 했었다. 앞서 언급한 바와 같이 러시아는 2014년 크림반도를 병합하고 유럽이 자리한 서쪽을 향해 계속해서 그들의 세력을 확장하고자 했다. 또한 우크라이나 정부가 나토 가입을 추진하면서 러시아는 정치적으로 큰 위협을 받기에 이르렀다. 나토는 미국과 유럽 국가들이 회원국으로 참여하는 군사동맹으로서 세계에 많은 영향을 미치고 있다. 따라서 나토의 세력이 우크라이나까지 확장되는 것에 위협을 느낀 러시아는 군사적 우위를 앞세워 전쟁을 일으키게 된 것이다. 둘째, 경제적 측면에서는 러시아의 경제 상황 때문에 전쟁을 일으켰을 것으로 분석되기도 한다. 과거 러시아는 석유, 천연가스 등 에너지 산업을 통해 국가의 부(富)를 창출했었다. 하지만 최근 유럽 국가들이 자체적으로 천연가스 생산을 증대시키면서 러시아는 경제적으로 타격을 입게 되었다. 이를 극복하기 위한 수단으로 우크라이나를 침공하게 되었다고 보는 것이다.

러시아와 우크라이나 간 전쟁은 점차 장기화 국면으로 접어들고 있다. 러시아의 특별군사작전은 우크라이나의 수도인 키이우(Kyiv) 점령이나 볼로디미르 젤렌스키(Volodymyr Zelensky) 행정부 붕괴에 실패하였으며, 우크라이나군의 저항에 직면하여 군사적 주도권을 잡지 못하는 상태에 처하게 되었다. 전쟁 초기 예상과는 다르게 상황이 진행되면서 이번 전쟁의 의미에 대한 다양한 해석을 낳고 있기도 하다. 사실상 이 전쟁을 2014년 러시아의 크림반도 합병의 연장선상에서 이해하고 있는 연구들도 많다. 특히 크림반도 합병 이후 우크라이나는 2014년 10월 유럽연합-우크라이나 간 제휴협정을 비준하고 나토와의 군사협력을 강화했으며, 2019년 2월 유럽연합 및 나토 가입을 헌법에 포함함으로써 친서방 정책을 추진하였다. 2019년 4월 대통령 선거에서 승리한 젤렌스키 대통령은 6월 옌스 스톨텐베르그(Jens Stoltenberg) 나토 사무총장과의 회담에서 우크라이나의 나토 가입 의지를 재확인하기도 했다. 이에 우크라이나의 나토 가입 문제와 관련하여 2021년 7월 푸틴 러시아 대통령은 우크라이나의 나토 가입에 대해 여러 차례 경고하기도 했다. 러시아 입장에서는 우크라이나가 군사력을 강화하여 크림반도 탈환과 돈바스 내전 해결을 준비하고 있다고 여겼을 수도 있다. 더 나아가 러시아는 우크라이나 지역이 미국과 나토의 영향력 아래에 놓이는 것을 경계해야 했던 것이다. 2021년 12월 바이든 미국 대통령은 우크라이나의 나토 가입은 우크라이나가 결정할 사안이라고 확인하였으며, 2022년 2월 나토는 우크라이나에 대한 개방 정책 입장을 재확인하였다.

결국 이와 같은 일련의 과정을 거쳐 러시아와 우크라이나 간 전쟁이 발발하게 된 것이다. 이 전쟁은 우크라이나 내 친서방, 친러시아 성향의 국민 간 구분과 갈등이라는 역사적 배경과 함께 나토로 대변되는 미국, 유럽 서방 국가들과 러시아 세력이 충돌하게 되었다는 점에서 국제적 의미가 있다고 하겠다. 그리고 이 전쟁으로 인해 유럽 지역에서의 갈등 양상은 더욱 심화되기에 이른다.

15 지구촌 문화와 국제관계의 미래

지 구 촌 문 화 와 국제관계의 질 서

15 지구촌 문화와 국제관계의 미래

1) 세계화 시대의 지구적 변화

지금까지 살펴본 바와 같이 세계화 현상이 지배하는 지구촌 국제관계에는 다양한 이해관계가 얽혀있다. 자국 정부가 타 국가의 정부와 어떤 외교관계를 맺을 수 있는지의 여부가 국가 생존을 위한 이익과 직결되는 경우가 많다. 국제법상으로는 발생하기 어려운 일이지만 일부 국가에서는 타 국가에서 분쟁이 발생했을 때 자국에 유리한 의사결정을 할 수 있는 통치자와 주변 인사들로 정부가 구성되도록 간접적인 영향력을 행사하기도 한다. 따라서 세계화 시대에 외교는 국제정치 행위 중 하나로 중요한 의미를 갖는다.

한편 미국과 소련 중심의 냉전체제가 이미 종결되었음에도 불구하고, 세계 곳곳에서는 정치적 이념 차이를 중심으로 국가 간 연합 전선이 형성되어 갈등 관계가 표출되기도 한다. 소련의 해체로 새롭게 강대국으로 떠오른 중국은 현재 미국과 함께 세계에서 사실상 가장 강력한 영향력을 미치는 국가 중 하나로 성장하고 있다.

세계화 시대를 맞이하여 지구촌 곳곳에서는 종교, 민족, 인종 간 갈등 문제가 더욱 복잡한 양상을 띠고 있다. 이들 갈등 관계는 오랜 역사적 배경을 이해해야만 현재 상황을 해석할 수 있다. 그리고 국가 내 종교나 민족 간 갈등, 국가 간 이념 대립으로 인한 갈등이 테러나 전쟁 형태로 외현되기도 한다. 종교 문제는 민족, 인종 문제보다 더 복잡한데, 그 이유는 하나의 종교 내에는 다시 다양한 하위 종교 분파가 존재하기 때문이다. 종교는 인간의 오래된 신념과 관련된 것인 만큼 종교 간 갈등이 나타났을 때, 모두가 수용할 수 있는 해결방안을 찾는 것은 거의 불가능하다.

덧붙여 현재는 비교적 사회질서가 안정화되어 국가 간 경계가 분명해졌기 때문에 적어도 영토와 관련된 갈등은 없을 것으로 생각하기 쉽지만, 자세히 살펴보면 지금도 지구촌 곳곳에서 영유권 분쟁이 수없이 진행되고 있다. 그리고 이 지구촌 분쟁을 이해하기 위해서는 특정 지역에 대한 역사 연구가 선행되어야 한다.

지구촌 및 국제관계 문제를 간명하게 설명하기가 어려운 이유는 앞서 언급한 다양한 현상과 사건들이 한 국가에 국한하여 진행되는 것이 아니라 다른 지역, 국가와의 이해관계 속에서 훨씬 더 복잡한 움직임을 보이기 때문이다. 특정 시기에는 큰 사회문제이었던 것이 지금은 문제가 되지 않을 수도 있고, 한때는 우방국으로 서로 잘 지냈던 국가가 국제 정세에 따라 완전히 적대국으로 돌아서면서 깊은 갈등 관계가 연출되기도 한다. 특히 지구촌 문제가 정치적 쟁점뿐만 아니라 경제적, 사회문화적 이슈와 결합하게 되면, 그 양상은 더 복잡해진다.

일례로 현재 지구촌을 휩쓸고 있는 신자유주의 이념은 지구촌 경제체제에서 많은 순기능과 역기능을 동시에 낳고 있다. 현재 지구촌에서는 신자유주의에 입각한 시장경제체제의 역동성과 효율성의 가치가 세계적으로 확산하고 있다. 그리고 세계 각 국가는 자기 조절 역량을 발휘하여 시장 논리에서 비롯되는 여러 폐단을 최대한 줄이기 위해 정책적으로 노력하고 있다. 국가와 시장은 대안적 정책과 전략경영을 통해 신자유주의의 역기능을 막아내야 하는 상황에 직면해 있다. 신자유주의 철학에 입각한 여러 형태의 기업 활동은 물질적 풍요를 가져다준 동시에 빈곤, 불평등을 확대한 이중적 구조로 사람들에게 영향력을 행사하고 있다. 한편 그 과정에서 시민사회는 취업과 실업이 빠르게 전환되는 구조에 노출되어 있으며, 이러한 노동 유연화 현상으로 인해 노동환경이 양극화되고 직업 안정성이 저하되고 있다. 이로 인해 선진국과 그 외의 국가 간 국부(國富)의 차이도 점차 커지게 되면서 세계 각 지역에서 빈곤 문제가 더 심각해지고 있다.

지구촌에서 발전을 거듭하고 있는 정보통신기술은 디지털 혁명을 앞당김으로써 생산시설의 분권화, 비용이 낮은 입지로의 생산기능 분할 등을 통해 유연 조직 체계를 가능하게 하고 있다. 세계화로 인해 노동 및 자본 시장은 국제적으로 더욱 밀접하게 통합되어 가는 과정을 겪고 있다. 시장 통합과 함께 다국적 · 초국적 자본은 국경을 막론하고 모든 국가 간 경계를 넘어서고 있다. 자본의 영향력은 물질적 풍요로움뿐만 아니라 지구촌 구성원들에게 그들 삶에 있어서의 역기능도 발생시켰다. 이에 국가는 복지정책을 통해 시장의 경제적 자율성에 다소 제한을 가하기도 하고, 여러 가지 제도를 통해 사회구성원들의 안정적 생활을 지원하기 시작했다. 더 나아가 시장경제의 세계화를 통한 산업발달로 야기된 환경문제에 대해서 각 국가는 공존을 위한 이 지구적 문제를 해결하고자 노력하고 있다. 하지만 그 과정에서 세계 각 국가들의 이해관계가 충돌하면서 공공적 가치에 기반을 둔 환경문제 해결을 위한 지구촌 국가 간 합의가 원활하게 진행되지 않고 있다. 이처럼 세계화는 지구촌 각 개별국가의 삶의 영역을 상당 부분을 변화시켰다.

최근의 세계화 현상은 사회구성원들의 생활양식에도 많은 영향을 끼쳤다. 특히 시공간 이동의 제약요인들이 줄어들면서 사람들의 활동량은 물론 활동 범위, 경계 등이 총체적으로 확장됨과 동시에 새로운 정책 원리들이 외현되기 시작했다. 그만큼 국제사회에서 문화적 상호작용도 활발하게 나타나고 있다. 그리고 사실상 단일민족국가의 사회적 의미가 미미해진 현시점에서 국가 간 인구이동이 활발해지면서 본격적인 다문화사회가 도래하게 되었다.

지구촌 시대를 살아가는 구성원들은 정보통신기술의 발달을 통해 시공간의 제약이 없어지면서 욕구 충족의 한계가 많이 사라지고 있음을 경험하고 있다. 이 과정에서 세계인들은 스스로 삶의 질을 향상시키고자 개인적 수준의 문화 욕구를 충족시켜 나가고 있다. 이를 구체적으로 실현하는데 필요한 다양한 형태의 문화산업도 발전하고 있다. 이 문화산업은 이미 다국적 · 초국적 기업의 영향력 아래 놓여 있다. 이러한 변화 가운데 국제적 사회문제를 해결하기 위한 국가, 시장, 시민사회의 노력이 함께 진행되고 있다.

2) 국제적 사회문제에 대처하기 위한 지구촌 윤리의 중요성

세계화 시대를 맞이하여 시공간의 한계를 극복한 네트워크화된 생활양식이 확대됨으로써 지리적 근접성을 뛰어 넘어 다양한 정치, 경제, 사회문화 체계가 각 국가로 유입되고 있다. 이는 곧 국가 내 다른 하위문화에 대한 차이를 인정해주어야 하는 사회윤리의 중요성이 부각되는 계기를 마련하였다. 현재 여러 형태의 문화적 산물의 공유를 통한 국제관계에서의 협력체계와 긴밀한 의사소통망의 필요성이 대두하고 있다. 이러한 사회적 안전망은 국제적 사회문제에 대처하기 위한 중요한 기반이 될 수도 있다.

본격적인 지구촌 시대를 맞이하여 새롭게 조성된 국제질서에 빠르게 적응하는 국가와 그렇지 못한 국가가 존재하기 마련이다. 소위 선진국이라 하는 국가들은 강력한 군사력과 함께 고부가가치 상품을 생산할 수 있는 기술 개발을 통해 개발도상국들과의 관계에서 우위를 점하게 된다. 이에 국제관계에서의 국가 간 균형 있는 발전을 위한 대응책 마련이 필요해지면서 다양한 국제기구와 국가 간 연대가 나타나고 있다. 이 새로운 질서의 재편 과정에서 빈곤, 착취, 불평등, 전쟁 등으로 대표되는 국제적 사회문제가 발생하고 있는 것도 사실이다. 이제 지구촌 구성원들은 세계 문제에 더 큰 관심을 가지고 생활해야 한다. 다른 지구촌 지역에서의 현상과 사건이 곧 자신에게 영향을 줄 수 있음을 알아야 한다. 예를 들어 불안정한 수급이 곧 심각한 사회문제가 될 수 있는 석유위기가 단순히 산유국 중심의 국지적 문제로 치부되어서는 안 된다. 지금껏 인류 역사상 유례없는 에너지 자원 고갈이라는 사회문제가 조만간 도래할 수 있다는 사실에 현재 세계의 많은 국가가 긴장하고 있다.

이처럼 자원, 식량 등의 균형적인 생산과 배분 문제는 최근 더욱 중요한 세계적 쟁점이 되고 있다. 전쟁 위협이나 빈곤 문제의 원인을 단순히 지리적, 환경적 제약이라고 하기에는 지구촌 질서에 수많은 본질적인 구조적 모순이 드러나고 있다. 따라서 이에 대한 구체적인 해결책을 모색하기 위해 세계의 각 국가뿐 아니라 시장과 시민사회 모두 노력하고 있다.

더불어 전쟁 위기를 극복하려는 민간 차원에서의 노력은 물론, 인구성장과 끊임없는 경제발전으로 야기된 환경문제의 해결을 위한 지구적 차원에서의 대응이 이루어지고 있다. 이에 지속가능한 사회의 존립을 위해서는 윤리적 가치에 대한 사회구성원 모두의 실천적 행동이 필요하다.

이상 살펴본 이 시대의 복잡한 국제관계에서의 갈등 해결에 필요한 것은 미래 사회 질서에 부합하는 새로운 지구촌 윤리의 정립이다. 이제 국가, 시장, 시민사회 영역 모두 지구촌 구성원들이 경험하는 정치, 경제, 사회문화와 관련한 윤리 학습 및 실천의 중요성을 인식하고 있다. 이 윤리체계에는 수 세기에 걸쳐 많은 사회구성원들에게 존재한 공통의 선(善)을 실현하고자 하는 동기가 포함되어야 한다. 세계 각 지역은 여러 가지 지구적 차원에서의 위험에 노출되어 있음에도 불구하고 세계화 질서와 함께 나타난 개인화 현상으로 인해 과거처럼 윤리적 문제 해결을 위한 사회적 응집력이나 집단 압력이 제대로 발현되지 못하고 있다. 또한 국가 간 외교 활동 역시 철저하게 자국의 이해관계에 부응할 수 있는 방향으로 진행되고 있다.

이와 같은 지구촌 윤리의 쇠퇴는 사회적 · 정치적 불화 증대, 국가 간 불평등 심화, 빈곤 확산, 자원 부족, 환경 악화와 같은 갖가지 불행한 사태를 더욱 확장시킬 수 있다. 지구촌 윤리의식을 단순히 학교나 가정에서의 사회화 과정에서 나타나는 개인 행위의 준거 기준 정도로 치부해 버려서는 안 된다. 지구촌에서 발생하는 국제관계를 다루는 과정에서 새로운 제도와 정책 시스템에 의한 각국의 윤리체계는 지구촌 구성원들의 태도와 행위에 직접적으로 영향을 미칠 수 있음을 잊어서는 안 된다.

이제 세계에 거주하는 모든 사람들은 타문화를 바라볼 때, 그것이 인류에게 주어진 보편타당한 가치인지, 그렇지 않은지를 주도적으로 성찰할 수 있어야 한다. 그리고 그 성찰적 사고를 통한 인식체계는 세계 구성원들의 지속적인 학습에 기반을 둔 윤리 행위의 실천으로 구현될 수 있다. 현재 이 윤리의식의 실천 과정에 대해 세계적 범위에서 활동하고 있는 시민운동가와 조직들이 관심을 보이고 있다. 네트워크 사회로 명명되는 미래 지구촌 사회에서는 인류의 미래를 위해 반드시 고려해야 하는 상호의존적 가치관의 재정립이 요구된다고 하겠다. 또한 세계에 존재하는 인간이라는 종(種)의 생존을 위한 호혜성에 기초한 행동 방안을 마련할 필요가 있다. 그것만이 다양한 지구촌 문화와 복잡한 국제관계의 흐름 속에서 맞닥뜨리게 될 위기에 대응하고, 인간이 공존할 수 있는 근본적인 해결책이 될 것이다.

참고문헌

[국내자료]

강수택(2007). 시민연대사회. 아르케.

강원택(2000). 유럽통합과 다층 통치체제: 지역의 유럽 혹은 국가의 유럽?. 국제정치논총, 40(1), 121-139.

강원택 · 조홍식(2009). 하나의 유럽: 유럽연합의 역사와 정책. 푸른길.

강인화(2019). 2019년 홍콩시위와 민주주의, 그리고 '탈식민'. 내일을 여는 역사, 77, 119-130.

강정한 · 김문조 · 김종길 · 김홍중 · 유승호 · 하홍규(2013). 현대사회학이론: 패러다임적 구도와 전환. 다산출판사.

경남대 극동문제연구소(2015). 동아시아 질서 변화와 한반도 미래. 선인.

과학과문화 편집부(2004). 사이언스 올제. 2004년 1~12월호. 과학과문화.

과학과문화 편집부(2005). 사이언스 올제. 2005년 1~5월호. 과학과문화.

구갑우(2001). 세계무역기구(WTO) 지역주의 조항의 기원: 국제경제법 형성의 정치경제. 국제정치논총, 41(1), 327-346.

구동회 · 이정록 · 노혜정 · 임수진(2013). 세계의 분쟁: 지도로 보는 지구촌의 분쟁과 갈등. 푸른길.

권태준 외(1999). 도시 · 지역과 산업. 서울대학교출판부.

김경원 · 임현진(편)(1995). 세계화의 도전과 한국의 대응. 나남.

김계동 외(2003). 유럽 질서의 이해: 구조적 변화와 지속. 오름.

김교환(2000). 복지국가의 위기와 재편: 이론적 고찰. 교육연구, 10, 101-123.

김기석 · 최운도(2012). 미국의 귀환과 동아시아 지역협력 아키텍쳐: 동아시아 지역주의 협력의 G2화?. 동아연구, 31(1), 121-151.

김기수(1999). 유럽의 통합과 국제정치경제질서: 체제적 분석을 중심으로. IRI 리뷰, 4(1), 111-137.

김기수(2019). 홍콩사태의 본질: 중국 경제 · 정치 가치관의 충돌. 세종연구소.

김남조(2011). 복잡계 사고로 분석한 저탄소 녹색관광의 위상과 시사점. 관광연구, 26(2), 39-58.

김동수(1995). 기후변화협약의 국제정치: 우리나라에 대한 영향과 대응방안. 한국정치학회보, 28(2), 771-789.

김동하(2015). 홍콩의 센트럴 점령 시위를 통해서 본 일국양제 고찰. 한중사회과학연구, 13(4), 1-24.

김동하 · 오혜정 · 이창준 · 신재은(2019). (사진과 함께 읽는) 차이나 키워드 100. 시사중국어사.

김문조(2005). IT와 새로운 사회질서의 형성. 정보통신정책연구원.

김문조(2013). 융합문명론: 분석의 시대에서 종합의 시대로. 나남.
김미경(2018). 브렉시트(Brexit)와 유럽통합 이론: 통합 과정의 가역성(reversibility)을 중심으로. 현대정치연구, 11(3), 105-139.
김민철 · 최용복 · 부창산(2014). 중국관광객의 의료관광지 선택 의도. 관광연구저널, 28(1), 159-170.
김법헌 · 김동훈(2022). 러시아-우크라이나 전쟁에 관한 한국 사회의 인식 및 함의. 한국군사학논총, 11(2), 129-150.
김병국(1995). 지역주의. 세계화의 도전과 한국의 대응(김경원 · 임현진 편). 나남.
김병렬 · 나이토 세이츄(2006). 한일 전문가가 본 독도. 다다미디어.
김사헌 · 박세종(2013). 관광사회문화론: 국제관광현상의 사회문화 및 정치경제학적 분석. 백산출판사.
김상순(2019.11.27).홍콩우산혁명과중국공산당의딜레마.CSF중국전문가포럼.https://csf.kiep.go.kr/issueInfoView.es?article_id=36250&mid=a20200000000&board_id=4 [검색일: 2023.12.31]
김상욱(2012.04.23). 미국-필리핀 방위조약 효력 스프래틀리 군도에 적용. 뉴스타운. http://www.newstown.co.kr/news/articleView.html?idxno=119417 [검색일: 2023.12.31]
김성진(2023). 러시아-우크라이나 전쟁: 전망과 국제질서 변화. 슬라브학보, 38(4), 485-516.
김성한(2011). 미국 오바마 행정부의 아태정책: 아시아로의 귀환?. 국제관계연구, 16(2), 103-136.
김순영(2000). 신자유주의와 빈곤의 문제: 영국 자유주의 사상과 빈곤정책의 변화를 중심으로. 서강논집, 14, 154-179.
김영미(2014). 세계는 왜 싸우는가. 추수밭.
김영수 · 장용석(2002). 제도화된 조직구조의 합리성에 대한 신화와 비판: 정부조직의 구조적 분화와 그 경제적 효과에 관한 비교연구, 1951-1990. 한국사회학, 36(6), 27-55.
김영순(1996). 복지국가의 위기와 재편: 영국과 스웨덴의 경험. 서울대학교 출판부.
김용민(2020). 브렉시트 이후 영국의 입장: 정치, 외교적 측면을 중심으로. 국제지역연구, 24(2), 89-108.
김용선(1986). 아랍문화사. 한국외국어대학교출판부.
김우상(2001). 세력전이와 동아시아 안보질서에 관한 경험적 연구. 한국정치학회보, 35(4), 377-394.
김원중(1998). 일본과 동아시아 경제통합: APEC과 EAEC를 둘러싼 갈등. 경제와사회, 39, 76-98.

김인호 · 한성수(2006). 기존 전략경영관에 대한 반성과 新패러다임의 제안. Hanyang Business Review, 18, 63-71.
김재명(2009). 눈물의 땅, 팔레스타인: 전쟁은 이미지가 아니라 현실이다. 프로네시스.
김재명(2021). 오늘의 세계 분쟁: 국제 분쟁 전문가 김재명의 전선 리포트. 미지북스.
김재철(2015). 중국, 미국 그리고 동아시아: 신흥 강대국의 부상과 지역질서. 한울아카데미.
김정규 외(2013). 세계지역의 이슈: 갈등과 협력. 명인문화사.
김진용(2016). 우산혁명은 왜 지속되지 못했는가?: 홍콩 시위의 발발과 파급력, 그리고 한계. 동아연구, 35(2), 189-225.
김찬중 · 조준희(2011). 윤리경영과 구성원의 직무태도의 관계. 산업경제연구, 24(5), 2953-2975.
김창남(2010). 대중문화의 이해(제2개정판). 한울아카데미.
김태현(편)(1997). 신동아시아 안보질서. 세종연구소.
김한권(2015). 중국의 주변외교에서 본 '일대일로(一帶一路)'의 전략적 의미. 국립외교원 외교안보연구소.
김현수(2009). 세계도서 영유권 분쟁과 독도. 연경문화사.
김현재(2020). 중국과 베트남의 남중국해 영유권 분쟁에 관한 연구. 베트남연구, 18(1), 173-196.
김화진(2016). 남중국해 분쟁의 현황과 아시아의 국제질서. 서울국제법연구, 23(2), 1-30.
김흥규(2009.08.28). 미 · 중 전략 · 경제대화 분석: 한반도 현안에 대한 함의와 더불어. 주요국제문제분석, 2009(27). https://www.ifans.go.kr/knda/ifans/kor/pblct/PblctView.do?clCode=P01&pblctDtaSn=11651&koreanEngSe=KOR [검색일: 2023.12.31]
류모세(2010). 이슬람 바로보기. 두란노.
류영하(2020). 방법으로서의 중국-홍콩 체제. 소명출판.
문정인(1995). 세계화의 위협구조와 국가전략. 세계화의 도전과 한국의 대응(김경원 · 임현진 편). 나남.
민웅기(2002). 정보화 시대의 관광산업: 배경, 현황 및 대응방안. 문화정책, 1, 113-131.
민웅기(2006). 세계화 시대의 새로운 복지국가의 기능: 한국적 복지국가의 여가(leisure)정책 실현 가능성을 위하여. 차세대 인문사회연구, 2, 231-246.
민웅기(2010). 네트워크 시대의 여가 공동체: 정보 사회의 여가 공동체에 내재된 시민사회적 의미. 여가학연구, 7(3), 25-44.
민웅기(2014). 현대 관광확산의 추동요인에 대한 사회문화적 분석: 한국사회에서의 관광동향 및 변화상에 대한 고찰을 중심으로. 여가학연구, 12(2), 125-147.

민웅기(2015). 해방 이후 한국 사회에서의 관광정책 및 산업 특성에 대한 역사적 고찰을 위한 탐색적 연구. 역사와 실학, 58, 267-290.

민웅기(2016). 융합적 정보문화교육을 위한 구조화된 소통양식의 전환적 구성. 문화와 융합, 38(3), 119-148.

민웅기 · 김상학(2014). 다문화가족 이주여성들의 여가제약이 여가활동 참여 및 여가만족에 미치는 영향: 여가관여의 조절효과를 중심으로. 관광연구저널, 28(5), 45-61.

민웅기 · 김상학(2015). 세계화 시대의 다문화가족의 확산과 국제관광의 사회적 기능에 대한 이론적 성찰. 관광연구저널, 29(5), 5-17.

민웅기 · 박봉규(2015). 세계화 시대의 관광 활성화를 위한 관광정책 및 기업경영전략에 대한 대안적 논의: 공공적 관광정책과 경쟁우위의 기업경영전략을 중심으로. 동북아관광연구, 11(2), 1-20.

박경서(2012). 지구촌 정치학: 새로운 국제관계학 개론(제2판). 법문사.

박광득(2014). 홍콩 민주화 시위와 일국양제의 전망에 대한 연구. 대한정치학회보, 22(4), 299-316.

박광섭(2015). 남중국해 스카버러 숄 영유권을 둘러싼 필리핀과 중국 간 분쟁양상의 본질: 영유권 주장의 근거와 분쟁해결 접근방식의 차이. 아시아연구, 18(1), 169-200.

박길성(1996). 세계화: 자본과 문화의 구조변동. 사회비평사.

박길성(2003). 한국사회의 재구조화: 강요된 조정, 갈등적 조율. 고려대학교 출판부.

박상현(2017). 브렉시트와 유럽통합의 미래. 경제와사회, 115, 145-182.

박서현(2015). 홍콩 민주화 시위에 나타난 정체성의 정치 분석. 글로벌교육연구, 7(4), 19-54.

박재영(1996). 국제정치 패러다임: 현실주의, 자유주의, 구조주의. 법문사.

박재환(1992). 사회갈등과 이데올로기. 나남.

박종귀(2000). 아시아의 분쟁. 새로운사람들.

박희준(2011.07.24). 힐러리 "남중국해 분쟁 아시아 평화 해친다"경고. 아시아경제. https://www.asiae.co.kr/article/2011072412265667321 [검색일: 2023.12.31]

배긍찬(2016). 2016년 ASEAN 관련 정상회의 결과분석: ASEAN, ASEAN+3, EAS를 중심으로. 국립외교원 외교안보연구소.

배진수 · 윤지훈(2008). 세계의 영토분쟁 DB와 식민침탈 사례. 동북아역사재단.

백봉종(1999). 국제환경레짐과 오존층 보호(협약). 한국동북아논총, 13, 95-117.

백진현(1995). 세계화와 한국의 안보전략. 세계화의 도전과 한국의 대응(김경원 · 임현진 편). 나남.

비판사회학회(편)(2012). 산업사회의 이해: 노동세계의 탐구. 한울아카데미.

비판사회학회(편)(2014). 사회학비판적 사회읽기(제2판). 한울아카데미.

손호철(2000). 한국의 신자유주의와 민주주의. 세계화와 신자유주의: 이념 · 현실 · 대응(안병영 · 임혁백 편). 나남.
송복(편저)(1986). 사회불평등 기능론: 사회계급과 계층의 전개(Ⅰ). 전예원.
송호근(1997). 시장과 복지정치: 사민주의 스웨덴 연구. 사회비평사.
신광영(2002). 한국의 경제위기와 복지개혁. 국가전략, 8(1), 57-75.
신상협(2019). 브렉시트 협상에 대한 전망과 그 함의: 한국에 주는 함의를 중심으로. 아태연구, 26(3), 133-164.
오경택(1999). 지구온난화 레짐형성에 관한 미국의 정책결정과정 연구: 환경운동단체와 업계의 역할을 중심으로. 한국정치학회보, 33(2), 325-347.
원용진(1996). 대중 문화의 패러다임. 한나래.
유문무(2014). 다문화문제. 사회문제의 이해(정헌주 외 공저): 대왕사.
유영수(2019.08.01). 홍콩의 인권과 민주화를 위한 시위와 중국의 대응: 배경과 전망. 동아시아연구원. https://www.eai.or.kr/new/ko/etc/search_view.asp?intSeq=19582&board=kor_issuebriefing [검색일: 2023.12.31]
유준구(2016.08.19). 필리핀 vs. 중국 남중국해 중재재판의 내용과 시사점. 주요국제문제분석, 2016(30). https://www.ifans.go.kr/knda/ifans/kor/pblct/PblctView.do?csrfPreventionSalt=&pblctDtaSn=12695&menuCl=P01&clCode=P01&koreanEngSe=KOR [검색일: 2023.12.31]
유철종(2005). 남중국해 남사군도(南沙群島) 영토분쟁에 관한 연구. 정치 · 정보연구, 8(2), 1-36.
유평근 · 진형준(2005). 이미지. 살림.
유현석(2014). 국제정세의 이해: G2 시대 지구촌의 어젠다와 국제관계(제4개정판). 한울.
유현석(2017). 국제정세의 이해: 위기의 시대, 지구촌의 어젠다와 국제관계(제5개정판). 한울아카데미.
윤대영(2019). 남중국해 문제의 기원과 쟁점화: 중국과 베트남의 파라셀 군도 및 스프래틀리 군도 영유권 분쟁과 관련하여. 148, 409-455.
윤대혁(2005). 윤리경영의 유형과 조직특성이 조직구성원의 결과행위에 미치는 영향. 인적자원관리연구, 12(3), 69-95.
윤도현(2017). 복지국가론. 정민사.
윤민우(2011). 테러리즘의 이해와 국가안보. 진영사.
윤상우 · 김명수(2004). 동아시아 신흥공업국의 불균등 발전: 한국 · 대만 비교. 한국사회학회 기획심포지엄 논문집. 59-77.
윤성원(2016). 시리아 난민과 영국: 시리아 난민사태에 대한 영국정부의 입장과 난민지원제도를 중심으로. 유럽연구, 34(2), 1-22

윤성태 · 박성용(2021). 남중국해 분쟁과 중국, 미국, 베트남의 전략적 이해관계: 서사군도와 남사군도를 중심으로. 한국동북아논총, 26(4), 5-32.
이근 · 전재성(2001). 안보론에 있어 구성주의와 현실주의의 만남. 한국과국제정치, 17(1), 163-198.
이대우(2016). 남중국해 영유권 분쟁과 미중관계. KINU통일+, 2(3), 4-19.
이대훈(1998). 세계의 화두. 개마고원.
이삼성(1997). 전후 국제정치이론의 전개와 국제환경: 현실주의-자유주의 균형의 맥락적 민감성. 국제정치논총, 36(3), 3-59.
이상균(1999). 미국과 유럽통합: 대서양 협력의 동인과 쟁점. IRI 리뷰, 4(2), 153-185.
이상우 · 하영선(편)(1992). 현대국제정치학. 나남.
이상현(2011). 새로 그리는 동아시아 안보지도: 중국 부상의 안보적 함의. 세종연구소.
이석우(편)(2005). 독도분쟁의 국제법적 이해. 학영사.
이수형(1999). 동맹의 안보 딜레마와 포기-연루의 순환: 북핵 문제를 둘러싼 한-미 갈등 관계를 중심으로. 국제정치논총, 39(1), 21-38.
이수형(2000). 유럽연합(EU)의 공동외교안보정책(CFSP): 대서양주의자와 유럽주의자의 논쟁을 중심으로. 세계지역연구논총, 14, 79-100.
이수형(2011). 21세기 새로운 안보위협과 NATO의 변화: NATO의 2010년 신전략개념을 중심으로. 국방연구, 54(2), 91-114.
이수훈(1994). 전지구화, 지역주의화 그리고 국지화의 특징과 내용. 경제와사회, 22, 236-257.
이승근(2002). 동북아 군비증강과 한국의 2중 전략: 군사협력강화와 무기도입의 다변화 전략을 중심으로. 국제정치논총, 42(3), 125-149.
이승신 외(2019.08.28). 홍콩 시위 사태의 영향 및 시사점. KIEP 기초자료, 19(15). https://www.kiep.go.kr/gallery.es?mid=a10102040000&bid=0005&act=view&list_no=3615 [검색일: 2023.12.31]
이신모 · 한만호(2008). 글로벌시대의 경영학. 두양사.
이연호(1998). APEC 및 ASEM 외교. 한국의 외교정책(김달중 편). 오름.
이옥연(2019). 영국의 탈(脫)유럽연합 투표: 유럽 지역통합과 국가 체제통합 간 양자택일?. 국제지역연구, 23(1), 217-245.
이유선(2002). 합리성의 두 가지 의미. 철학과 합리성(사회와철학연구회 편). 이학사.
이은택 · 남궁영(2019). 남중국해 영유권 분쟁을 둘러싼 미 · 중의 갈등: 공격적 현실주의 접근. 국제관계연구, 24(1), 81-132.
이인희(2003). 현대국가의 복지패러다임에 관한 탐색적 연구. 한국사회와행정연구, 13(4), 17-41.
이정록 · 구동회(2005). 세계의 분쟁지역. 푸른길.
이정록 · 송예나(2019). 분쟁의 세계지도. 푸른길.

이정록 · 송예나 · 박종천 · 장문현 · 조정규 · 추명희(2016). 세계 분쟁 지역의 이해. 푸른길.

이정전(1994). 국제환경문제와 그린라운드. 환경경제연구, 3(1), 57-86.

이종철(2014). 국제관계의 이해: 멈추지 않는 전쟁과 테러. 밥북.

이종화(2018). 홍콩의 집단기억과 시위 그리고 정체성 정치. 중소연구, 42(3), 157-189.

이지용(2014). 중국 '일대일로(一帶一路)' 전략의 정치경제적 함의와 시사점. 국립외교원 외교안보연구소.

이지용(2019.12.10). 홍콩 '시대혁명'과 일국양제의 미래. CSF 중국전문가포럼. https://csf.kiep.go.kr/issueInfoView.es?article_id=36385&mid=a20200000000&board_id=4 [검색일: 2023.12.31]

이창순(1997). 조직이론: 사회조직의 제관점. 박영사.

이철우(2012). 新 사회학 초대. 학지사.

이춘근(1997). 동북아 군비증강: 현황과 원인. 신동아시아 안보질서(김태현 편). 세종연구소.

이치훈(2019.12.10). 홍콩사태 진단 및 시사점. CSF 중국전문가포럼. https://www.emerics.org:446/issueInfoView.es?article_id=36384&mid=a20200000000&board_id=4 [검색일: 2023.12.31]

이태희 · 한혜숙(2005). 신기성 욕구수준에 따른 관광목적지 브랜드가치 비교연구: 일본인 Outbound 관광객을 중심으로. 관광연구저널, 19(1), 231-147.

이한메(2011). 한국인의 기업윤리관에 관한 연구: 기업윤리 수용태도와 사회문화적 요인을 중심으로. 고려대학교 박사학위논문.

이한숙(2014). 한식 프랜차이즈 브랜드개성이 고객만족과 브랜드 충성도에 미치는 영향. 관광연구저널, 28(9), 223-243.

이호철(2004). 민주평화론. 현대 국제관계이론과 한국(우철구 · 박건영 편). 사회평론.

임혁백(2000). 세계화와 민주주의: 기회와 제약. 세계화와 신자유주의: 이념 · 현실 · 대응(안병영 · 임혁백 편). 나남.

임현진 · 신광영(2004). 세계화와 불균등 발전: 한국에 대한 함의. 한국사회학회 기획심포지엄 논문집. 4-19.

장선화(2016.07.20). 브렉시트(Brexit) 한 번에 정리하기. 미디어리터러시. https://dadoc.or.kr/2248 [검색일: 2023.12.31]

장정아(2019). 모든 것이 정치다: 2019년 홍콩 시위의 기억과 유산. 황해문화, 105, 235-253.

전웅(2004). 국가안보와 인간안보. 국제정치논총, 44(1), 25-49.

전재성(2009). 동아시아 전통질서 연구의 현황과 과제: 국제정치학과 역사학의 만남. 세계정치, 30(2), 7-34.

전재성 · 주재우(2012). 미중관계의 변화와 한국의 미래 외교 과제. 동아시아연구원.

전종한 외(2015). 세계지리: 경계에서 권역을 보다. 사회평론.
전창환(2000). 금융 세계화와 화폐 주권의 동요. 경제와 사회, 45, 36–65.
전혜원(2016). 브렉시트(Brexit) 동향과 향후 전망: 정치적 함의를 중심으로. 국립외교원.
전홍찬(2003). 팔레스타인 분쟁의 어제와 오늘. 부산대학교출판부.
정갑용(2015). 남중국해 해양분쟁의 국제법적 쟁점. 해사법연구, 27(2), 31–63.
정대연(2002). 환경사회학. 아카넷.
정수일(2002). 이슬람문명. 창작과비평사.
정장엽 · 정순관(2013). 한국다문화가족정책의 정향성 분석. 지방정부연구, 17(4), 121–142.
정진영(1998). 세계금융과 민주주의: 공존이 가능한가?. 사상, 37, 182–208.
정진위 외(1998). 새로운 동북아질서와 한반도. 법문사.
조동희(2018.01.18). 브렉시트 협상 현황 및 전망. 오늘의 세계경제, 18(2). http://www.kiep.go.kr/sub/view.do?bbsId=global_econo&nttId=200143&searchIssue=&searchWrt=&pageIndex=1 [검색일: 2023.12.31]
조상현(편)(2010). 중동지역 분쟁과 중동테러리즘. 한국학술정보.
조상현(2016). 전 세계 에너지 · 무역의 통로 남중국해 둘러싼 영유권 분쟁. 통일한국, 385, 54–55.
조영훈(2000). 복지국가의 몰락?: 스웨덴 사례 분석을 통한 세계화론의 복지국가 쇠퇴론 검토. 한국사회학, 34(겨울호), 929–949.
조은정(2020.02.07). 포스트 브렉시트 협상의 주요 쟁점과 전망. 국가안보전략연구원 이슈브리프, 171. https://www.inss.re.kr/common/viewer.do?atchFileId=F79247&fileSn=0 [검색일: 2023.12.31]
조홍식(1998). 유럽의 신아시아 전략. 동아시아와 유럽(조홍식 · 김기수 공저). 세종연구소.
조홍식(2019.04.16). 브렉시트의 드라마와 유럽의 '공동체 정신'. 동아시아연구원. https://www.eai.or.kr/m/research_view.asp?intSeq=12443&code=100&menu=program [검색일: 2023.12.31]
주성수(2000). 글로벌 가버넌스와 NGO. 아르케.
주타이페이 대표부(2014.05.13). (중국 동향) 대만의 남중국해 11단선 유례 및 최근 논의 동향. 외교부 주타이페이 대표부. https://overseas.mofa.go.kr/tw-ko/brd/m_1456/view.do?seq=1070299&srchFr=&amp%3BsrchTo=&amp [검색일: 2023.12.31]
차종환 · 신법타 · 김동인(2006). 한국령 독도: 독도의 영유권 논쟁과 대책. 해조음.
천정웅(1995). 지구환경레짐의 정치경제학. 한울.
최경구(1993). 조합주의 복지 국가. 한나래.

최경준(2020.01.16). 홍콩 시위와 민주화: "일국양제(一國兩制)"실험의 위기를 통한 민주주의 전환. JPI 정책포럼, 2019(5). http://jpi.or.kr/?p=530 [검색일: 2023.12.31]
최대석(1996). ASEAN의 지역협력전략. 동아시아 신질서의 모색(경남대학교 극동문제연구소 편). 서울프레스.
최우선(2016). 미중관계와 한국의 전략. 국립외교원 외교안보연구소.
최종철(1998). 미국의 동북아 안보정책. 새로운 동북아질서와 한반도(정진위 외 공저). 법문사.
최창현(1995). 조직사회학: 조직환경론을 중심으로. 학문사.
하영선(편)(1991). 현대국제정치이론. 나남.
하원규 · 최남희(2015). 제4차 산업혁명: 초연결 · 초지능 사회로의 스마트한 진화 새로운 혁명이 온다!. 콘텐츠하다.
한국공간환경학회(2000). 공간의 정치경제학: 현대 도시 및 지역 연구. 아카넷.
한국국제정치학회 중국분과(편)(2008). 중국 현대국제관계. 오름.
한국보건사회학회(2000). 사회변화와 보건복지. 태일사.
한국산업사회연구회(편)(1994). 계급과 한국사회. 한울.
한국산업사회학회(편)(2003). 사회학. 한울.
한미애(2019). 반유럽연합 정서 확산 원인 분석: 폴란드와 헝가리 사례를 중심으로. 세계지역연구논총, 37(2), 177-204.
한미애(2020). 코로나 19 바이러스 팬데믹으로 인한 유럽연합과 유럽시민의 결속 강화 및 통합. 민족연구, 76, 111-130.
한종호(2004). 빅 브라더 아메리카: 9贊테러와 표현의 자유. 나남.
함택영(2002). 21세기 한반도 평화전략: 군사력균형과 군비통제 · 군축전망. 동북아연구, 7, 5-31.
허철행(2001). 신자유주의의 역사적 전개와 이론적 근거. 지방과행정연구, 13(1), 87-118.
홍규덕(2000). 21세기 동북아 안보협력체 구상에 대한 전망과 과제. 외교, 53, 15-24.
홍두승 · 구해근(2008). 사회계층 · 계급론(제2판). 다산출판사.
홍지영 · 고상두(2015). 유럽연합 회원국 정당의 유럽이슈 강조에 관한 분석. 21세기정치학회보, 25(2), 149-170.

[국외자료]

21世紀研究会 (2001). 세계의 민족지도(박수정 역). 살림출판사.
高崎 通浩 (2003). 민족분쟁의 세계지도(노길호 역). 깊은강.
臼杵 陽 (2015). (세계사 속) 팔레스타인 문제(김윤정 역). 글항아리.

世界情勢を讀む會 (2005). (지도로 보는) 세계분쟁: 지구촌 분쟁을 세계지도로 한눈에 읽는다(박소영 역). 이다미디어.
小川秀樹 (2000). 이스라엘 · 팔레스타인 역사기행(이종석 역). 다빈치.
中西嘉宏 (2023). 미얀마 현대사: 폭력과 부정의를 넘어 민주주의를 향한 여정(이용빈 역). 한울아카데미.
增田隆幸 (2004). (한눈에 보는) 세계분쟁지도(이상술 역). 해나무.
倉田徹 · 張彧暋 (2019). 홍콩의 정치와 민주주의(이용빈 역). 한울.

Altheide, D. L. (2006). *Terrorism and the politics of fear*. AltaMira Press.
Amin, A. (1994). Post-Fordism: Models, fantasies and phantoms of transition. In Amin, A. (Ed.), *Post-Fordism: A reader* (pp. 1-39). Blackwell.
Andreas, P., & Biersteker, T. J. (Eds.). (2003). *The rebordering of North America: Integration and exclusion in a new security context*. Routledge.
Appleby, R. S. (2000). *The ambivalence of the sacred: Religion, violence, and reconciliation*. Rowman & Littlefield.
Arnold, M. (1960). *Culture and anarchy*. Cambridge University Press.
Arnorsson, A., & Zoega, G. (2018). On the causes of Brexit. *European Journal of Political Economy*, 55(December) 301-323.
Art, R. J., & Waltz, K. N. (Eds.). (2008). *The use of force: Military power and international politics* (7th ed.). Rowman & Littlefield.
Baerwald, T. J., & Fraser, C. (2000). *World geography: Building a global perspective*. Prentice Hall.
Barbalet, J. M. (1988). *Citizenship: Rights, struggle, and class inequality*. University of Minnesota Press.
Barber, B. R. (2003). *Jihad vs McWorld*. Corgi Books.
Bard, M. G. (2002). *The complete idiot's guide to Middle East conflict* (2nd ed.). Alpha.
Barney, J. B., & Hesterly, W. S. (2008). *Strategic management and competitive advantage: Concepts and cases* (2nd ed.). Prentice Hall.
Baudrillard, J. (1981). *For a critique of the political economy of the sign*. Telos Press.
Baudrillard, J. (1988). Consumer society. In J. Baudrillard (Ed.), *Jean Baudrillard: Selected writings* (pp. 29-56). Polity Press.
Beck, U. (1992). *Risk society: Towards a new modernity*. Sage Publications.
Becker, S. O., Fetzer, T., & Novy, D. (2018). Who voted for Brexit? A comprehensive district-level analysis. *Economic Policy*, 33(93), 179-180.

Beckley, M. (2011). China's century? Why America's edge will endure. *International Security*, 36(3), 41–78.

Benjamin, D., & Simon, S. (2002). *The age of sacred terror: Radical Islam's war against America*. Random.

Bergsten, F. (2000, July 13). Towards a tripartite world. *The Economist*. Retrieved December 31, 2023, from https://www.economist.com/special/2000/07/13/towards-a-tripartite-world

Bland, B. (2011, June 20). Vietnam's fishermen on front line in China clash. *Financial Times*. Retrieved December 31, 2023, from https://www.ft.com/content/376eaf48-8b6f-3cef-a4da-e6fed8cc9624

Boorstin, D. J. (1964). *The image*: A guide to pseudo-events in America. Harper & Row.

Boswell, T. (Ed.). (1989). *Revolution in the world-system*. Greenwood Press.

Boswell, T., & Chase-Dunn, C. (2000). *The spiral of capitalism and socialism: Toward global democracy*. Lynne Rienner.

Bourdieu, P. (1979). *Outline of a theory of practice* (R. Nice, Trans.). Cambridge University Press.

Bourdieu, P. (1984). *Distinction: A social critique of the judgement of taste* (R. Nice, Trans.). Routledge & Kegan Paul.

Bradshaw, M. J. (Ed.). (1991). *The Soviet Union: A new regional geography?*. Belhaven Press.

Braverman, H. (1974). *Labor and monopoly capital: The degradation of work in the twentieth century*. Monthly Review Press.

Brown, M. B. (1995). *Models in political economy: A guide to the arguments* (2nd ed.). Penguin Books.

Burke, E., & Yaghoubian, D. (Eds.). (2005). *Struggle and survival in the modern Middle East* (2nd ed.). University of California Press.

Cardoso, F. H., & Falétto, E. (1979). *Dependency and development in Latin America* (M. M. Urquidi, Trans.). University of California Press.

Carnoy, M., Castells, M., Cohen, S. S., & Cardoso, F. H. (1998). 정보화시대의 지구경제와 국가(정헌주 · 윤상우 역). 일신사.

Carroll, A. B. (1979). A three-dimensional conceptual model of corporate performance. *The Academy of Management Review*, 4(4), 497–505.

Carroll, A. B. (1991). The pyramid of corporate social responsibility: Toward the moral management of organizational stakeholders. *Business Horizons*, 34(4), 39–48.

Castells, M. (1977). *The urban question: A Marxist approach*. MIT Press.

Castells, M. (2004). *The information age: Economy, society and culture* (Vol. I–Ⅲ). Blackwell.

Castles, S., & Miller, M. J. (2003). *The age of migration* (3rd ed.). Guilford Press.

Cederman, L.-E. (1997). *Emergent actors in world politics: How states and nations develop and dissolve*. Princeton University Press.

Chapman, G. P., & Baker, K. M. (Eds.). (1992). *The changing geography of Africa and the Middle East*. Routledge.

Chase-Dunn, C. (Ed.). (1995). *The historical evolution of the international political economy*. Edward Elgar Publishing.

Chayes, A., & Chayes, A. H. (1995). *The new sovereignty: Compliance with international regulatory agreements*. Harvard University Press.

Chew, S. C., & Denemark, R. A. (Eds.). (1996). *The underdevelopment of development: Essays in honor of Andre Gunder Frank*. SAGE Publications.

Choucri, N. (Ed.). (1993). *Global accord: Environmental challenges and international responses*. MIT Press.

Chua, A. (2004). 불타는 세계: 세계화는 어떻게 전세계의 민족 갈등을 심화시키고 있는가?(윤미연 역). 부광.

Clarke, R. V., & Newman, G. R. (2006). *Outsmarting the terrorists*. Praeger Security International.

Clawson, D. L., & Fisher, J. S. (2003). *World regional geography: A development approach* (7th ed.). Prentice Hall.

Cleveland, W. L. (2004). *A history of the modern Middle East* (3rd ed.). Westview Press.

Colantone, I., & Stanig, P. (2018). Global competition and Brexit. *The American Political Science Review*, 112(2), 201–218.

Cole, J. (1993). *Geography of the world's major regions*. Routledge.

Coleman, J. S. (1988). Social capital in the creation of human capital. *American Journal of Sociology*, 94, S94–S120.

Collier, P., & Sambanis, N. (Eds.). (2005). *Understanding civil war: Evidence and analysis: Africa* (Vol. 1). World Bank.

Collier, P., & Sambanis, N. (Eds.). (2005). *Understanding civil war: Evidence and analysis: Europe, Central Asia, and other regions* (Vol. 2). World Bank.

Cordesman, A. H. (2003). *The Iraq war: Strategy, tactics, and military lessons*. Center for Strategic and International Studies.

Coughlin, R. M. (1990). *Ideology, public opinion and welfare policy: Attitudes toward taxes and spending in the industrialized societies*. University of California Press.

Coulon, J. (1998). Soldiers of diplomacy: *The United Nations, peacekeeping, and the new world order*. University of Toronto Press.

Crocker, C. A., Hampson, F. O., & Aall, P. R. (Eds.). (2007). *Leashing the dogs of war: Conflict management in a divided world*. United States Institute for Peace Press.

Cronin, P. M. (Ed.). (2012). *Cooperation from strength: The United States, China and the South China Sea*. Center for a New American Security.

Curtis. J. (2018, December 12). *The backstop explained*. UK Parliament. Retrieved December 31, 2023, from https://commonslibrary.parliament.uk/parliament-and-elections/parliament/the-backstop-explained

Daft, R. L. (1980). The evolution of organization analysis in ASQ, 1959-1979. *Administrative Science Quarterly*, 25(4), 623-636.

de Blij, H. J., & Muller, P. O. (2004). *Geography: Realms, regions, and concepts* (11th ed.). John Wiley & Sons.

Dear, M., & Scott, A. J. (1990). 자본주의 도시화와 도시계획(최병두 · 한지연 역). 한울.

Department of State (1949). *Participation of the Republic of Korea in the Japanese peace settlement*. Retrieved December 31, 2023, from http://archive.history.go.kr/image/viewer.do?catalogId=AUS002_19_00C0175

Deutsch, K. W. (1969). *Nationalism and its alternatives*. Knopf.

Diamond, L. (2005). *Squandered victory: The American occupation and the bungled effort to bring democracy to Iraq*. Times Books.

Dillon, D. R. (2011). Countering Beijing in the South China Sea. *Policy Review*, 167, 51-67.

Doyle, M. W., & Sambanis, N. (2006). *Making war and building peace: United Nations peace operations*. Princeton University Press.

Doyle, T., & McEachern, D. (2002). 환경정치학(이유진 역). 한울.

Drucker, P. F. (1993). *Post-capitalist society*. HarperBusiness.

Dumazedier, J. (1967). *Toward a society of leisure*. Free Press.

Dunlop, J. T. (1958). *Industrial relations systems*. Southern Illinois University.

Durkheim, É. (1984). *The division of labour in society* (W. D. Halls, Trans.). Macmillan.

Durning, A. T. (1997). 소비사회의 극복(구자건 역). 따님.

Dutton, P. (2011). Three disputes and three objectives: China and the South China Sea. *Naval War College Review*, 64(4), 42–67.

Elias, N. (1994). *The civilizing process* (E. Jephcott, Trans.). Blackwell.

Eliasoph, N., & Lichterman, P. (2003). Culture in interaction. *American Journal of Sociology*, 108(4), 735–794.

Eliot, T. S. (1948). *Notes towards the definition of culture*. Faber and Faber.

Elshtain, J. B. (2003). *Just war against terror: The burden of American power in a violent world*. Basic Books.

Esping–Andersen, G. (1985). *Politics against markets: The social democratic road to power*. Princeton University Press.

Ess, C., & Sudweeks, F. (Eds.). (2001). *Culture, technology, communication: Towards an intercultural global village*. SUNY Press.

Evans, P. (1979). *Dependent development: The alliance of multinational, state, and local capital in Brazil*. Princeton University Press.

FAO (2019). *Fishery and aquaculture country profiles: Viet Nam*. Retrieved December 31, 2023, from https://www.fao.org/fishery/en/facp/vnm?lang=en

Farrell, M., BjÖrn, H., & van Langenhove, L. (2005). *Global politics of regionalism: Theory and practice*. Pluto Press.

Fasulo, L. (2004). *An insider's guide to the UN*. Yale University Press.

Faux, J., & Mishel, L. (2000). 세계 자본주의 체제에서의 소득 불평등 문제. 기로에 선 자본주의(박찬욱 외 공역). 생각의나무.

Fawcett, L., & Hurrell, A. (Eds.). (1995). *Regionalism in world politics: Regional organization and international order*. Oxford University Press.

Featherstone, M. (1991). *Consumer culture and postmodernism*. SAGE Publications.

Feiler, B. (2004). 중동의 화해(이병걸 역). 인바이로넷.

Findlay, A. M. (1994). *The Arab world*. Routledge.

Finkelstein, N. G. (2004). 이스라엘, 팔레스타인 분쟁의 이미지와 현실(김병화 역). 돌베개.

Finnemore, M. (2003). *The purpose of intervention: Changing beliefs about the use of force*. Cornell University Press.

Foweraker, J., & Landman, T. (2004). Economic development and democracy revisited: Why dependency theory is not yet dead. *Democratization*, 11(1), 1–20.

Frank, A. G. (1978). *World accumulation, 1492–1789*. Monthly Review Press.

Frederick, W. C., Davis, K., & Post, J. E. (1988). *Business and society: Corporate strategy, public policy, ethics* (6th ed.). McGraw–Hill.

Fredrik, S., & Shaw, T. M. (Eds.). (2003). *Theories of new regionalism: A Palgrave reader*. Palgrave.

Frieden, J. A., & Lake, D. A. (2000). *International political economy: Perspectives on global power and wealth* (4th ed.). St. Martin's Press.

Friedman, J. (1990). Being in the world: Globalization and localization. *Theory, Culture & Society*, 7(2–3), 311–328.

Friedman, T. L. (2003, June 4). Because we could. *The New York Times*. Retrieved December 31, 2023, from https://www.nytimes.com/2003/06/04/opinion/because-we-could.html

Gat, A. (2006). *War in human civilization*. Oxford University Press.

Gause, F. G. (1992). Sovereignty, statecraft and stability in the Middle East. *Journal of International Affairs*, 45(2), 441–469.

Geertz, C. (1973). *The interpretation of cultures*. Basic Books.

Gellner, E. (1983). *Nations and nationalism*. Cornell University Press.

George, V. (1996). The future of the welfare state. In V. George & P. Taylor-Gooby (Eds.), *European welfare policy: Squaring the welfare circle* (pp. 1–30). Macmillan.

Gettleman, M. E., & Schaar, S. (Eds.). (2003). *The Middle East and Islamic world reader*. Grove Press.

Giddens, A. (1984). *The constitution of society: Outline of the theory of structuration*. Polity Press.

Giddens, A. (1991a). *Modernity and self-identity: Self and society in the late modern age*. Stanford University Press.

Giddens, A. (1991b). *The consequences of modernity*. Polity Press.

Giddens, A. (1994). Living in a post-traditional society. In U. Beck, A. Giddens, & S. Lash (Eds.), *Reflexive modernization: Politics, tradition and aesthetics in the modern social order* (pp. 56–109). Polity Press.

Giddens, A. (1998). *The third way: The renewal of social democracy*. Polity Press.

Giddens, A. (2001). *The global third way debate*. Polity Press.

Giddens, A. (2002). *Runaway world: How globalisation is reshaping our lives*. Profile.

Giddens, A. (2016). 유럽의 미래를 말하다: 기든스의 통합유럽 프로젝트(이종인 역). 책과함께.

Giddens, A., & Sutton, P. W. (2018). 현대사회학(김미숙 외 공역). 을유문화사.

Gilpin, R. (1987). *The political economy of international relations*. Princeton University Press.

Goldstein, J. (1986). The political economy of trade: Institutions of protection. *The American Political Science Review*, 80(1), 161–184.

Goldstein, J. S., & Pevehouse, J. C. (2015). 국제관계의 이해(김연각 역). 인간사랑.

Goodin, R. E. (2006). *What's wrong with terrorism?*. Polity Press.

Goodrich, L. M., Hambro, E., & Simons, A. P. (Eds.). (1969). *Charter of the United Nations: Commentary and documents*. Columbia University Press.

Gordon, M. R., & Trainor, B. E. (1995). *The generals' war: The inside story of the conflict in the Gulf*. Little, Brown and Company.

Gordon, P., & Shapiro, J. (2004). *Allies at war: America, Europe and the crisis over Iraq*. McGraw–Hill.

Gough, I. (2000). *Global capital, human needs and social policies*. Palgrave Macmillan.

Grabb, E. G. (1994). 사회불평등: 이론과 전망(양춘 역). 나남.

Graham, E. M., & Krugman, P. R. (1991). *Foreign direct investment in the United States*. Institute for International Economics.

Green, A. (1997). *Education, globalization and the nation state*. St. Martin's Press.

Griswold, W. (1994). *Cultures and societies in a changing world*. Pine Forge Press.

Gurr, T. R. (2000). *Peoples versus states: Minorities at risk in the new century*. United States Institute of Peace Press.

Gusfield, J. R., & Michalowicz, J. (1984). Secular symbolism: Studies of ritual, ceremony, and the symbolic order in modern life. *Annual Review of Sociology*, 10, 417–435.

Haas, E. B. (1968). *The uniting of Europe: Political, social, and economic forces, 1950–1957* (2nd ed.). Stanford University Press.

Haas, E. B. (1993). Nationalism: An instrumental social construction. *Millennium*, 22(3), 505–545.

Haas, P. M. (1990). *Saving the Mediterranean: The politics of international environmental cooperation*. Columbia University Press.

Habermas, J. (1975). *Legitimation crisis* (T. McCarthy, Trans.). Beacon Press.

Habermas, J. (1979). *Communication and the evolution of society* (T. McCarthy, Trans.). Beacon Press.

Habermas, J. (1984). *The theory of communicative action* (Vol. 1, Reason and the rationalization of society, T. McCarthy, Trans.). Beacon Press.

Habermas, J. (1987). *The theory of communicative action* (Vol. 2, Lifeworld and system: A critique of functionalist reason, T. McCarthy, Trans.). Beacon Press.

Habermas, J. (2001). 공론장의 구조변동: 부르주아 사회의 한 범주에 관한 연구(한승완 역). 나남.

Haddad, E. (2008). *The refugee in international society: Between sovereigns*. Cambridge University Press.

Haggard, S. (1990). *Pathways from the periphery: The politics of growth in the newly industrializing countries*. Cornell University Press.

Hakim, P., & Litan, R. E. (Eds.). (2002). *The future of North American integration: Beyond NAFTA*. Brookings.

Hall, P. A., & Soskice, D. (Eds.). (2001). *Varieties of capitalism: The institutional foundations of comparative advantage*. Oxford University Press.

Harrison, L. E., & Huntington, S. P. (2000). *Culture matters: How values shape human progress*. Basic Books.

Harvey, D. (1973). *Social justice and the city*. Johns Hopkins University Press.

Harvey, D. (1995). 포스트모더니티의 조건(구동회 · 박영민 역). 한울.

Harvey, D. (2009). *Cosmopolitanism and the geographies of freedom*. Columbia University Press.

Hasan, M., & Jian, H. (2019). Spratly Islands dispute in the South China Sea: Potential solutions. *Journal of East Asia & International Law*, 12(1), 145-168.

Hashim, A. S. (2014). The Islamic state: From al-Qaeda affiliate to Caliphate. *Middle East Policy*, 21(4), 69-83.

Hebdige, D. (2001). (i) From culture to hegemony; (ii) Subculture: The unnatural break. In M. G. Durham & D. M. Kellner (Eds.), *Media and cultural studies: Keyworks* (pp. 144-162). Blackwell.

Heidelberg Institute for International Conflict Research (Eds.). (2009). 분쟁의 바로미터 2008(김연진 · 방지은 역). 한국국방연구원.

Held, C. C. (Ed.). (1993). *Middle East patterns: Places, peoples, and politics*. Westview Press.

Helleiner, E. (2003). Economic liberalism and its critics: The past as prologue?. *Review of International Political Economy*, 10(4), 685-696.

Herring, G. C. (1986). *America's longest war: The United States and Vietnam, 1950-1975* (2nd ed.). Knopf.

Heywood, A. (2018). 국제관계와 세계정치(김계동 역). 명인문화사.

Hirst, P., & Thompson, G. (1999). *Globalization in question: The international economy and the possibilities of governance* (2nd ed.). Polity Press.

Hobsbawm, E. J. (1990). *Nations and nationalism since 1780: Programme, myth, reality*. Cambridge University Press.

Hobsbawm, E. J. (1994). *Age of extremes: The short twentieth century 1914–1991.* Michael Joseph. Pantheon Books.

Hocking, B. (Ed.). (1999). *Foreign ministries: Change and adaptation.* Macmillan.

Hoekman, B. M., & Kostecki, M. M. (2001). *The political economy of the world trading system: The WTO and beyond* (2nd ed.). Oxford University Press.

Hopkins, T. K., & Wallerstein, I. (1996). *The age of transition: Trajectory of the world-system, 1945–2025.* Zed Books.

Horowitz, D. L. (1985). *Ethnic groups in conflict.* University of California Press.

Howard, M. (1983). *Clausewitz.* Oxford University Press.

Hufbauer, G. C., Schott, J. J., & Elliott, K. A. (1990). *Economic sanctions reconsidered: History and current policy* (2nd ed.). Institute for International Economics.

Humphrey, C. R., & Buttel, F. H. (1995). 환경사회학: 환경 · 에너지 · 사회(양종회 · 이시재 역). 사회비평사.

Humphreys, M., Sachs, J. D., & Stiglitz, J. E. (2007). *Escaping the resource curse.* Columbia University Press.

Huntington, S. P. (1997). 문명의 충돌(이희재 역). 김영사.

Hurd, I. (2007). *After anarchy: Legitimacy and power in the United Nations Security Council.* Princeton University Press.

Ignatieff, M. (2000). *Virtual war: Kosovo and beyond.* Henry Holt.

Ikenberry, G. J. (2006). *Liberal order and imperial ambition.* Polity Press.

Immel, K. A., & Tränkle, K. (2009). 세계화를 둘러싼 불편한 진실: 왜 콩고에서 벌어진 분쟁이 우리 휴대폰 가격을 더 싸게 만드는 걸까? (서정일 역). 현실문화.

Inoguchi, T. (1990). 국가와 사회(이형철 역). 나남.

International Crisis Group (2012, July 24). *Stirring up the South China Sea (II): Regional responses.* Retrieved December 31, 2023, from https://www.crisisgroup.org/asia/south-east-asia/south-china-sea/stirring-south-china-sea-ii-regional-responses

Jackson, R. (2009). The study of terrorism after 11 September 2001: Problems, challenges and future developments. *Political Studies Review*, 7(2), 171–184.

Jacobson, H. K. (1979). *Networks of interdependence: International organizations and the global Political system.* Knopf.

Johnson, D. L., Haarmann, V., Johnson, M. L., & Clawson, D. L. (2010). *World regional geography: A development approach* (10th ed.). Prentice Hall.

Kaplan, R. D. (1996). 지구의 변경지대: 21세기로 가는 마지막 여행(황건 역). 한국경제신문사.

Kaufman, S. J. (2001). *Modern hatreds: The symbolic politics of ethnic war*. Cornell University Press.

Keegan, J. (1993). *A history of warfare*. Random House.

Keohane, R. O. (1984). *After hegemony: Cooperation and discord in the world political economy*. Princeton University Press.

Keohane, R. O., & Nye, J. S. (1972). *Transnational relations and world politics*. Harvard University Press.

Keohane, R. O., & Nye, J. S. (1989). Power and interdependence: *World politics in transition*. HarperCollins.

Khatab, S. (2011). *Understanding Islamic fundamentalism: The theological and ideological basis of al-Qa'ida's political tactics*. The American University in Cairo Press.

King, A. D. (1999). 도시문화와 세계체제: 문화, 공간, 역사로 읽는 세계도시체제(이무용 역). 시각과언어.

Kohn, H. (1955). *Nationalism: Its meaning and history*. Van Nostrand.

Krasner, S. D. (Ed.). (1983). *International regimes*. Cornell University Press.

Krasner, S. D. (1999). *Sovereignty: Organized hypocrisy*. Princeton University Press.

Krugman, P. (1996). *Pop international*. MIT Press.

Kushner, H. W. (2003). *Encyclopedia of terrorism*. SAGE Publications.

Laidi, Z. (2004). 세계화의 불안: 필리프 프티의 내일을 위한 대담(김종명 역). 동문선.

Lake, D. A. (1993). Leadership, hegemony, and the international economy: Naked emperor or tattered monarch with potential?. *International Studies Quarterly*, 37(4), 459-489.

Lamont, M., & Molnár, V. (2002). The study of boundaries in the social sciences. *Annual Review of Sociology*, 28, 167-195.

Laqueur, W. (1977). *Terrorism*. Weidenfeld & Nicolson.

Lash, S. (1993). Reflexive modernization: The aesthetic dimension. *Theory, Culture & Society*, 10(1), 1-23.

Lash, S. (1994) Reflexivity and its doubles: Structure, aesthetics, community. In U. Beck, A. Giddens, & S. Lash (Eds.), *Reflexive modernization: Politics, tradition and aesthetics in the modern social order* (pp. 110-173). Stanford University Press.

Lash, S. (1999). *Another modernity: A different rationality*. Blackwell.

Lash, S., & Urry, J. (1996). *Economies of signs and space*. Sage.

Le Monde diplomatique (2008). 르몽드 세계사: 우리가 해결해야 할 전지구적 이슈와 쟁점들(권지현 역). 휴머니스트.

Levy, J. S. (1985). Theories of general war. *World Politics*, 37(3), 344–374.

Lewis, B. (1998). 중동의 역사(이희수 역). 까치.

Lin, N. (2001). *Social capital: A theory of social structure and action*. Cambridge University Press.

Lindberg, L. N. (1963). *The political dynamics of European economic integration*. Stanford University Press.

Loescher, G. (2001). *The UNHCR and world politics: A perilous path*. Oxford University Press.

Lonner, W. J., & Berry, J. W. (Eds.). (1988). *Field methods in cross-cultural research*. Sage.

Lujala, P., Gleditsch, N. P., & Gilmore, E. (2005). A diamond curse? Civil war and a lootable resource. *The Journal of Conflict Resolution*, 49(4), 538–562.

Lusztig, M. (2004). *The limits of protectionism: Building coalitions for free trade*. University of Pittsburgh Press.

Luttwak, E., & Koehl, S. L. (1991). *The dictionary of modern war*. HarperCollins.

Lutz, J. M., & Lutz, B. J. (2004). *Global terrorism*. Routledge.

MacCannell, D. (1976). *The tourist: A new theory of the leisure class*. University of California Press.

Maffesoli, M. (1997). 현대를 생각한다: 이미지와 스타일의 시대(박재환 · 이상훈 역). 문예출판사.

Marston, S. A., Knox, P. L., Liverman, D. M., Del Casino, V., & Robbins, P. (2011). *World regions in global context: Peoples, places, and environments* (4th ed.). Prentice Hall.

Martin, H.-P., & Schumann, H. (2003). 세계화의 덫: 민주주의와 삶의 질에 대한 공격(강수돌 역). 영림카디널.

Mayall, J. (1990). *Nationalism and international society*. Cambridge University Press.

McGarry, J., & O'Leary, B. (Eds.). (1993). *The politics of ethnic conflict regulation*. Routledge.

McGuigan, J. (1992). *Cultural populism*. Routledge.

McLuhan, M. (1964). *Understanding media: The extensions of man*. McGraw-Hill.

McLuhan, M., & Powers, B. R. (1989). *The global village: Transformations in world life & media in the 21st century*. Oxford University Press.

Melissen, J. (Ed.). (2005). *The new public diplomacy: Soft power in international relations*. Palgrave Macmillan.

Meyers, E. (2004). *International immigration policy: A theoretical and comparative analysis*. Palgrave Macmillan.

Meyrowitz, J. (1985). *No sense of place: The impact of electronic media on social behavior*. Oxford University Press.

Miles, S. (2003). 현실세계와 사회이론(박형신 · 정헌주 역). 일신사.

Mollenkopf, J. (1981). Community and accumulation. In M. Dear & A. J. Scott (Eds.), *Urbanization and urban planning in capitalist society* (pp. 319–338). Methuen.

Morgenthau, H. J. (1978). *Politics among nations: The struggle for power and peace* (5th ed.). Knopf.

Mowforth, M., & Munt, L. (2008). *Tourism and sustainability: Development, globalisation and new tourism in the third world* (3rd ed.). Taylor & Francis.

Mueller, J. (2000). The banality of "ethnic war". *International Security*, 25(1), 42–70.

Müller, H. (2000). 문명의 공존: 하랄트 뮐러의 反 헌팅턴 구상(이영희 역). 푸른숲.

Murphy, C. N. (1994). *International organization and industrial change: Global governance since 1850*. Polity Press.

Murphy, R. (2000). 합리성과 자연: 변화하는 관계에 대한 사회학적 탐색(오수길 외 공역). 한울.

Murray, W., & Scales, R. H. (2003). *The Iraq war: A military history*. Harvard University Press.

Nadel, S. F. (1957). *The theory of social structure*. Cohen & West.

NATO (2019, June 5). *Joint press conference*. Retrieved December 31, 2023, from https://www.nato.int/cps/en/natohq/opinions_166602.htm

NATO (2022, February 17). *NATO defence ministers reaffirm their strong commitment to open door policy, and the importance of partnerships*. Retrieved December 31, 2023, from https://www.nato.int/cps/en/natolive/news_191897.htm

Neff, S. C. (1990). *Friends but no allies: Economic liberalism and the law of nations*. Columbia University Press.

Niebuhr, R. (1949). The illusion of world government. *Foreign Affairs*, 27(3), 379–388.

Nye, J. S. (1968). *International regionalism: Readings*. Little, Brown and Company.

Nye, J. S. (2000). 국제분쟁의 이해: 이론과 역사(양준희 역). 한울.

Nye, J. S. (2018). 국제분쟁의 이해: 이론과 역사(개정판, 양준희 · 이종삼 역). 한울엠플러스.

Nye, J. S., & Smith, R. K. (Eds.). (1992). *After the storm: Lessons from the Gulf war*. Madison Books.

O' Brien, R., & Williams, M. (2010). *Global political economy: Evolution and dynamics* (3rd ed.). Palgrave Macmillan.

Oatley, T. (2009). *International political economy: Interests and institutions in the global economy* (4th ed.). Pearson Longman.

O' Connor, J. (1973). *The fiscal crisis of the state*. St. Martin' s Press.

Ohmae, K. (1990). *The borderless world: Power and strategy in the interlinked economy*. Fontana.

Pagden, A. (2003). 민족과 제국(한은경 역). 을유문화사

Parkin, F. (1979). *Marxism and class theory: A bourgeoisi critique*. Columbia University Press.

Parsons, T. (1951). *The social system*. Free Press.

Peterson, M. J. (2005). *International regimes for the final frontier*. State University of New York Press.

Peterson, V. S. (2003). *A critical rewriting of global political economy: Integrating reproductive, productive and virtual economies*. Routledge.

Phillips, A. (2010). Transnational terrorism. In M. Beeson & N. Bisley (Eds.), *Issues in 21st century world politics*. Palgrave Macmillan.

Pierson, C. (1991). *Beyond the welfare state: The new political economy of welfare*. Polity Press.

Pieterse, J. N. (1995). Globalization as hybridization. In M. Featherstone, S. Lash, & R. Robertson (Eds.), *Global modernities* (pp. 45–68). SAGE Publications.

Pitts, R. A., & Lei, D. (2006). *Strategic management: Building and sustaining competitive advantage* (4th ed.). Thomson/South-Western.

Putnam, R. D. (1988). Diplomacy and domestic politics: The logic of two-level games. *International Organization*, 42(3), 427–460.

Putnam, R. D. (1993). The prosperous community: Social capital and public life. *The American Prospect*, 4, 35–42.

Quandt, W. B. (Ed.). (1988). *The Middle East: Ten years after Camp David*. Brookings Institution Press.

Redclift, M. R., & Benton, T. (Eds.). (1997). 지구환경과 사회이론(이기홍 외 공역). 한울아카데미.

Reich, R. B. (1991). *The work of nations: Preparing ourselves for 21st-century capitalism*. Knopf.

Rifkin, J. (2001). 소유의 종말(이희재 역). 민음사.

Ritzer, G. (1997). 현대사회학이론(최재현 역). 형설출판사.

Ritzer, G. (2017). 맥도날드 그리고 맥도날드화(김종덕 외 공역). 풀빛.

Robertson, R. (1989). A new perspective on religion and secularization in the global context. In J. K. Hadden & A. Shupe (Eds.), *Secularization and fundamentalism reconsidered* (pp. 63–77). Paragon House.

Robertson, R. (1992). *Globalization: Social theory and global culture*. Sage.

Robertson, R., & Chirico, J. (1985). Humanity, globalization, and worldwide religious resurgence: A theoretical exploration. *Sociological Analysis*, 46(3), 219–242.

Rohter, L. (2007, January 7). Chile copper windfall forces hard choices on spending. *The New York Times*, A4.

Rosamond, B. (2000). *Theories of European integration*. St. Martin's Press. Palgrave Macmillan

Safran, N. (1969). *From war to war: The Arab–Israeli confrontation 1948–1967*. Pegasus.

Saideman, S. M. (2001). *The ties that divide: Ethnic politics, foreign policy, and international conflict*. Columbia University Press.

Salter, C. L., & Hobbs, J. J. (2002). *Essentials of world regional geography* (4th ed.). Brooks/Cole.

Saunders, P. (2016). *Social theory and the urban question* (2nd ed.). Routledge.

Schmid, A. P., & Jongman, A. J. (1988). *Political terrorism: A new guide to actors, authors, concepts, data bases, theories, & literature*. North-Holland.

Schofield, C. (Ed.). (2011). *Maritime energy resources in Asia: Energy and geopolitics*. National Bureau of Asian Research.

Scholte, J. A. (2005). *Globalization: A critical introduction* (2nd ed.). Palgrave Macmillan.

Schreurs, M. A., & Economy, E. C. (Eds.). (1997). *The internationalization of environmental protection*. Cambridge University Press.

Schwab, K. (1996). 21세기 예측(장대환 역). 매일경제신문사.

Sen, A. (2006). *Identity and violence: The illusion of destiny*. Penguin Books.

Shelef, N. G. (2010). *Evolving nationalism: Homeland, identity, and religion in Israel, 1925–2005*. Cornell University Press.

Shively, W. P. (2008). 정치학개론: 권력과 선택(김계동 외 공역). 명인문화사.

Sifry, M. L., & Cerf, C. (Eds.). (1991). *The Gulf war reader: History, documents, opinions*. Times Books.

Simmel, G. (1968). *The conflict in modern culture and other essays* (K. P. Etzkorn, Trans.). Teachers College Press.

Simpson, J. (2014, September 2). Afghan militant fighters 'may join Islamic State'. *BBC News*. Retrieved December 31, 2023, from https://www.bbc.com/news/world-asia-29009125

Smith, M. E. (2010). *International security: Politics, policy, prospects*. Palgrave Macmillan.

Smith, P. (1999). The elementary forms of place and their transformations: A Durkheimian model. *Qualitative Sociology*, 22(1), 13-36.

Smith, P. (2008). 문화이론: 사회학적 접근(한국문화사회학회 역). 이학사.

Speth, J. G., & Haas, P. M. (2006). *Global environmental governance*. Island Press.

Stalker, P. (2000). *Workers without frontiers: The impact of globalization on international migration*. Lynne Rienner.

Stevis, D., & Assetto, V. J. (Eds.). (2001). *The international political economy of the environment: Critical perspectives*. Lynne Rienner.

Storey, J. (1994). 문화연구와 문화이론(박모 역). 현실문화연구.

Strange, S. (1996). *The retreat of the state: The diffusion of power in the world economy*. Cambridge University Press.

Strauss, S. D. (2006). *The complete idiot's guide to world conflicts* (2nd ed.). Alpha Books.

The Economist (1999). 21세기 미래예측. 넥서스.

Thomlinson, R. (1976). *Population dynamics: Causes and consequences of world demographic change* (2nd ed.). Random House.

Thompson, E. P. (1967). Time, work-discipline, and industrial capitalism. *Past & Present, 38*(December), 56-97.

Thompson, J. B. (1995). *The media and modernity*. Polity Press.

Thompson, W. R. (Ed.). (1983). *Contending approaches to world system analysis*. SAGE Publications.

Thompson, W. R. (1988). *On global war: Historical-structural approaches to world politics*. University of South Carolina Press.

Tilly, C. (1990). *Coercion, capital, and European states, AD 990-1990*. Blackwell.

Tolba, M. K., & Rummel-Bulska, I. (2008). *Global environmental diplomacy: Negotiating environmental agreements for the world, 1973-1992*. MIT Press.

Tomlinson, J. (2013). *Globalization and culture*. Polity Press.

Tönnies, F. (2001). *Community and civil society* (J. Harris, Ed., M. Hollis, Trans.). Cambridge University Press.

Toulmin, S. (1982). *The return to cosmology: Postmodern science and the theology of nature*. University of California Press.

Traub, J. (2006). *The best intentions: Kofi Annan and the UN in the era of American world power*. Bloomsbury.

Turner, B. S. (1997). 시민권과 자본주의(서용석 · 박철편 역). 일신사.

Turner, J. H. (2001). 현대사회학이론(정태환 외 공역). 나남출판.

Urry, J. (1990). *The tourist gaze: Leisure and travel in contemporary societies*. Sage.

Urry, J. (1991). Time and space in Giddens' social theory. In C. G. A. Bryant & D. Jary (Eds.), *Giddens' theory of structuration: A critical appreciation* (pp. 160–175). Routledge.

Urry, J. (1995). *Consuming places*. Routledge.

Urry, J. (2002). Mobility and proximity. *Sociology*, 36(2), 255–274.

van Creveld, M. (1989). *Technology and war: From 2000 B.C. to the present*. Free Press.

van Dijk, J. A. G. M. (2002). 네트워크 사회(배현석 역). 커뮤니케이션북스.

Victor, J.-C. (2007). 아틀라스 세계는 지금: 정치지리의 세계사(김희균 역). 책과함께.

Victor, J.-C., Raisson, V., & Tétart, F. (2008). 변화하는 세계의 아틀라스: 지도로 보는 세계의 미래(안수연 역). 책과함께.

Vincent, R. J. (1974). *Nonintervention and international order*. Princeton University Press.

Vuving, A. L. (2016, May 6). South China Sea: Who occupies what in the Spratlys?. *The Diplomat*. Retrieved December 31, 2023, from https://thediplomat.com/2016/05/south-china-sea-who-claims-what-in-the-spratlys/

Walker, R. A. (1981). A theory of suburbanization: Capitalism and the construction of urban space in the United States. In M. Dear & A. J. Scott (Eds.), *Urbanization and urban planning in capitalist society* (pp. 383–429). Methuen.

Wallerstein, I. (1979). *The capitalist world-economy*. Cambridge University Press.

Wallerstein, I. (1985). 세계체제론: 자본주의 사회변동의 이해(김광식 · 여현덕 역). 학민사.

Wallerstein, I. (1987). 세계 자본주의체제와 주변부 사회구성체(김영철 역). 인간사랑.

Walter, B. F., & Snyder, J. (Eds.). (1999). *Civil wars, insecurity, and intervention*. Columbia University Press.

Walters, G. D. (2006). *Lifestyle theory: Past, present, and future*. Nova Science Publishers.

Walzer, M. (2004). *Arguing about war*. Yale University Press.

Wang, J. (2011). China's search for a grand strategy: A rising great power finds its way. *Foreign Affairs*, 90(2), 68–79.

Wang, N. (2004). 관광과 근대성: 사회학적 분석(이진형 역). 일신사.

Wapner, P. (1997). Governance in global civil society. In O. R. Young (Ed.), *Global governance: Drawing insights from the environmental experience* (pp. 65–84). MIT Press.

Ward, B. (1979). *The ideal worlds of economics: Liberal, radical, and conservative economic world views*. Basic Books.

Warren, D. L. (1977). Neighborhoods in urban areas. In R. L. Warren (Ed.), *New perspectives on the American community: A book of readings* (3rd ed.). Rand McNally.

Waters, M. (2001). *Globalization* (2nd ed.). Routledge.

Wearing, S., & Neil, J. (2018). *Ecotourism: Impacts, potentials and possibilities*. Routledge.

Weber, M. (1968). Bureaucracy. In G. Roth & C. Wittich (Eds.), E. Fischoff (Trans.), *Economy and society: An outline of interpretive sociology*. Bedminster Press.

Weber, M. (1976). *The protestant ethic and the spirit of capitalism* (2nd ed., T. Parsons, Trans.). Allen & Unwin.

Webster, F. (1995). *Theories of the information society*. Routledge.

Whitelam, K. W. (2003). 고대 이스라엘의 발명: 침묵당한 팔레스타인 역사(김문호 역). 이산.

Williams, M., & Zinets, N. (2021, December 10). Biden assures Zelenskiy that NATO membership in Ukraine's hands, Kyiv says. *Reuters*. Retrieved December 31, 2023, from https://www.reuters.com/world/europe/ukrainian-president-zelenskiy-holding-talks-with-biden-adviser-says-2021-12-09/

Williams, R. M. (2003). *The wars within: Peoples and states in conflict*. Cornell University Press.

Williamson, J. G. (1996). *Globalization and inequality then and now: The late 19th and late 20th centuries compared*. National Bureau of Economic Research.

Wirth, L. (1938). Urbanism as a way of life. *American Journal of Sociology*, 44(1), 1–24.

Woodward, B. (2004). *Plan of attack: The definitive account of the decision to invade Iraq.* Simon & Schuster.

Woodward, S. L. (1993). *Balkan tragedy: Chaos and dissolution after the cold war.* Brookings Institution Press.

Worldwatch Institute (Ed.). (1998). 지구환경과 세계경제 2(이승환 역). 따님.

Worley, D. R. (2006). *Shaping U.S. military forces: Revolution or relevance in a post-Cold War world.* Praeger.

Wright, E. O. (1978). *Class, crisis and the state.* New Left Book.

Yang, Z. (2012). The freedom of navigation in the South China Sea: An ideal or a reality?. *Beijing Law Review,* 3(3), 137–144. Retrieved December 31, 2023, from https://doi.org/10.4236/blr.2012.33019

Yeates, N. (1999). Social politics and policy in an era of globalization: Critical reflection. *Social Policy & Administration,* 33(4), 372–393.

Yergin, D., & Stanislaw, J. (1998). *The commanding heights: The battle between government and the marketplace that is remaking the modern world.* Simon & Schuster.

Young, O. R. (Ed.). (1999). *The effectiveness of international environmental regimes: Causal connections and behavioral mechanisms.* MIT Press.

Young, O. R., King, L. A., & Schroeder, H. (Eds.). (2008). *Institutions and environmental change: Principal findings, applications, and research frontiers.* MIT Press.

Zolberg, A. R., & Benda, P. M. (2001). *Global migrants, global refugees: Problems and solutions.* Berghahn Books.

찾아보기

주요 용어, 개념

[ㅇ]

[ㅈ]

[ㅊ]

[ㅋ]

주요 인물, 학자

■ 민 웅 기

목원대학교 스톡스대학 창의교양학부 교수로 재직하고 있다. 고려대학교 대학원에서 사회학을 전공하여 문학박사 학위를, 한양대학교 대학원에서 관광학박사 학위를 받았다. 고려대학교 아세아문제연구소 연구원, 고려대학교 한국사회연구소 연구원, 덕성여자대학교 연구교수 등을 역임했다. 저서로는 '사이버공간과 문화', '공감의 상호작용을 위한 사회심리학', '포스트모던 시대의 문화콘텐츠와 체험문화', '사회문제의 이해(공저)' 등이 있으며, 번역서로는 '관광과 관광공간(공역, 대한민국 학술원 선정 우수학술도서)' 등이 있다. 사회학, 관광학, 교양교육 등의 학술 영역을 중심으로 융합학문적 논의에 관심을 가지고 연구를 진행하고 있다.

[개정판]

지구촌 문화와 국제관계의 질서

2019년 2월 20일 초　판 발행
2024년 2월 29일 2판 1쇄 발행
2024년 8월 31일 2판 2쇄 발행

저　자 민웅기
발행인 한인환 · 한재성
발행처 도서출판 **기 문 사**
등　록 1978. 8. 9. NO. 6-0637
주　소 서울시 동대문구 안암로 50-1(용두동) 홍신빌딩 3층
전　화 02) 2265-7214/922-8662~8663
팩　스 02) 922-8772

homepage : www.kimoonsa.co.kr
e-mail : book@kimoonsa.co.kr

ISBN : 978-89-7723-984-5 93330

저자와의 협의하에 인지생략

정가 : 17,000원